幸福树下的教育梦

XINGFUSHUXIA

XINGFUSHUXIADE JIAOYUMENG

的 教育梦

崔承惠 /著

甘肃人民出版社

图书在版编目（CIP）数据

幸福树下的教育梦 / 崔承惠著. -- 兰州 ：甘肃人民出版社，2022.12（2024.1重印）
ISBN 978-7-226-05874-9

Ⅰ. ①幸… Ⅱ. ①崔… Ⅲ. ①小学语文课—教学研究
Ⅳ. ①G623.202

中国版本图书馆CIP数据核字（2022）第169492号

责任编辑：李依璇
封面设计：韩国伟

幸福树下的教育梦

崔承惠　著

甘肃人民出版社出版发行

（730030　兰州市读者大道568号）

河北浩润印刷有限公司印刷

开本 710毫米×1020毫米　1/16　印张17.5　插页2　字数270千
2022年12月第1版　2024年1月第2次印刷
印数：501-2500

ISBN 978-7-226-05874-9　　定价：42.00元

爱乃师之魂，"杏坛"添暖春

——记兰州市城关区静宁路小学崔承惠老师

张佩雄

人群中，总有身影让你感动，无关平凡与伟大；生命中，总有理由让你坚守，无关暗淡与辉煌；轮回中，总有瞬间让你彻悟，无关尘埃与沙砾；记忆里，总有几人让你铭记，无关新朋与故交；众生中，总有灵魂让你守望，无关信仰与誓言……

兰州市城关区静宁路小学的崔承惠老师就是这样的人，几十年来，她以对学生、对家长、对课堂、对教育事业的"关爱、热爱、挚爱、博爱"为经线，以"热诚、真诚、赤诚、忠诚"为纬线，织就了一张献身教育事业的"情网"，温暖而深沉！

日出江花红胜火……

"凡心所向，素履以往，生如逆旅，一苇以航……"这是荣获 2019 年"全国模范教师"光荣称号的崔承惠老师的真实写照。

崔承惠，女，中共党员，1975 年生，本科学历，高级教师。自 1995 年参加工作以来，一直担任语文教学和班主任工作。

先后获得"全国模范教师"，甘肃省"陇原名师""园丁奖优秀教师""学科带头人""骨干教师""首届优秀班主任""青年教学能手"，兰州市"骨干教师""优秀教师""教学新秀"，城关区"名师""模范班主任""教学新秀""优秀教师"等荣誉称号。

在各级各类教学比赛中获奖逾20次，十余篇教育教学论文案例在省级教育类报纸杂志刊发，并获奖；主持参与课题获省市基础教育优秀成果奖。组建成立"语文名师工作室"，她先后指导的多名青年教师在语文、道德与法治教学比赛中名列前茅，多年来一直担任习作及语言类比赛指导老师，屡创佳绩。多年来积极参与校内外"观摩研讨公开教学"和"送教支教"活动，屡获好评，被《兰州日报》《甘肃教育》等媒体报道。

她是孩子们的"梦中情人"

满怀爱心的老师，都是孩子们的梦中情人……

"别看孩子们小，他们需要尊重，孩子们其实什么都懂……"

崔老师经常说，她是个幸福的人，这种幸福不光是她能如愿从事自己热爱的职业，更重要的是每时每刻，她都被孩子们的爱包围着，孩子们尊敬她，模仿她，崇拜她……

这份幸福源自崔老师尊重热爱每一位学生，尊重每一颗童心，同时自己也捧出一颗爱心，宽严相济，去感染、感化、感动每个孩子。

作为班主任，她凡事都与孩子们一起分享，一起打扫卫生，一起朗读，一起做操，一起游戏，一起谈心交流……

下课了，总会有孩子尾随其后，"崔老师，我还有话想对您说……""崔老师，刚才的问题，我还有想法……""崔老师，崔老师……"，就这样一路撺着崔老师，这也时常让办公室的其他老师哭笑不得。

崔老师亦师亦友，也总有孩子会在和她聊天时会情不自禁地叫她妈妈……

长大后我就成了你……

作为语文老师，崔老师备好课，上好课，她敬畏课堂，尊重孩子。

崔老师坚持从认认真真写好每个字，字正腔圆读好每篇课文入手……

扎实的基本功，加上充分的准备和精心设计，对课堂的敬畏和对孩子们由衷的尊重，造就了每一个精彩的课堂。在课堂上，崔老师娓娓道来，引领着孩子们进入语文曼妙的境界……

崔老师的课总是如小说般悬疑，似戏剧般跌宕，像散文般隽永，犹诗歌般浪漫……孩子们如同一起畅游在知识的海洋中。

崔老师曾经给几个孩子只带过一学期的语文课，但这几个孩子自发地约定每周要来看崔老师一次，因为在他们眼中"她是那个世界上最亲切的人！"

"长大了我也要当老师，成为像崔老师一样的人！"这才是每个孩子的心声。

映日荷花别样红

是什么让你别样精彩？

崔老师总能把所学运用于课堂上，努力创设营造语文素养发展成长的情境，促进学生自主学习、自主发展。把创新教育、赏识教育的理论应用到教学实践中，她坚持以学生为主体，开展互动式教学，把知识传授、能力培养及情感熏陶有机结合在一起，使学生逐步具备学习的自主性。

同事同行、领导专家总会有这样的评价："崔老师的课，让人听着很舒服！""小崔的课总让人眼前一亮！""崔老师的课堂语言真美！"

为有源头活水来

"问渠那得清如许，为有源头活水来。"

无论是作为语文老师，还是教科室主任，崔老师特别注重对学生课外阅读的指导。她总是把课内外阅读有机结合起来，融入文言文、绘本、整本书阅读、经典诵读等相关内容，使课堂充满诗意、富有激情。

在全校推进儿童阅读，指导班级开展读书会、读书节，积极参加校外朗读活动，建立"静小朗读者"群，鼓励指导学校不同年级一百多个孩子的朗读，每天坚持给孩子们选诗、朗读、点评指导，已逾两年。

在课堂上给孩子们读诗、读书，在喜马拉雅 APP 上录制古诗词、诗歌、儿童文学作品，收听共计上万次，很多孩子和家长是伴着崔老师甜美的声音进入梦乡。

师者当如履如临

"学高为师，身正为范"，对课堂、对知识、对渴望知识的心灵之敬畏，这才是一名教育工作者的恪守和态度。

崔老师特别注重加强自身学习，扩展视野，广泛涉猎其他相关学科的知识。努力通过多种渠道提高业务水平，使自己的知识结构更加多元。并将所学融入了自己的教学之中，逐渐确立了自己的"趣、实、活、新、美"的教学风格。

在西安名师大讲堂、国学经典课程规划与教学观摩会上担任观摩研讨、与教育发达地区上海培佳双语学校的教师用沪教版的教材进行同课异构，获得好评。

化作春泥更护花

"新竹高于旧竹枝，全凭老干为扶持。下年再有新生者，十丈龙孙绕凤池。"

崔老师于2012年正式启动"名师工作室"，先后开展了"诗韵，让语文更美丽"名师论坛活动，"花开别样红"小学古诗同课异构教学研讨活动，"近水花先发"专家课题引领活动，"静品群文，享受阅读"语文主题教学研训活动，"走在教科研路上的幸福教师"课题培训研修活动，"感受语文表达之美，构建指向表达的语文课"教学研讨活动以及多次名师送教活动。

工作室发挥示范引领、带动辐射的作用，构建学习共同体，建立教师培养长效机制，促进全体成员整体素质和业务水平的不断提升。

作为领衔名师，她毫无保留地帮助指导多名青年教师，参加语文、思想品德、心理健康教育教学比赛并获奖。她和本校以及工作室成员老师相互听课、评课，真诚地把从教经验和感受与老师们分享。充分发挥名师工作室在课堂教学、课改实验、师资培养等方面的示范、指导、引领作用。热心帮助支教的乡村教师，在校园、课堂、网络，在白天、夜晚与老师们交流指导帮扶，自主钻研、同伴互助、观摩交流使老师们共同成长、共同提高，取得了令人欣喜的成绩，感受到了行动与付出后的幸福和喜悦。她关心帮助实习的青年教师，建立"三人行"微信群，和年轻的老师们每天写几万字的教育叙事，手把手地帮助老师们学会课堂观察和课后反思。实习老师说，总有人诗意地活着，崔老师爱诗、读诗，不仅给孩子们读诗，也给我们种下了一颗诗心。

只有人格才能影响人格的形成和发展

"谁爱孩子，孩子就爱他，只有爱孩子的人，才能教育好孩子。"崔承惠老师把爱当做教育工作的开始，有了爱，工作中的很多困难，会迎刃而解。爱孩子、爱讲台、爱语文，二十四年的教师生涯，爱是她工作的不竭源泉，爱使她成长为一个幸福的教师。

她为拉裤子的孩子换洗内裤，她帮身有残疾的孩子树立信心，她给有进步的孩子以鼓励，她给灰心丧气的孩子以力量……

只有人格才能影响人格的形成与发展。崔老师用心、用情关注家庭教育，调动一切资源和可能去影响孩子们的健康成长。

通过"致家长的一封信""家长会上的亲情故事""生日给父母打电话送诗""母亲节、父亲节、重阳节回报父母给长辈做一件孝亲的事情""一日临时家长""家长进课堂"……这些做法，帮助了学生，感动了家长，让孩子更懂事、让家长更放心。

一片冰心在玉壶……

几十年如一日在平凡的岗位上坚定、坚持、坚守，莫过于是对教育事业的忠诚和对老师这个职业的赤子之心……

崔承惠同志自2009年6月入党以来，始终以一名优秀共产党员的标准严格要求自己，她在平凡的教师岗位上任劳任怨，勤勤恳恳，以"教书育人"为己任，发挥着党员教师的模范带头作用。

可以说，哪里需要崔老师，崔老师就在哪里；学校哪个老师请假了，她就顶在哪个岗位。她还多次赴张掖、甘南、临夏、皋兰、榆中、永登等地区参加送教支教任务。2019年为贯彻落实教育部关于消除大班额的文件精神，确定将我校班额最大的三年级进行分班。在学校师资和校舍都很紧缺的情况下，已经担任学校教科室主任工作的崔承惠同志主动提出承担新组建的三年级五班的班主任和语文教学工作，发挥了党员教师关键时刻和困难面前挺身而出的担当精神。

她的班级工作细致、情真，充满民主气氛、科学精神，通过组织丰富多彩的班队活动、实践活动、亲子活动，培养学生的主体创新能力，也帮助家长们互相学习交流，促进家校共育。

绝知此事要躬行

她认真学习领会更新教育理念和教育思想，只要有培训学习的机会，她都会要求自己做那个最积极、最认真、最专注的，坐在第一排的人。1997—2005年近十年里，她几乎没有寒暑假，把时间都交给了校园。即使在生病不得不住院的那一年，她也不想放弃辛苦考上的西北师范大学文学院汉语言函授学习的机会。她说服医生从医院请假，把必须要输的液体开出来，上完课在师大的诊所里抓紧时间输液，坚持学习。

师者如蚌，师者如蚕，师者如烛，师者如你：一趟苦旅，躬行践履；一颗凡心，素雅恬静；一季盛开，花香自来；一场修行，谦恭自来；一次加持，仁心自来……

在曙光中出发，从无畏时成长。二十多年后的你依然有着一往无前的勇敢和执着。

记录，让每一天都值得纪念

每一天，因记录而值得记忆；每一天，因记忆而值得纪念。捡拾我们稀松平常日子里的记忆碎片，搓捻拼接、打磨彩绘、题跋落款……生活的画卷便徐徐打开，记忆也随之扑面而来……

2021 年 8 月 21 日，一个普通的日子。如果问你，在那天发生过什么？你还记得吗？或许记不清了。

我们大多数人的生活就是被无数个这样稀松平常的日子串联起来，除了传统节日以及后来新式的节日外，平时的日子如果不加以仪式感，没有重大的事情发生，就会和往常一样溜走了。像昨天、前天、大前天，一样就那样走了，几乎什么也没有留下！

但是如果哪天静下心来细细想想，会发现过去的每一天其实也都有或多或少不一样的地方，当然如果没有及时记录、回顾和复盘，平凡的没有超强大脑的我们，即便发生过什么值得记忆的事情，见过什么有意思的人也会想不起来……然后这些事和人就慢慢地从我们的记忆中消逝了。

但是，能不能给生活，给这些普通的日子赋予那么一些意义，让普通的一天变得不那么普通，让今天和昨天不那么一样，也顺便让今天的我和昨天的我不那么一样呢？

2021年8月21日对于我来说，是个值得纪念的日子！在这天我加入了一个线上的"写作训练团"，开始了为期30天的写作训练，中途不允许退出。

这对于即将开学进入到繁忙的工作中的我来说，其实是一个挑战。六年级毕业班，尤其新学期要面临"双减"政策的落地，这不仅极大地冲击了校外办学机构，其实对于校园里的老师们来说一样产生了巨大的冲击。在原来已有的放学之后的学习、培训，辅导批改作业，迎接检查，加班加点之余，还要每天增加两小时的课后作业辅导……新学期会怎样，有些不确定，有些许焦虑，也有无论怎样都愿意接受和面对的坦然。

2021年8月20日，是省级规划课题结题鉴定的最后一天，我也终于在当天晚上8点提交了所有的资料。

2021年的整个暑假，我一直在做这件事情，已经延期的课题，无法再拖了。于是整整一个暑假，我将自己完全沉浸其中，逼迫自己将这几年的课题资料重新整理、梳理、提炼，将发现的新问题及时记录。将之前购买的关于课题的书籍，"咬牙切齿"地运用番茄钟，专注学习闹钟等方式读完，并购买了知网账号，进行相关主题的文献阅读。课题结题了，回过头来，这段时光艰难却也颇有意义。

说起纪念日，2021年4月28日，对我来说是一个重要的时间节点。从这一天开始，我尝试了"16+8"的轻断食，就是8个小时内进餐，剩下的16个小时，除了喝水不吃任何东西。

慢慢地，开始适应并有些享受这种自虐的生活方式。晚上坚决不吃东西，饿着肚子，和想吃东西的欲望抗衡，饿了就喝水，实在忍不住，就赶紧睡。到了凌晨饿得睡不着，不需要闹钟，五点多就自然醒来，起床做早餐，发现这些普普通通的食物，竟然前所未有的可口美味！

现在虽然还是做不到早睡，但是一直坚持早起，坚持每天称体重，查看身体的各种指标，坚持每天大量喝水。晚餐从基本不吃，到吃得少而简单健康。其实减肥减重的实质就是长期坚持并逐步改变自己原有的生活方式！

忍住各种想出去玩、想躺平的愿望，每天逼自己坐在桌前，读书、看文章、码字。在这期间根据课题研究需要，还参加了另外一个朗读训练营，学习朗读方法，提高自己的朗读能力，也是颇有收获！

值得纪念的日子是不是还有很多很多……当下的每一天，都是余生中最年轻的一天；我们的每一天，都应该认真地度过，我们的每一天也都应该是值得纪念的好日子。

记录自己的日子，写下自己的故事，让每一天都更值得被纪念！写作原来是送给自己的一份礼物：把时间给予的恩赐，把生活过的痕迹，用文字帮助记录了下来；在记录的过程中有肯定，有反思，也是在帮助自己思考、改进。

在记录自己成长中的故事时，很多有趣鲜活的事例仿佛从记忆中被唤醒了一般，擦去上面被岁月覆盖的尘埃，一件件刻进生命里的从未曾忘记的事情，就慢慢从脑海中浮现，带我回到了从前的时光。

家人、同学在读到我记录的一些往事的时候，会惊异怎么记得那么清楚，赞叹我的记忆力。其实并不是我的记忆力好，而是因为写作的过程是唤醒记忆、引发思考的过程。

怪不得古人会说，"吾日三省吾身""未经审视的人生不值得过"等等。反思，审视自己每天的生活时，如果能将这些用笔记录下来，大概反思和审视的效果也能更好吧！这些记录原本是写给自己的，如果这些记录还能让看到的他人从中获得启发，获得力量，那就更是一件美妙的事情了。

于是，从一个教师的角度去重新回看和审视自己的经历，并将自己成长中的故事，遇见的那些人、那些事，将课堂上发生的故事和案例以及一些浅显的思考，记录集结起来，有了这本《幸福树下的教育梦》。

目

录

Contents

【第一辑：幸福教师成长】

【第二辑：幸福课堂那些事】

【第三辑：在阅读中遇见美好】

【第四辑：追寻幸福】

第一辑
幸福教师成长

【把我的故事说给你听】

幸福是什么？幸福是一种心境，一种感受，是一种知足淡泊、随遇而安、乐己所乐、心怀感激之情的状态。尽管生活中总是不如意事十之八九，但我还是认为自己是个幸福的人。能幸运地从事着喜欢的工作，因为教师职业带给了我太多幸福的体会，太多难忘的记忆！

感恩这个平凡而伟大的职业，感恩所有的相遇，使我从这份职业中感受到幸福，使我成为一个幸福的教师，一个幸福的人。幸福在哪里，幸福其实一直就在我们的身边，在我们生活的点点滴滴之中，在我们每一个人的心中……

留住幸福的瞬间，珍藏幸福的剪影，做个幸福的人。幸福，不必面朝大海，一样可以春暖花开。

我的幸福剪影

幸福是什么？幸福其实只是一种心境，一种心态，是一种知足淡泊、随遇而安、乐己所乐、心怀感激之情的状态。尽管生活中总是不如意事十之八九，但我还是认为自己是个幸福的人，能幸运地从事着喜欢的工作，因为教师职业带给了我太多幸福的体会，太多难忘的记忆！

因为你们，我感受到了幸福

林语堂说："我最爱秋天它金黄的艳色，不道出春天的无邪，不道出夏日的权威。"

我也喜欢秋天，喜欢 9 月，教师节、运动会，连着国庆节，还有我的生日呢！过生日是件稀松平常的事情，我难以忘却的是我的学生为我过的那一次。

很庆幸在初为人师时就成为一名语文老师兼班主任，还遇到了这一班可爱的孩子、可敬的家长们。

1995 年当我紧张忐忑地走上讲台，看着台下一张张稚嫩的面孔，那一双双清亮的眼睛，竟然慢慢地不再紧张。我也不由得想起了上学时听到的一句话："教师每天都仿佛站在一面镜子前……"这镜子就是孩子们纯真的眼睛和心灵，这几十双单纯而敏感、善于窥视教师优点和缺点的孩子的眼睛在时时盯着你。

是啊，世界上没有任何人会受到这样的监督，在这个特殊的岗位上，我们必须要以自己的行动成为学生的表率，真正地以身作则，真诚地对待孩子。身教永远大于言教，要求学生做到的我们一定首先做到。

虽然家住在安宁，离单位很远，但我每天来得很早，和孩子们一起打扫卫生，带领他们上早自习，认真地备课，投入地上好每一节课。下课了我很少待在办公室（其实是因为内向羞涩的我不太会和其他老师们聊天），就在班里和学生谈话或玩耍，放学了留在教室里和学生一起扫地搞卫生，谈班里的事情。那时的我既是他们的老师，又像他们的大姐姐。当年轻的我皱着鼻子为拉了裤子的孩子换洗内裤；当没什么经验的我简单地以心换心地关心帮助身有残疾的孩子时，那份真诚和用心，使我慢慢赢得了孩子们的心，赢得了家长们的尊重，赢得了领导老师们的认可。

孩子们毕业时，我已是个准妈妈了，六年的相处，使我们之间没有画上句号。几个女孩子知道我快要做妈妈了，在我又接新的一年级开学前，跑到学校提前来帮我打扫、收拾教室。教师节那天在几个班干部的组织下，毕业的孩子们全都到齐了，七十几个孩子齐刷刷回到母校来看望我。而且在这之后的一个晚上，十几个孩子，又相约来到我家楼下，要为我过生日。

相处的六年中，没有人提过我的生日，不知孩子们是怎么知道的。柏道路那昏暗的路灯下，一张张可爱的笑脸，迎向我；那狭小的房子里满是他们的说笑声，还有鲜花的芬芳、蛋糕的香甜。电话铃响了，接起电话，是没来的小溪，她在电话中为我祝福，说不能到家里来看我，想用古筝弹首曲子为我送来生日的祝福。电话里片刻安静之后，传来了悠扬动听的乐曲。我含着笑，听着听着，泪水却不住地从我的眼中流淌。我知道那是快乐、幸福的泪花，那是我做教师最幸福、最难忘的一刻！

从我的第一批学生这里，我得到了这个职业带来的最高的荣誉，那份来自学生纯净的、感恩的爱！也是从这个班的孩子身上，我深切地感受到了教师职业的那份独有的幸福感和成就感，这使我深深地喜欢上了这个职业，并逐渐地热爱这个职业。

因为成长，我留住了幸福

经过 2001 年新课改培训后，我接手了新的一年级。但与这一群孩子的相处中，我慢慢地感觉到，学生们虽然喜欢我，可是在他们面前作为班主任的威严却不够，班级的纪律、卫生等都不能令人满意。再加上那时热火朝天、刚刚开展的小组合作学习，教室里乱哄哄的。尤其是班上的男生活动量极大，蠢蠢欲动者不在少数，大有"微微风簇浪，散作满河星"之势。况且还有几个孩子在各方面始终跟不上，学习落后不说，习惯上更是一片空白。我有些着急，甚至哭过鼻子。冷静下来，仔细分析遇到的情况，转换角度再去思考，我发觉自己并没有真正了解这些孩子。我现在面临的不再是第一批学生那样——"家长威严"下的温顺懂事的小绵羊，而是在蜜糖里泡大的被家庭宠坏的一代。他们在宽松民主的家庭中长大，从自由快乐的幼儿园中直接来到了小学（而第一批学生是上过学前班的），这批学生学到的知识多，学会的规矩少。他们不喜欢像老母鸡呵护小鸡那样小心有余、大胆放手不足的"阿姨"，那么，他们究竟喜欢什么样的老师呢？他们喜欢幽默风趣、知识渊博，富有教学魅力、能驾驭课堂的自信的老师；他们喜欢的是时刻想着学生，尊重学生，了解学生需要，注意与学生交流感情的老师；他们喜欢是对学生真诚、坦荡，能得到学生真心与信赖的老师。而我仍然用老眼光看待他们，盯着他们的缺点，老拿第一批的学生和他们做比较。孩子们得到的欣赏少，受到的批评多，简单的批评与指责，又能起到什么真正的作用呢？问题找到了，该怎样解决呢？首先还是要培养好习惯，新理念下的课堂也不应该是混乱的。我耐心地对孩子们进行了细致的常规教育，手把手地教班干部们如何帮助老师管理，通过两周一次的班干部评价制度激励班干部们做好自己的工作，利用读报时间让孩子们诵读《三字经》《弟子规》，给孩子们讲故事、带他们观看养成教育的动画片影像资料，坚持评选班级之星，通过评价反思激励，强化养成。是啊，学校不仅是教知识的地方，更是教做人的神圣场所。我还从网上学习一些中学老师的做法，把孩子们在音乐课上学的歌曲《黄鹂与蜗牛》变成了班歌，并且制定了班级宣言、班级目标、班训等，并通过小组长打分的量化形式进行了监督与提醒。

有了目标，有了规矩，我们班开始有了起色，而我也更多地用有针对性的鼓励和赞扬取代了责备，孩子们与我的感情更深了，我觉得自己又悄悄地走进了这一批孩子的心里。课堂上他们听讲认真，精彩的发言此起彼伏，老师们赞叹这班孩子的思维敏捷，语言表达能力强，我班的任课老师们也向我传递着这令人愉快的信息。在全校的运动会和文艺演出、广播操比赛等各种活动中我们班都以新颖的形式、丰富的内容、良好的精神面貌取得了好成绩。

第二批学生，第二个六年，也是我成长最快的六年，我开始思考，思考自己的教育教学行为，开始渴望学习到更多的教育教学理论，我更深知过硬的教学能力和广博的课外知识更能赢得学生的信任。我知道这样的教师，会以她的人格魅力和教学风采，浑身散发出如同明星一般的光彩，从而深深地吸引着孩子们。因此，我一方面加强学习，一方面积极主动地参加各级各类的教育教学比赛。在学校领导的信任支持下和老师们的无私帮助下，我和孩子们一起成长着……

2014年，我的第二批学生参加高考，高考之后，三个成绩优异的女孩手捧鲜花来看望我（她们分别考上了清华大学、上海交大、南京大学），说要请我吃饭，我开心的嘴都合不住了，哪能让孩子们掏钱啊！我说等她们工作之后，再请老师吃饭吧。谁知吃饭聊天之后，这三个孩子已经早早把钱付了。她们怕我生气，一个劲儿地给我说，请我吃饭的钱，是她们自己挣得，她们把自己三年的学习笔记和教材卖了。因为高考成绩好，所以卖得钱还很客观呢！我再说什么呢？唯有任凭满满的幸福洋溢在自己的心中了！

因为付出，我把幸福带给了更多的人

公开课后，孩子们围住了我，那红扑扑的、可爱真挚的小脸，那一双双明亮、纯真的眼睛……"老师，你还记得我吗？我就是您夸得那个字写地好的女孩儿。""崔老师，您能再给我们上一节课吗？""崔老师，你喜欢吃什么？""崔老师，你明天还来吗？""崔老师，我们有礼物要送给你！你明天一定要来啊！"……看到孩子们天真的笑脸，听到孩子们热情的话语，我的心真的如吃了蜜一般的甜。对教师课堂教学的评价还有什么评价比这更高？还有什么比这更让一个老师感到幸福？

这是2013年11月参加甘肃省教育培训中心组织的赴我省临夏州广河县、积石山县开展的送教下乡活动中令我难忘的一幕。这个项目很扎实，和以往的送教培训不一样，我们得在一所村校驻扎一周。听课、指导、带徒弟、上示范课、再指导徒弟上公开课。

来到广河县陈家小学听了两天的课，我有些坐不住了！临夏在地理位置上离兰州其实并不远，但老师们课堂上所展现的教学理念、教学方式、评价语言却让我有些咋舌，孩子们的学习状态也令人担忧：齐读时拖长腔，使劲儿喊，指名回答声音特别小；课堂上没有质疑、没有讨论、没有多元的评价，没有声情并茂的朗读声；有的是老师带着学生串讲，有的只是"对不对""是不是""真棒"这样单一的问答和评价……课下我还了解到，这些村校的孩子不仅存在语言表达的问题，孩子们的年龄差异也很大。比如在一个二年级的班上有八岁的，也有不到六岁的，生活习惯、学习习惯参差不齐，老师们根本就别指望能依赖家长的教育支持。了解到这些，我真是百感交集，惭愧、感叹、敬佩、理解交织在一起，我也希望自己能真正地从老师们的角度出发，真正能帮到村校的老师们，能为他们做一些他们能在今后的教育教学中真正能用得上的事情。

于是我们重新分析课堂上存在的问题，我希望大家能以一种开放的积极的心态去反思和分享自己在教学中出现的困惑和问题，并且接受同伴的建议，然后在教学活动中能主动地采纳、实践、改进。我们的教学研讨，话题越来越多，气氛越来越轻松……

后面的课堂上老师们更加认真用心地备课，并且有意地改变着自己的教学语言和评价方式。

我的示范课之后，陈家小学的孩子们，那些原本羞涩的孩子，热情地拉着我的手，一定要我明天再来学校，一定要送我礼物。第二天就要离开，我们还要在学校做总结。于是我答应孩子，一定会来的，但不许给老师送什么礼物。第二天，那几个说要送我礼物的小女孩拉着我的手，把我簇拥着，带到了他们老师的办公室。我看到了他们为我精心准备的礼物——那是几个有些蔫巴的小金橘和一个不大的苹果，还有几个都有些不完整的"小金豆"（一种小蛋糕）以及孩子们写给我的一封封信，还有陈家小学老师们自己种的葵花籽……手捧这些珍贵的礼物，我已经不敢多说话了，我怕自己会落泪，只有把热情的拥抱一个个送给她们，送给这些让我在料峭的初冬感受到温暖和幸福的人们！

感恩这个平凡而伟大的职业，感恩所有的相遇，使我从这份职业中感受到幸福，使我成为一个幸福的教师，一个幸福的人。幸福在哪里？幸福其实一直就在我们的身边，在我们生活的点点滴滴之中，在我们每一个人的心中……

留住幸福的瞬间，珍藏幸福的剪影，做个幸福的人。幸福，不必面朝大海，一样可以春暖花开。

最是书香能致远

——我家的"人世间"

　　我的曾祖父崔钟秀是清朝末年的秀才，听父亲说，他当年放弃了给某位官员当师爷谋求功名利禄的机会，却在老家办起了私塾，还亲自编写教材，用自己的知识和智慧为乡亲们服务。家里还有一本曾祖父手写的教材。

　　父亲说，他小时候和爷爷走在老家的路上，总有上了岁数的老人家和爷爷打招呼，念叨感谢五十多岁就去世的曾祖父。

　　爷爷崔筱灵是曾祖父唯一的孩子。他老人家也算是个读书人，他的老师就是曾祖父。在民国时期那个乱世，他没有条件出去读书求学，也没有外出工作，一辈子和周围乡亲们一样过着面朝黄土背朝天的日子。

　　听说爷爷在琴棋书画上颇有造诣，和当时很有名的西北地区的象棋高手彭高棋（彭高棋，名述圣，字明卿）是朋友。彭高棋会和爷爷在茶馆喝茶下棋，这是很让爷爷为之自豪的事情。

爸爸说爷爷口才极好，是个很会讲故事的人，乡亲们最喜欢在茶余饭后围坐在他身边，听爷爷讲故事。"长坂坡前救赵云，喝退曹操百万兵，大喝一声水倒流……"脑海中似乎还回荡着爷爷弹着弦子，用兰州话抑扬顿挫地说唱《三国》时那洪亮的声音……

他是村子里眼光最好的人，乡亲们都会拜托爷爷进城帮助买花布、买衣服；他是村子里最有学问、最有威望的人，乡亲们过年要请他写对联，家里有了孩子，也会请爷爷起名字……

爷爷自己虽然没有出去读书工作，但却让四个子女都成了真正的读书人。大伯崔立德、二伯崔蔚德和姑姑崔如男都上了兰州师范，大伯二伯乡师毕业后，继续读了西北师范大学。姑姑师范毕业后，在十里店小学当小学教师。我在兰州师范学校九十周年校刊后面的历代校友名单里，如数家珍地找到了三位家人的名字。

父亲本来被家里安排留在爷爷奶奶身边种地，但是大伯父鼓励小学毕业的父亲去报考兰州工业学校，考上就上，考不上就老老实实种地。结果，父亲以优异的成绩考上了。工业学校毕业后被选拔到了北京，在北京原子能物理研究所工作了八年。回到兰州后，父亲成为最早的一批塑料化工工程师，这在我们村子里是独一无二的。

我父亲读书读报的习惯，从年轻时一直延续到了八十四岁高龄。如今每天早上，老爷子雷打不动要出去买一份《参考消息》回来。读书读报，练字下棋，父亲现在是静享退休幸福的老年生活。

当年父亲虽是工程师，但全家只有他一个人外出工作。改革开放前，上有老下有小，孩子又多，我家的生活实在是清苦。我们兄妹和奶奶的一张合影中，快上学的我居然还穿着打了补丁的衣服，幼年时饿肚子的苦涩记忆也是无法忘却的。但却也是苦中有乐，而那些快乐有很多都是来自读书。

父亲是一个热爱生活、率性洒脱的人。除了读书，他还喜欢体育、音乐。虽然工资不高，生活清贫，可是爸爸却仍坚持订阅《兰州晚报》，时不时还会买来《世界知识画报》《世界之窗》《新体育》《围棋天地》《连环画报》

等杂志。每天黄昏，爸爸快下班的时候，我们兄妹几个就会在路口等爸爸，看见了爸爸，我们像小鸟儿一样，扑向下班归来的爸爸身上。抢着从爸爸手中接过公文包，翻出《兰州晚报》去读，找出杂志去看。

还记得《兰州晚报》上的小说连载，是我们最喜欢的栏目。从小说连载上也读了不少书，有当时畅销、流行且又有一定品位的各种小说，好像还连载过金庸先生的武侠小说。《世界知识画报》《世界之窗》《新体育》《围棋天地》《连环画报》《家庭医生》等杂志，在开阔我们眼界的同时，也无形中为我们几个孩子奠定了成长中的兴趣和爱好。

那个年代，信息远不像现在如此发达，没有什么娱乐新闻，也不知道什么明星。可是从爸爸买来的《世界知识画报》和《世界之窗》杂志上，小小年纪的我知道外面还有一个绚烂有趣的世界，那里的人们和我们的生活是如此的不一样。

我知道了在露天电影院看到的那部最热门的电影《佐罗》中侠盗"佐罗"的扮演者是英气逼人的法国电影演员阿兰德隆；知道了日本有个美丽优雅的女演员叫栗原小卷（演过什么不知道，只是觉得她好美，容貌美，名字也很美）；知道了演过《万水千山总是情》的香港演员汪明荃；还知道当时有位著名的时装大师阿玛尼（今天依然很有名）；知道日本已经研制出了仿真的机器人，那美丽的机器人居然还能唱歌……

从《新体育》杂志上，我知道在 1984 年洛杉矶奥运会上，我国体育代表团重返奥运赛场，并且在本届奥运会上实现了金牌零的突破。还认识了许多体育明星，拿了三块金牌的体操王子李宁、实现金牌零的突破的神枪手许海峰、三连冠的中国女排；还有那身高 1 米 68，却把世界踩在脚下的迭戈·马拉多纳以及足球场上的拿破仑——法国足球明星普拉蒂尼，德国的足球皇帝贝肯鲍尔，实现荷兰足球全攻全守的飞人克鲁伊夫……这些闪亮的名字，也点亮了我的童年生活。

从《围棋天地》杂志，知道了我国的棋圣聂卫平，知道了马晓春、常昊，知道了日本的华裔围棋鬼才、圣手吴清源以及韩国的围棋高手曹薰铉、李昌镐等。爸爸还教我们下围棋，性子急躁的我只学了些围棋的皮毛，在后来上兰州师范时，还取得了学校的女子围棋冠军。其实主要原因是大家都不怎么会下围棋！

我父亲吹牛说自己是半个大夫。他买的《家庭医生》其实是他的信息来源，可是散落在家中的这种杂志，却也无形中为懵懂的我们完成了青春期的生理教育。呵呵！这是我后来总结出来的。

生活的清苦并没有抹去我们童年的幸福和快乐，书籍、报刊中的那些精神食粮，滋养着我们的心灵和头脑。

小学时的我成绩平平，小小年纪，整天胡思乱想，经常在头脑中勾勒着书本中的那些美好有趣的画面……书籍是我童年最好的朋友之一，每天都会和她相伴。我的阅读量和阅读速度与日俱增，小人书读完了，能读的书籍杂志也看得差不多了，我如同饥饿的人，处处寻找着能读的所有的文字。可我们不敢向爸爸提出买书的要求，因为爸爸花钱买书刊，经常遭到妈妈的数落。于是我就偷偷从书架上寻找翻看父亲珍藏的祖父、曾祖父的那些繁体字的书籍，那些线装书大多看不懂，而且那些泛黄的书页、纸张极薄，印刷技术也不能与现在同日而语，能勉强啃下去的只有《聊斋》和《西游记》以及一本《唐宋词选》。

在寒暑假，我和哥哥姐姐自创的一个游戏，就是随便抽出这本《唐宋词选》中的一首，看谁第一个背下来，后来还延伸到背《红楼梦》中的诗句。冰清玉洁、才华横溢的黛玉在《咏菊》的"毫端蕴秀临霜写，口齿噙香对月吟。满纸自怜题素怨，片言谁解诉秋心?"，《问菊》中的"孤标傲世偕谁隐，一样花开为底迟?"以及在《咏白海棠》的"偷得梨蕊三分白，借得梅花一缕魂"令我们赞叹着迷……

我们经常会偷偷钻在爸爸放书的黑屋子里，闻着这些带有家族文化历史沉淀的书香，翻看着上面带有曾祖父、祖父、大伯、二伯、爸爸，用小楷毛笔、钢笔不同字体勾画标注的书籍，这"窃读"，真是别有一番滋味在心头。

上中学后，读书带来的厚积薄发，使我的成绩节节上升。到初三那年，我不仅考上了当时很难考的兰州师范学校中师班，还考上了西北师大附中的高中，技校居然考了全区第一名。兰州师范学校的录取通知书拿到后，考技校的事情就被扔到脑后了。负责招考的一位老爷爷，特别认真负责，他骑着自行车，找到了我们家，给父母说，他就觉得可惜，这个孩子考了第一名，怎么不来取成绩单报考学校呢？老爷爷的热心善良让我们一家一直铭记在心。

书籍一直伴随着我们的生活，伴随着我们成长，给我们的生活带来了无数美好的回忆。

如今我成了一名小学语文教师，更是深切地感受到读书的重要性，感受到一个爱读书的家庭对于一个人的成长有多么的重要。

于是在课堂上和教学中、家长会上，我都会把读书的重要性告诉家长们和孩子们。一个学生在她的作文中写道：

"我的老师告诉我们一定要交上两个好朋友，一个是音乐，一个是书籍。她告诉我们音乐可以让声音变好听，让内心变柔软；书籍可以让我们看到更多，知道更多。她说她喜欢当一名老师，因为站在这个进台上，好像被什么人施了魔法一般，站在这里，会有一种神奇的力量推动着她……"

耕读传家久，诗书继世长。耕读传家、以德育人，最是书香能致远！希望读书成为每家每户生活中不可或缺的一部分，希望读书让我们的生活更加美好……

【互动延展】每个人都有自己的故事，你是否也想到了自己的家乡、家庭、家人、邻里相亲的故事？是否也想去了解、记录在你记忆中那些难以磨灭的故事呢？

谁言寸草心，报得三春晖

——母亲

　　如果有人问你，在生活中影响你最大的人是谁？你会怎样回答呢？在成长的路上影响我们成长的人有很多……父母、家人、老师、领导、同事、朋友，或是某个喜欢的人、崇拜的人……对于我来说，也是这样，帮助过、关心过、影响过我的人有很多、很多，但是如果加个"最"字，这个人就是我的母亲。

01 在我眼里你最美

　　我的母亲是个非常普通的家庭妇女。她身材矮小，满头银发，黑黄的脸上带着曾经劳累的沧桑，眼睛略有些斜视，嘴唇外突，颧骨高耸。是的，她不是个漂亮好看的人，对外貌，母亲是有些自卑的，但在我的眼里她是世界上最美的女人。

　　作为最小的孩子，妈妈对我的陪伴比哥哥姐姐要更多。小时候，我一直是和母亲在一个被窝睡的。妈妈温暖的怀抱是我童年最幸福的港湾。长大后，听哥哥姐姐说，他们很羡慕、也很讨厌我这个老小，因为有了我，他们就不能和妈妈睡在一起了。虽然同睡在一个炕上，但是还得隔着一个我，让妈妈用手拉着睡。他们还笑话我，母乳吃到了三岁多，结果还是家里个子最矮的……

在我的印象里，妈妈很少悠闲地坐在一个地方什么事都不做地聊天、看电视、喝茶、嗑瓜子……几乎没有。她始终在干活，操持我们这个六口人的大家庭的生活。妈妈要么洗衣服，坐在大塑料盆前，用搓板吭哧吭哧地搓洗；要么给我们兄妹织毛衣，要么和面，要么择菜，要么切肉臊子……她就像是一个永不停歇的陀螺，一直转着。

我的记忆里，她从来没有睡过懒觉，小时候我们几乎不知道妈妈什么时候起的床。等我们被闹钟叫醒之后，总会看到妈妈忙碌的身影。偶尔会在睡眼惺忪中看到妈妈摸着黑，不开灯，轻轻地起床，轻轻地穿衣服，轻轻地为我把被子拉好。然后，出去为全家准备早餐。

02 最了不起的你

母亲是个普通得不能再普通的人，但是在我的眼里她是世界上最了不起的女性。

母亲和父亲，其实不是很般配。父亲是大学生、工程师，母亲只是个有初中文化的家庭妇女；父亲皮肤白个子高，长相帅气，母亲却相貌普通。他们的婚姻并不是那种如许多书中所言的举案齐眉、琴瑟和谐、夫唱妇随，在磕磕绊绊、吵吵框框中，五十多年过去了，他们却成为让周围老头老太太羡慕着的一对老夫妻。

已过金婚的父母，现在相守相伴，互相依赖，平静而幸福。一日三餐都是母亲为父亲准备，她还要提醒父亲按时吃药，提醒不爱出门的父亲下楼走一走，和其他老爷爷下下棋。家中需要买什么，也是母亲安排好让父亲这个采购员去购买。这是父亲现在最重要的工作和任务。

母亲腿脚不好，站不住了，做饭时会呼唤父亲帮忙翻炒一下，把菜盛出来。看到八十岁的妈妈在教八十多岁的父亲炒菜，我的心里既温暖又感慨。

母亲是我们家中的定海神针、中流砥柱。她的勤劳能干支撑起了我们的家。爸爸虽然工作好，长得帅，但是他的生活能力，实在不敢恭维。爸爸不是一个懒人，但是动手能力极弱，我们兄妹都暗暗思量，幸亏遇到妈妈这个能干的人，否则，换作其他任何人都过不下去的。

母亲的了不起体现在她非常注重我们的教育。

在那个年代，她其实并没有手把手地指导我们的学习，她有自己的办法。记得母亲让喊着不会写作文的我们抄作文选。妈妈在院子里洗衣服，我们一人坐在一张小板凳上抄作文的画面浮现在了我的眼前。

说到写作文，也不禁想起了父亲。我初一那年，我唯一的姑姑不幸去世，那是伯父和爸爸最小的妹妹。父亲非常难过，沉痛之后，他让我们兄妹几个每个人都写了一篇纪念姑姑的作文。

其实我的父母也还是有些重男轻女的，他们给予哥哥更多的期望与关注，但是妈妈没有像周围其他女同学的家长那样让我们整天忙于做家务、干农活。她一直告诉我们，我们现在最重要的事情就是学习，让我们能够有更多的时间和精力投入到学习之中。所幸，我们三姐妹也没有辜负爸爸妈妈的期望。大姐考上了西北农业大学，二姐考上了武汉大学，我初中毕业以全校第一的成绩考进了兰州师范学校。

妈妈的了不起更体现在，当家庭出现变故时的坚韧。

我大姐是爸爸妈妈的第一个孩子，一个漂亮聪明、勤奋优秀的孩子。妈妈很得意的是，虽然自己长相普通，但是她的四个孩子都长得比较端正。尤其是大姐，学习优秀，从小学到中学都是班长或者学习委员。但是高中时不知是什么原因，大姐的身体出现问题，大姐一边吃药治疗，一边发奋学习，居然还考上了重点大学，可是她的身体、精神一直都不太好。

妈妈从来没有怨言，她就像是一个战士，一如既往地做家务，照顾大姐和我们。她陪大姐看病，大姐不吃药，她就把药碾碎了放在饭里，哄着她吃下。大姐心烦，她就不顾身体劳累，陪大姐到黄河边、到外面散心、打羽毛球。好不容易，大姐熬到大学毕业，参加了工作，但是她的病却一直没有彻底好，在大姐 27 岁最好的年华，永远离开了我们。

我们知道这对于爸爸妈妈的打击有多大，对我们家庭的打击有多大！很长时间，我们都不愿意回忆那段时光，那是我们全家的痛。在那段时间，妈妈的头发全白了。

但是我那坚强的母亲，没有被打倒，她依然用微微驼着的背，用她柔弱的脊梁，用她矮小的身体，支持着我们当时那个摇摇欲坠的家。妈妈的话不多，她也没有什么豪言壮语，她是一个普通得不能再普通的家庭妇女。但是，她是我眼中最美的人，是我生命中、成长路上最重要的人！

现在的她越来越平和，越来越柔软。她会在做了好吃的之后给哥哥打电话让他过来吃饭；她会经常主动给外地的姐姐打电话，关心她的生活；她不让我节食减肥，总担心我吃不好、工作太忙影响身体……

她也会安排好自己的生活，规律作息，忙家务、锻炼身体，主动和楼下的阿姨们一起聊天、唱歌；她也会偶尔说说自己老了，身体不太舒服……

"谁言寸草心，报得三春晖。"母亲，您是这个世界上最爱我的人！母亲，孩儿的寸草之心，又如何回报您春晖一般温暖，大海一样深厚的恩情呢？

唯愿我的母亲以及天下所有的母亲健康幸福，愿你们在为母的路上更加坚强，更加温柔，更加智慧，更加美好！

【互动延展】2022 年 7 月，二舅的视频深深地打动了千万人，但是从治愈焦虑、精神内耗，爆红网络到翻车，仅短短几天。不想评论孰是孰非。只是在想打动我们的是什么？是那些在苦难中仍然努力地活着的普通、平凡的人，他们是值得尊重和敬佩的，就如同我们深爱着的平凡的父亲、母亲、叔叔舅舅、姑姑姨姨们……你是否也回想起我们身边的这些饱经风霜却依然笑对生活的亲人朋友们？是否也想提笔写下他们的故事呢？

与君世世为兄弟，更结来世不了情

——有你真好

你，是我最好的朋友；是我最亲爱的姐妹；是我没有任何保留的港湾，是给予我无条件的爱的那个人！

是的，你就是我的姐姐，是除了母亲之外，我眼中全世界最美、最好、我最爱的人。

我们一起长大，一起相互陪伴，一起见证过最好的最幸福最快乐的时光，也一起度过了最黑暗、最难过的日子。

我们在一起总有说不完的话，聊不完的话题，你对我总是无限的包容。

我们一起读过的快乐的时光太多太多……一起养猫、养狗、养鸡，甚至是养猪。家里的猫猫狗狗都更爱你，这些小动物比人类更直接地知道你的善良。那只小猫总会在寒冷的时候去找你的怀抱，你的被窝；那只聪明的狼狗即使在你上大学的时候，从来都没有见过你，可是当你放假回家时，竟然没有叫一声，而且转眼间就像对待其他家人一样亲近你了！

你看到顽皮的儿子在追打那只笨笨的小狗——大旺时，那么疼爱儿子很少动手打孩子的你居然气愤地揍了孩子。不仅是因为他这样会让自己被小狗咬伤，也是因为你见不得伤害小动物的任何行为。

还记得我们俩把那头肉粉色的小猪当做宠物一样喜欢，虽然知道它的命运会和周围邻居家的猪一样，但还是在照顾喂养着这头小猪的过程中获得不一样的快乐。看到它的憨态可掬，看到它的聪明，甚至还为这头猪用奶奶篦头的篦子，梳走它身上的虱子……在小猪被带走的那天，我们一起难过地躲了起来。

每年夏天，黄河边都是我们最向往、最快乐的地方。有一年，笨笨的我在黄河边玩的时候，为了洗掉凉鞋上沾的泥巴，我把鞋脱下来，在河水里洗。然后……那只新买的凉鞋竟然掉进了河水中，我呼喊着，连忙慌乱地把手伸进河水中捞着……为了帮我捞凉鞋，同村的女同学掉进了黄河，差点儿被淹死……想来都后怕。她母亲晚上找到家里，狠狠地骂了我一顿，妈妈的一顿打我们自然免不了。

事后，想起从黄河边回家的那将近一个小时的路程，我哭着鼻子，光着一只脚，该怎么回家？聪明乐观的你不仅安慰我，还找了一块塑料布把我的脚裹起来，让我可以不至于一跳一跳地走回家……

虽然我们之间隔了两个年级，但是你的同学和好朋友都认识我，我的朋友们也都认识你。我们还会相伴去彼此的同学家。

除了一起玩，我们也会一起读书、一起学习。

聪颖过人的你，上中学后更加优秀，成绩依然优异。作为班干部的你，把从老师那里好不容易借来的书和我分享，由此我真正地开始了名著的阅读。

这里也得郑重地感谢你的中学语文老师，一位儒雅博学，教学水平极高的优秀的语文特级老师，酷爱读书，也有很多藏书。更可贵的是他在暑假，会慷慨地把书借给当时喜爱文学又没钱买书的学生们。于是，我跟着你，在暑假里，看到了这些泛着书香的可爱的、迷人的书籍。

从柯南道尔的《福尔摩斯探案集》以及阿加莎克里斯蒂的《阿加莎克里

斯蒂探案集》《马普尔小姐》，还有好像是外国人写的《狄仁杰探案集》。这些情节扑朔迷离，险象环生，充满推理以及人生智慧的侦探小说，深深地吸引着少年的我，让我爱不释手。

那个暑假，我们从早上一睁眼就开始如饥似渴的阅读。有一天，蓬头垢面的我们一起床就坐在床上读书了。连被子都没有叠，早饭也不吃，大概也知道爸爸妈妈上班去了，没人管我们。于是，时间就不知不觉过去了。

没想到西固的二舅会来个突然袭击，于是就抓到了坐在床上不梳洗收拾的看书的两个懒外甥女。等母亲中午下班回来，连带母亲和我们一顿收拾。由此这段读书的趣事也深深地留在了记忆之中。

在你高三、我初三那年，发奋苦读的你也影响着我，我们一起学习，写作业、背单词、刷题。我一个人参加兰州师范面试的时候，你从隔壁二十中高三的教室跑过来陪我。让不会跳舞只是做了一节广播操，没有才艺只唱了一首歌的尴尬难过的我，得到安慰和支持。你参加高考，我骑自行车送你去坐机床厂的厂车赴考。对父母我们没有一丝埋怨，因为爸爸妈妈那时实在艰难，是顾不上我们的，所以我们相互支持、相互陪伴，度过了咱们家那段最难、最苦的日子。你考上了武汉大学，我上了兰州师范，我们都没有让家人担心失望。

大学寒假短，过完年，你就要去学校，看我们依依不舍的样子，爸爸妈妈竟然同意让我跟着你去武汉见见世面。这是我第一次坐火车出远门！跟着你坐了三十几个小时的绿皮火车的硬座，到达了武汉。武大依山而建，古朴典雅的校园，错落有致、中西合璧的建筑，落英缤纷的樱园、香飘十里的桂园、凌霜傲雪的梅园、烟波浩渺的东湖湖滨，让人流连忘返。磨山公园、黄鹤楼留下我们的笑声。

工作之后的你，让操劳半生的父母过上了衣食无忧的晚年生活，让兄弟姐妹过上越来越好的生活……

尽管在外貌、性格、学习生活环境，长大之后的成长道路上，我和姐姐有很大的不同，但我们没有渐行渐远，我们依然是最好的姐妹、闺蜜和朋友。

我们会分享生活和工作中的一切，共同学习，共同成长。她是那个我可以绝对信任，可以放心托付的人。

苏轼和苏辙的兄弟情谊是历史上的佳话，是这份温暖的情谊使得大文豪苏东坡从不感到孤独落寞，而能尽展他的人格和才华。"但愿人长久，千里共婵娟"和"与君世世为兄弟，更结来生未了因"都是兄弟间那全然理解、无条件信任的深厚的情谊；而苏辙则在《东坡墓志铭》上这样回应他的兄长"扶我则兄，诲我则师"，这感天动地的深情令人动容。

读到这份情谊，我也总会想到我的哥哥姐姐，还有那个善良能干的嫂子，他们也是一直这样地支持我、关心我。

苏轼对苏辙说："与君世世为兄弟，更结人间未了因。"我想对姐姐说："来世我为长姐你为妹，换由我来守护你！"

感谢我的生命里有你们，有你们真好，我最亲爱的家人！

【互动延展】你是否也有兄弟姐妹？你和他们之间的关系如何？你是否也想提笔写下自己的手足之情呢？

长大后我就成了你

—— 我的老师

我是一名小学语文教师。二十多年教师工作的感言，被说到最多的关键词是幸福，幸运的幸，福气的福。

这是成为教师二十多年后最大的感受，刚参加工作的我和大多数人一样，是把工作当做安身立命的饭碗，是按部就班的人生阶段。但没想到多年后的我会笃定地说，自己是个幸运的人，因为能从事着热爱的工作；是个幸福的人，因为发现站在课堂上的自己，才是最美丽的。

在我们出生的 70 年代，成长的八九十年代，是没有人生规划这一说的。学习、工作、结婚生子，按部就班，父辈和身边的人，大家都是这样生活的。说实话，我是从来没有当老师的理想和愿望的。因为小时候总觉得老师是高高在上、只能仰望的存在；而且老师们的形象普通都是那么端庄，还有些古板、墨守成规，这和内心充满了幻想、对未来和远方充满期待的我来说相去甚远。

那个时候，因为《正大综艺》节目，随着"不看不知道，世界真奇妙"，我看到了精彩纷呈的"外面的世界"，我看到了因为英语学得好而当上主持人的杨澜、许戈辉、王雪纯等等。学英语、当翻译、去看看外面精彩的世界，这成了我朦朦胧胧的理想。

理想很丰满，现实却很骨感。初中毕业时，是家里条件最艰苦的时期，大姐上大学，二姐刚考大学，哥哥在上技校。1983 年，落实知识分子政策，我们全家转成了居民户口。结果导致家里承包的责任田被收走，母亲一直没有正式工作，到处打零工，家里只有父亲一个人有固定收入，虽然是工程师，但是四个孩子，六口人的大家庭，让爸爸妈妈一直过得紧巴巴，很拮据。

1991 年，复读了一年的我，不仅考上了我们当地最好的高中——西北师大附中，技校考了区第一名，连当时最难考的师范也考上了。（当时就读的中学，师范只录取了两人，我是其中之一。）

我渴望上高中，那是离我的梦想最近的地方，但家里要求我上师范。因为上师范，免学费，包分配，而且每个月还有饭票、菜票，可以养活自己，家里的负担可以减轻一些！爸爸当时还有些犹豫，他们单位有人劝他，两个女儿都上大学了（二姐也考上了大学），小女儿将来准保也能考上大学，再咬咬牙坚持把孩子供出来吧！但是妈妈坚决不同意，坚持让我上师范。当时我连一句抗争的话都没说，就妥协了，接受了家里的安排！

师范四年，我相比其他同学要安逸很多。因为学校离家近，学生科的老师二话不说，不让我住校。家里人很高兴，这下又少了麻烦，不用收拾住校的用品，又省钱了。我呢，每天骑自行车上学，不用挤在八人的宿舍，不用上早自习、晚自习，不用跑操……每月的粮票没什么用，但是菜票由生活委员兑换成现金发给我，呵呵，十六岁的我每月就能领工资了！

师范四年后的毕业演出

上了师范学校后在学习上总是缺乏动力的，师范四年我的学业成绩、专业成绩都不出色。

可是兰州师范学校一大批优秀敬业的老师们、身边勤奋朴实的同学们，让我对教师职业的认识和看法开始发生变化，内心深处的那一丝丝抗拒，逐渐在消融。我有意无意地开始准备如何成为一名合格的小学教师……

在兰州师范学校，我遇到了很多优秀的好老师。

难以忘记，文选课的任世昌老师陶醉地为我们范读朱自清先生的《梅雨潭》："那醉人的绿呀！我若能裁你以为带，我将赠给那轻盈的舞女；她必能临风飘举了。我若能挹你以为眼，我将赠给那善歌的盲妹；她必明眸善睐了。我舍不得你；我怎舍得你呢？我用手拍着你，抚摩着你，如同一个十二三岁的小姑娘。我又掬你入口，便是吻着她了。我送你一个名字，我从此叫你'女儿绿'，好吗？……"

难以忘记，在任老师退休之后，接任我们班文选课的张勇老师。记忆犹新的是他为我们讲述的那令人荡气回肠、潸然泪下的古代爱情悲剧《孔雀东南飞》，情节精彩紧张、人物性格鲜明的《鸿门宴》。还有张老师让我们这些大多数是来自农村的师范生们学唱京剧，排练话剧……他深厚的语文功底、精湛的教育艺术、前卫的教学理念，让我们一边疲于完成老师的任务，一边深深陶醉于语言文字的博大精深，也让我一个一直自诩为数学脑的极不喜欢写作文的女孩子爱上了文学，并且在后来成为语文教师……

难以忘记，《艺术概论》课上的吴小刚老师，在二十多年前，他就组织开展课前三分钟的艺术欣赏。让同学们每人准备一首自己最喜欢的歌曲或乐曲，让全班同学共同欣赏之后，还要说说自己喜欢的理由。记得年少轻狂的我，总想来点儿与众不同的。于是把那段时间非常喜欢的一首英文歌曲，从广播转录到磁带上，带到课堂上让同学们听。

现在觉得当时的自己真的很搞笑！因为我们这些师范生，上了师范之后就不再学习英语了。我们的英语水平都不高，都只是在初中学了三年英语，而且我自己也听不懂这首英文歌曲中到底唱的是什么，就是盲目地觉得那旋律、那和声实在是很动听。后来知道，那是保罗西蒙为达斯汀霍夫曼主演的《毕业生》创作的主题曲《寂静之声》。歌曲的旋律，正好踩在十六七岁的、略带忧伤、充满幻想的女孩儿的心上……颇有"少年不识愁滋味，爱上层楼，为赋新词强说愁"的感觉。

难以忘记，吴小刚老师的社团课《影视评论》，总是"人满为患"，因为在这一天下午，我们这些远离电视娱乐的师范生们，可以痛痛快快地看一部电影。那个年代，看电影是奢侈的一件事。印象最深的就是看的那部《乱世佳人》……

因为我上的是"中师3+1"音乐选修班，学校规定，我们班只能选择和音乐相关的兴趣小组。不知道那天是因为电影过长还是我们小组结束早，于是我跑到了向往已久的影视评论组，和一群少男少女们，表面安安静静、内里心潮澎湃地看完了这部经典大片……看完电影，第二天就从学校图书馆借了电影原著《飘》，如饥似渴地读了起来。

难以忘记，心理学课上的美丽认真的孙老师、讲教育学的气质高雅的曾老师……

难以忘记，认真负责的班主任封老师……

最难忘记的是，李兰纪老师。一个高冷、瘦削的老头儿，听同学说，他以前是个话剧演员，转行当了师范老师。

记得学校文艺演出时，他朗诵了一段郭沫若话剧中《屈原》的一段独白！那穿透灵魂的声音、那凄厉绝望的眼神、那投入忘我的表演，完全将我们震撼了……他成了我们仰望的大神！

后来学校居然安排李老师在晚自习指导我们班同学的试讲。记得自己试讲的是王安石的《泊船瓜洲》。如何备课已忘记，只说我上台后开始给同学们讲课。按照导入新课、指导朗读、理解课文、总结全文的环节按部就班地上课。

当我提出一个问题，请我们班一位女同学回答时，这位女生大概有些走神，站起来后，有些不知所云。而初生牛犊的我，不知哪里来的勇气，居然没让她坐下，而是循循善诱地让她最终把答案说了出来。再加上在黑板上我用简笔画将诗中的"京口、瓜州、钟山、长江"一标，那节课，我自己还是比较满意的！

走下讲台，李老师让同学们评价我的课，同学们好像也没说什么，只记得李老师淡淡地说，如果你们大家的课都上到崔承惠这个程度，就算合格了！

就是这句不带渲染的淡淡的一句话，让我至今记忆犹新，至今骄傲，让我开始相信自己可以，可以站在讲台上，可以当一名小学语文老师！

深深地感谢您——我敬爱的李兰纪老师！

> 长大后我就成了你，才知道那间教室
>
> 放飞的是希望，守巢的总是你
>
> 长大后我就成了你，才知道那块黑板
>
> 写下的是真理，擦去的是功利
>
> 长大后我就成了你，才知道那只粉笔
>
> 画出的是彩虹，洒下的是泪滴
>
> 长大后我就成了你，才知道那个讲台
>
> 举起的是别人，奉献的是自己……

深深地，深深地感谢我的求学之路上所有的恩师！学高为师，身正为范。他们以自己的学识，以自己的课堂以及人格魅力，影响着一批批的学生们，他们是我生命中的那道光，是我一直努力奔赴的方向！

【互动延展】你印象最深的老师是哪一位？你和老师之间有没有令你难忘的故事？写一写留在你记忆中的那个温暖过你、鼓励过你、带给你力量的老师吧！也让我们努力成为学生生命中照亮他们的那道光！

游人不解春何在，只拣儿童多处行

——那些孩子们教会我的

人生最美是初见

人生最难忘的总是初相遇，正如纳兰性德的那句"人生若只如初见"，和第一届学生之间的故事大约也是每个老师一生中最难以忘记的。

每年教师节收到最多的都是第一届学生的短信！如今，我的第一批学生的孩子都上学了！这是2021年教师节之前这个女孩加了我的微信说要带着孩子来看我。

二十七年前，未满二十岁的我成为一年级的班主任和语文老师。非常幸运，参加工作就来到了一所有着深厚的历史底蕴和优良传统的好学校。

好学校，也意味着学校和家长对老师的要求更高！孩子们报名的时候，一见到我，有家长直接当面就议论了起来，这哪里像个老师？那么小，连大学生都不像，像个中学生！自己还是个娃娃，怎么教好我们的娃娃？

听到这些，年轻的我虽有些怯，但傻乎乎根本没往心里去，没有多想，就是简单的一门心思地知道：我要把这个班带好，把我的学生教好。

将心比心，如果我是孩子，我希望我的老师是个怎样的人；如果我有孩子，我希望自己的孩子能遇到怎样的老师。这样简单朴素的观念会让我们更加尊重这个职业，更加善待遇到的每一个孩子和每一位家长。

于是老老实实地认真备课，用心上好每节课，认真写好每个字，字正腔圆读好每篇课文。下课了，留在教室里和学生谈话或玩耍，放学后会在教室和学生一起扫地聊天，谈班里的事情，聊他们的心事。我既是他们的老师，又像他们的大朋友。

下课后每当离开教室，我身后总跟着一群孩子"崔老师，我还有话想对您说……""崔老师，刚才的问题，我还有想法……""崔老师……"办公室的老师们，对天天跟着我进来的孩子也是哭笑不得。

当刚参加工作的年轻的我为拉了裤子的孩子换洗内裤时；当我真诚地关心帮助身有残疾的孩子取得进步时；当我背着腿受伤的孩子上厕所时；当我的班级在学校运动会、艺术节各项比赛中一次次取得优异成绩时；当老师们做公开课总是喜欢选择我们班时，我感受到自己慢慢赢得孩子们的喜爱，赢得了家长们的尊重，赢得了他们的心。

用心对待孩子，用情感染家长，这是我做好班主任工作的法宝。每学期"致家长的一封信""在家长会上讲述亲情的绘本故事""孩子过生日时在课堂上给妈妈打感恩电话""重阳节回报父母给长辈做一件孝亲的事情"……这些做法，帮助了学生，感动了家长，让孩子们更加懂事，让家长们欣慰、放心。

我的学生，在我生病得了肺结核最孤单落寞的时候，费尽心思来医院看望我！要知道那是传染病啊，连单位的同事都在我出院之后还会躲着我，要知道那个时候的兰州肺科医院还没有通车，北滨河路还没有修好……

我的学生，知道我怀孕，在小学毕业之后、初中开学前跑来帮我搞卫生。

我的学生，在小学毕业之后会自发组织起来为我过了一次终生难忘的生日。

我的学生，每年教师节不变的祝福……

小巍，也是我的第一批学生，他是毕业于国防科技大的军人，每年的教师节总有他如约而至的问候。有一次他来看我，正好我有课。于是，我把他带到了教室和学弟学妹交流，聊一聊他们感兴趣的话题。鼓励弟弟妹妹们树立目标，努力学习，养成好习惯拥有梦想，要为实现梦想而加油！

小巍在教师节前花心思找到了不同时期的我的照片，制作了小视频。他说我永远是他的好老师，我心中了然，是他们这样的学生成就了一个好老师。

我的这四个女孩儿，超市老板娘、护士、银行职员、大学老师。在小学毕业二十年之后，在自己成家立业之后会一年年地和我一起过教师节！

教第二批学生时，第二个六年是我专业成长最快的六年。我开始思考，思考自己的教育教学行为，开始渴望学习到更多的教育教学理论，我更深知过硬的教学能力和广博的课外知识更能赢得学生的信任。我知道这样的教师，会以她的人格魅力和教学风采，浑身散发光彩，从而深深地吸引着孩子们。因此，我一方面加强学习，一方面积极主动地参加各级各类的教育教学比赛。在学校领导的信任支持下和老师们的无私帮助下，我和孩子们一起成长着……

2014 年，我的第二批学生参加高考，高考之后，三个成绩优异的女孩手捧鲜花来看望我（她们都学的是文科，分别以全省第 14、第 26、第 47 的好成绩考上了清华大学、上海交大、南京大学）。三个孩子说要请我吃饭，我开心的嘴都合不住了，哪能让孩子们掏钱啊！

我说等她们工作之后，再请老师吃饭，这次让老师来为她们祝贺。谁知吃饭时，她们已经早早把钱付了。怕我生气，一个劲儿地给我说，吃饭的钱，是她们自己挣的，她们把自己高中三年的学习笔记和教材卖了。因为高考成绩好，所以价格还很可观呢！面对孩子们闪闪发光的、幸福的、开心的眼睛，我再说什么呢？唯有任凭满满的幸福洋溢在自己的心中了！

从孩子们这里，我得到了这个职业带来的最高的荣誉，就是那份纯净的、没有任何功利的爱！他们的爱让我深切地感受到了教师职业的这份独有的幸福感、成就感和归属感。是教师职业让我感受到了爱，是我的学生教我学会了爱。

用爱唤醒那份特殊的美丽

教师节的鲜花还在散发着甜美、馥郁的芬芳，如那最暖、最美、最纯的师生情……

虽然昨天还信誓旦旦，告诉自己每天要写一写自己的教育生活，写课堂、写学生、写教学……而且白天，也已经初步想好打算写一个很头疼的孩子。但是，等到坐在椅子上准备写那个孩子的时候，突然还是觉得不知道该怎么写。不知道有些内容该不该写……此时的心情，如同那个孩子每天都会制造的如同经历过战争一样乱糟糟的桌面、桌仓和脚下……

是的，真实的校园生活绝不仅仅是，可爱的笑脸、芬芳的花朵、欢快的歌声和琅琅的书声……还有这些！

每个班、每位老师都会遇到各方面让老师不省心的孩子，不遵守纪律的，成绩不理想的，总和其他同学发生矛盾的，生活习惯、学习能力弱的……我曾经记录过那几个让我头疼的学生的故事，面对他们，我一筹莫展。

学生小明家住得远，生活自理能力弱，早上经常迟到，中午在小饭桌吃饭，到校后使劲儿地玩，铃声响过后满头大汗地又迟到了。上课时，他的小手总是能寻觅到可以玩的东西，从文具到线头，决不放过；写字时的握笔姿势一遍遍的总纠正不过来。学习上也很吃力，那些生字总不听他的指挥，被他写得丢一笔加一笔的。面对他，我有些头疼。

学生小涛是个活泼、好动的孩子。也同样是生活习惯不好，自理能力弱。身上的衣服经常早上是干净的，到了下午就又脏又乱了。鞋带散开了；裤子总是提不起来，小肚皮每每露在外面；红领巾一会儿就变成飘在后面的围巾了。桌子上一片狼藉，各种书籍乱扔，桌布总被蹭成一堆，脚底下是总也捡不完的垃圾。学过的生字，总被他忘得一干二净，单独为他讲一遍，过后一听写，他就又忘了。面对他，我有些头疼。

学生小牛精力旺盛，上课时除了黑板和课本，他什么地方都看遍了。得了感冒的他，把擤鼻子的纸扔得满桌子、满地都是；下了课的他大喊大叫，四处追逐玩闹。他的举动影响周围同学的学习，使周围的孩子或家长总来找我要求换座位。当老师们批评他时，他绷着无辜的大眼睛，还总能找出许许多多不相干的理由来说明他为什么会那样做。面对他，我有些头疼。

在反反复复和这几个孩子的家长多次接触后，发现这几个孩子的学前教育或者几乎为零，或者家长的家庭教育不太适当，要么粗暴简单的教育方式，要么过分的溺爱，要么过多的包办代替使他们在学习和生活自理能力上远远地落后于其他同学。

每当其他同学来给我告状，每当其他老师把他们请到办公室，我的心里真是难受，总想说他们是"成事不足，败事有余"，甚至会想，为什么这样的孩子被分到了我的班上？似乎在这样的孩子身上就找不到一点优点似的。我无数次地问，我拿什么来帮助你，我的孩子们？

寻找闪光点，把特殊的爱给特殊的你

看到这样的一句话，如果你是真诚地热爱你的学生，从心里欣赏你的学生，你就会随时随地不断地发现孩子身上迸发出的可爱的火花。从课堂上的教学活动中可以捕捉他们的创造思维和表达能力，从可见活动中发现她的与人为善，从少先队活动中能够发现孩子的特长和爱好，从家访中了解孩子在家中的表现，关键看老师有没有一双含着爱的慧眼。

爱画画的小明。最近上课时发现小明总拿着笔在书上画着涂着什么，走近一看，原来他没写课堂笔记，倒把书上的插图画得到处都是。即将发火的我克制自己，转念之后，让他把书上画的，当作简笔画在黑板上向大家展示。小明没想到，在书上乱画的他竟然得到我的表扬。

课后我告诉他上课要好好听讲，课后可以尽情地在图画纸上画。后来在全校的艺术节活动中，他构思巧妙，把画出来的各种形态的马，又小心翼翼地剪下来，展出了一幅独具匠心的《奔马图》，我对他大加赞赏，这也令同学们对他刮目相看。

教师节到了，这天中午，他又迟到了，手里拿着一张纸，我接过来一看，心里一阵感动。那上面是用一粒粒的黄色的小米，粘出来的"老师，祝你节日快乐"。这是孩子的一片心哪！

喜欢朗读的小涛。有天上课，小涛把手举得高高的想读课文。他是一个爱发言的孩子，但是让他说的时候，却总是吭吭吧吧，不知所云，让他读课文，又有好多字儿不认识。

但是我不忍拒绝他举得高高的使劲晃动的小手，没想到他站起来，把这一段不仅读对了，而且读得比前几个孩子都更富有感情。虽然那有些夸张的声音使几个小调皮嗤嗤地偷笑了起来。我什么也没说，只是带着真诚的微笑带头为他鼓掌，随后掌声响遍了教室。

之后我经常给他个别辅导朗读，还请他继续在全班面前朗读，孩子越来越爱读了，学习的劲头比以前足了，学过的生字也能下功夫记了。

有创新精神的小牛。上《孔子与学生》这一课时，根据教学内容指导学生学习质疑。许多孩子都是围绕课文内容进行质疑，解疑，学得循规蹈矩。坐在那儿的小牛，忽闪着大眼睛似乎在思考什么，不知道他是否又让思想抛锚了。为了提醒，我把他请了起来，让他来谈自己的想法。

没想到他不仅在认真听，而且由这篇课文联想到前一课《师恩难忘》，并且还将文中的田老师与孔子进行了比较。他说，同样教育了三千学生，为什么孔子成了大教育家和"万世至圣先师"，而田老师却仍是一个普普通通的人？哇，这是一个很具有探究性的开放的好问题！我请其他孩子解答他的问题，通过寻找共同点，不同点，联系人物生活的时代，小牛的答案找到了。我及时地肯定了他的这种善于思考善于联想的好做法，并且提倡让全班同学都来学习他的这种思维方式，也鼓励小牛在课下还可以通过查找资料等方式去了解孔子的伟大之处。

这几个孩子让我欢喜让我忧。

如今，这个班上又遇到了和他们的情况相似的几个孩子。孩子身上有着相似的问题，但是信息时代的多元、离异、单亲、重组家庭、小饭桌、托管、家长工作的忙碌，使得孩子身上的问题也在升级迭代：不想写作业而大哭的、不想写作文的会当堂扇自己耳光的；学习成绩优异却一言不发、头脑聪明却满口脏话，骂同学、骂老师的；咬同学、咬老师的；网恋的；厌学的……教育帮助转变这些孩子身上的问题变得异常艰难。

你看，他会不断地从垃圾箱里捡瓶子；会从操场上捡零食袋子；会跑到小商店买垃圾食品、买零食；手中始终要把玩小玩意儿的孩子；上课东张西望；不听讲、不发言，除了黑板和书本，眼睛到处看……

我的这个孩子，他不是个笨孩子，当谈论到他感兴趣的话题时，他能表达出真实鲜活有趣的想法。可是该写作业的时候，他就又浑身不自在了。当同学们都写完作业的时候，他才刚开始写了几个字……所幸，如今的他在作业的完成上比之前好了很多！

其实，他身上还有很多优点。

他非常孝顺，很爱很爱他的妈妈。他不愿意让妈妈看到他表现不好的一面，只要说到妈妈，他就会很难过。看到他的难过，我也往往心软，不给妈妈打电话了。但是一转眼，发现他又会在手里玩着小东西东张西望了……

我一直想努力地寻找他的闪光点，寻找让他可以建立自尊、自信的地方，让他自己、让同学、让老师，都看到他、相信他、帮助他。

疫情防控期间，班级组织的线上"小厨神争霸"，让我终于找到了。他写了很多美食的做法，还拍成照片，做成美篇，引来同学们的赞叹。后来《兰州晨报》记者夏苗老师看到了我们班的线上教学很有特色，想在《兰州晨报》上报导，于是让我们班的同学写一写这个超长寒假有何收获，他由鸡脯肉炒秋葵联想到"一行白鹭上青天"，由烹一碗冬瓜海米汤，脑海中浮现了"门泊东吴万里船"。他诗兴大发，创作了《做饭和作诗》一首妙趣横生的小诗，得到了班上同学的一致好评，这也让他傲娇了好一阵子。

复学之后，我和他妈妈悄悄商量，让他在全班同学面前，现场展示自己在厨艺方面的热爱和天赋。我带来了自己的早餐机，食用油、调料，他妈妈说她和孩子一起准备食材。

第二天下午队会课上，他为同学们煎鸡蛋、炸香肠、烤面包，精心制作了一顿丰盛的香喷喷的简餐。他动作娴熟，表情自然、轻松、满足，当那块黄油在平底锅里渐渐融化、混合着香肠、鸡蛋、面包的香气从锅中飘出来，在教室弥漫、在整个楼道弥漫时，当做好的美餐被切成一个个小块，放进每个同学的口中时，他的脸上泛起了自信的微笑……

但是，今天上午，他又和别班的孩子发生争执，骂脏话，激怒对方，结果自己心爱的羽毛球拍被对方掰坏了！

这才是真相，孩子的表现会反反复复。绝不会因为教育者说了一番话，做了一件事情而彻底改变，这才是教育的真相，复杂、艰难而又漫长。

想到了爱迪生、牛顿等伟大的发明家、科学家小时候都曾经被他们的老师斥之为愚笨、无可救药的学生。可是几十年后的事实，一定会令他们的老师羞愧得无地自容的。

特级教师孙蒲远老师说，当老师，思想境界应该高。为自己想得少一些，孩子就得益多一些。平均分低，最多别人说我教学质量低，这是我的个人的名利问题，而孩子能不能继续上学，能不能健康发展可是他一生的大问题。

唯有坚信美好，坚信善良，坚持帮助孩子建立正确的价值观，陪伴他，帮助他，让他学习认识和判断自己的行为，最后做出自己的选择，并为自己的选择而负责任。他会怎样成长，我无法确定！只是希望在他的成长中多发现、多制造、多做一些让他找到自信、自尊并获得快乐的事情，让他将来学习和生活中能学会自己创造更多的自信与快乐！

或许这才是真正的"师爱"吧。拥有这份爱，将使我们苦中有乐，拥有这份爱，会让我们有一双努力发现孩子身上闪光点的慧眼，会拥有更大的耐心和爱心去理解他们、等待他们、帮助他们。用这份爱，帮助孩子绽放梦想的花朵，让童年不因为考试分数而失去缤纷的色彩；用这份爱，争取家长的信任理解支持，让学校和家庭真正形成合力变成彩虹两端，让童心在蓝天白云间自由舒展生长！

让阳光播洒在每一朵花上

为人师表，爱生为本。但是我们老师的爱，不知何时，竟成了优生的专利，学困生的特权，有时却忽略了占大多数的中等生们。这些中等生也是爸爸妈妈的孩子，也是我们的学生，也需要关心与爱护啊！有句话说，不要为一棵树而放弃整座森林。可是为了占两头的优等生和学困生，尤其是学困生，我们教师在无意中却忽视了这森林的大多数——这些所谓的中等生啊！

中午放学护送路队时，碰到了学生晓晓的妈妈。晓晓是个文静乖巧的女孩，从不惹是生非，说话总是细声细气。学习虽然成绩一般，但不很出色的她倒也是个惹人怜爱的孩子。家长向我询问孩子的情况，我就把晓晓在学校的情况向家长作了介绍，也委婉地提出了建议，希望她在学习生活能自信一些，主动一些，课堂上要敢于发言。晓晓妈妈接着我的话，说起了晓晓在家中的表现。说到晓晓在家中的学习与表现时，晓晓妈妈竟然有那么多的无奈和抱怨。她说自己全身心地为孩子做这个做那个，把职称晋升、工作调整都放弃了，只为了家庭和孩子，但结果却是女儿学习成绩平平，在家里还任性、不听话、顶嘴、发脾气……说着说着，她最后竟泣不成声。晓晓的家长对女儿可谓是望女成凤，期望值很高，他们夫妻二人的确为孩子付出了很多。让女儿弹钢琴、跳芭蕾、学英语、学奥数……但孩子并没有父母期望的那么优秀，学习的自觉性、主动性虽高，而且稍一放松，成绩就会下滑。晓晓妈妈还说，女儿还告诉她在学校里没有朋友，很孤单。

可怜天下父母心，我为晓晓的父母为孩子的付出而唏嘘，也为他们对孩子教育的无力造成的爱的压力感到遗憾……静下心来，想了很多，作为班主任，我竟然只看到了孩子身上的表象，对她的了解竟然这样片面，甚至是忽略。思忖再三，于是打电话约晓晓妈妈有时间来学校单独聊一聊。我对晓晓妈妈说，希望她把我不要只当孩子的老师，也能当做朋友，希望我们能开诚布公地好好谈谈孩子的问题。

我对她说，孩子现在的问题，有我作为老师的责任，我反思了自己的问题，也指出了有孩子自身的不够努力、不够勤奋的原因，最后委婉地说出，这里似乎也有父母的因素。父母爱孩子，这份爱应该成为孩子学习生活上的动力和源泉；爱孩子，我们应该先去了解孩子，尊重孩子，不能把我们成人的意愿强加在孩子身上。我们让孩子学那么多，我们征求过孩子的意愿吗？我们是否只注重孩子的成绩而没有去帮助她思考和寻找成绩不佳的原因呢？我们知道了孩子觉得孤单的时候，是仅仅替孩子难过，还是帮助和教给孩子与他人相处的方法呢？孩子慢慢长大了，步入高年级了，他们更需要我们家长的理解和信任。我们要真正的尊重他们，和他们平等的对话，要有智慧的教育我们的孩子，而不是只是一味地单方面地付出和对孩子苛刻的要求。要让孩子变，咱们家长得先变啊！我把担任班主任这些年来发现的一些有价值的值得借鉴的家庭教育的正反事例，以及自己教育孩子的一些方法和感受分享给她。请她改变对待孩子的教育方式和态度，把家长的爱用更有智慧的方式表达。晓晓妈妈理解了我的意图，她非常感谢。"能让孩子感受到的爱才是真爱，让孩子觉得幸福温暖的爱才是智慧的爱。"

接下来我默默地观察晓晓，发现她确实没有几个朋友。对待同学很被动，从不主动找同学玩儿，下课大多数时间总是一个人趴在座位上，上课也是一副无精打采的样子。我在寻找着帮助她的机会。

我们班这段时间的"课前两分钟"，是介绍自己的座右铭。轮到晓晓了。在妈妈的支持下，虽然她的声音还是细细弱弱的，可是准备的很认真，汇报的时候条理清楚，语言流畅，汇报之后，赢得了同学们的掌声。我请同学们进行评价，孩子们对她的评价也很高。嗯，机会来了，我走上讲台，站在晓晓的身旁，搂着她的肩动情地说："这么聪明可爱的女孩子，却没有几个朋友，她在我们五三班这个优秀热情的集体中却感到很孤单。这是老师没有做好！晓晓，今天老师想做你的好朋友，你愿意吗？还有谁愿意和他交朋友？"善良的孩子们都高高地举起了手。"请上来，把你们的友情表示给晓晓吧！""你们可以握握手，可以拍拍肩，还可以拥抱，可以对她说出你的友情……"

教室里立刻排成了两队长长的队伍，孩子们一个个上来向她传递着友情，里面还有几个男孩子（毕竟到了高年级，下面举手的男生多，上来的却不然）。他们有的和晓晓握手，有的还和她拥抱，有的还悄悄对着晓晓的耳朵说着什么……再看那不会笑的晓晓，此刻她的脸上洋溢着我从没看到过的可爱的灿烂的笑容。上课时，我一次次把期待的目光投向晓晓，终于她主动举手了，那细嫩的声音刚说完，教室里就发出了热情的掌声。下课了很多孩子又围到了她的身旁，拉着她出去玩，我欣慰地笑了。

晚上，我收到了晓晓爸爸的短信，"尊敬的崔老师，感谢您为孩子安排的活动。您对孩子的关爱，对我们家长的帮助，我们永远也不会忘记！您是我们一家的好老师！谢谢您，敬爱的老师！"

创造 56 号教室奇迹的全美最佳教师——雷夫艾斯奎斯老师将学生分成了三种：孩子一、孩子二、孩子三。孩子一是天才、聪明、爱上学、爱老师的学生，也就是我们经常说的好学生。孩子三是不喜欢上学，考试不及格，整天调皮捣蛋的学生，也就是我们说的后进生。很多的老师像我们一样都把大把大把的时间花在了孩子一和孩子三身上，而忽视了对孩子二的教育与管理。而雷夫老师把大部分的精力花在了孩子二身上，发现孩子二身上的闪光点并及时予以鼓励与指导，让他们不断向孩子一进行转化。当孩子三想要找麻烦的时候，就找不到可以一起捣乱的玩伴。从而，让孩子二来影响班级。对于孩子三这个群体不管老师采取什么样的方法都很难奏效，或者说很难长时间的奏效。这样不仅使老师身心疲惫，无暇去关注其他学生，而且孩子二可能也会因老师的疏于管理而逐渐向孩子三转化。

晓晓的故事和雷夫的教育智慧，给了我很大的触动和启发，在今后的工作中，我会向雷夫老师学习，把更多的时间和精力用来帮助孩子二的进步。

每一滴水都能折射出太阳的光芒。作为班主任，作为教师，一定要坚信每一个孩子都很重要，每一个孩子都能成为可造之才。一个孩子，对于班级、对于学校来说是几十分之一，几百分之一，几千分之一，但对于他的家庭，他个人来说，却是百分百，是唯一的。在平凡细碎的教育过程中，修炼一颗包含智慧之爱的师者仁心，练就一双善于发现孩子闪光之处的如炬慧眼。关爱每一个孩子，我们对孩子的某一个不经意的却包含爱心的细节，一句鼓励，一声问候，一次关心，有时恰恰就会像一缕阳光，可以穿越孩子成长中的阴霾，在他们的心灵折射出最美丽的光芒。而孩子，尤其是这些被忽视的中等生们，或许就会因为老师的一个温和的笑容，一个友好的动作，一句发自内心的赞美而焕发光彩，找到自我，充满自信。

一位教育前辈说，做老师不当班主任是一份缺憾。很幸运，初为人师的我，因学校领导的信任，成为当时学校里最年轻的班主任。也正是班主任工作使我真正地开始热爱教育，热爱这个神圣的岗位，并从中感受到当教师的幸福感和成就感。在和孩子朝夕相处中，发生过许多难忘的事情，在面对、思考、解决、反省的过程中，我和学生在共同成长。晓晓的故事使我明白，关爱每个孩子，关注每个孩子的成长，让每个孩子都知道自己很重要，都可以成为好孩子，才是"以人为本、以生为本"的师爱的真正体现。

游人不解春何在，只拣儿童多处行

从事教育的人，一定是要有这份尊重和爱，要有这份心甘情愿，否则几十年的工作时间，对于一个不热爱教育、不喜欢孩子的人来说，对于他要面对的学生和家长都是不敢想象的。

有一个师范同学，家境非常好，父亲是当地一个大厂的厂长，在 90 年代就住着类似于大平层的房子，一层楼就只有她们一家一户。当年去她家，让还住在平房上旱厕所的我惊讶不已。

她和班上其他来自农村、家里条件不好、借上师范转农村户口、捧上教师这个铁饭碗的初衷完全不一样，大概是她的家人觉得女孩子当个小学老师也挺不错的，于是初中毕业的她就这样上了四年师范。

师范毕业后，她理所应当地回到厂里的附属小学当上了老师。那可是当地最好的学校之一了。可想而知，她的专业发展，获得的资源和成长是乘坐火箭一般的。可是工作的第三个年头，她告诉我，她实在不想当老师了，她不喜欢那样的环境，最关键的是她发现自己一点儿都不喜欢孩子。

已经获得省级教学奖的她断然辞职，重新开始学习财务，后来当了一名会计。说起这个的选择，她一点儿都不后悔。

也不禁想起 26 年前，刚参加工作时，我的搭档，一位三十多岁的数学老师。听说几年前，家人曾经说服她，转行去了银行，在八九十年代银行还是非常炙手可热的行业。但不到一年，老师并不习惯银行的工作，又找到学校，硬是从银行又调回到学校重新成为一名普通的小学数学老师，还兼任学校的财务。她的数学教得非常好！孩子们对她是又爱又敬又怕。

不知道，大家是怎样看待自己的职业？我们当老师的人又是怎样看待和我们在一起的孩子呢？的确，对于热爱儿童的人来说，他们是天使；即使犯了错误，他们也是折了翅膀的天使，也是不太恰当的教养方式和环境导致的。而对于不热爱儿童的人，或许他们就是令人讨厌的"熊孩子"、小"恶魔"。

双减之后，对于教培行业是重创，同时对于体制内的教师也提出了更高的要求，老师们有了更大的压力。在自媒体盛行的如今，在很多平台看到了在职教师辞职的消息！今天在小红书 APP 上无意中看到了一个年轻教师的辞职原因，年轻人很直白、很勇敢，但是也从中看到了她对教师职业的不屑、不尊重。不喜欢、不热爱，就及时止损，不误人子弟，这种选择也挺好！

冰心老人在《只拣儿童多处行》一文中写道，"游人不解春何在，只拣儿童多处行"，这句诗的意思大概是指游人如果不知道春天在哪里，只知道到小孩子多的地方去走就一定能找到。

查找这句诗的出处，原来是唐代诗人李商隐的《暮秋独游曲江》。"儿童不解春何在，只向游人多处行。"冰心老人，反其道而用之，改为只拣儿童多处行，表明了老人家对儿童的热爱和尊重。

稻盛和夫说，要想度过一个充实的人生，只有两种选择：一种是从事自己喜欢的工作，另一种是让自己喜欢上工作。

找到喜欢热爱的事情，并且让它成为一生的职业这是一件幸福的事情。我很幸运，一个简单的人可以和孩子在一起，尽管我也遇到了很多困难，误解、无奈、无力的时候，我还是会坚持以真诚换取真心，以尊重换来尊重，以信任和爱换来他们的成长。这依然是一件让我觉得充实幸福的事情！不论旁人解与否，就让我只拣儿童多处行吧！

温暖

——身边的俗世好人

我嫂子，一位平时特别麻利能干的女子，在 2018 年 9 月 3 日这一天，因鼻窦炎日益严重，鼻塞头疼，头昏脑涨，去甘肃省人民医院就医治疗。就医之前她还去了别的地方，什么时候，她的钱包掉了，她一点儿都不知道。

等到用钱的时候，她是一头雾水，一脸茫然，无从寻找。钱包里不仅有几百元现金，更重要的是有她的身份证、几张银行卡。

听到医生说她的鼻子，用药已经没有作用，得要做手术。身体的痛苦，钱包的丢失，让她难过不已，失魂落魄地回到家中，心想只有自认倒霉，第二天赶紧去挂失。

第二天上午，嫂子在单位接到了哥哥的电话，让她赶紧回家！说她真是有福气，遇到了天大的好人！她的钱包被人捡到之后亲自送到家里了！真是不敢想象现在还有这样的事，有这样的人！

回到家，嫂子看到了白发苍苍精神矍铄的老两口。激动之余，她了解到昨天发生的让她和我们全家都深受感动的事情经过。

原来两位老人在昨天上午十点多在省人民医院门诊大厅捡到她的钱包，先是送到了医院保卫科。认真细致负责的老人要求保卫科工作人员当面检查钱包中的物品，还让写了清单。

之后老人又想着如果是在这里住院的病人丢失钱包该多着急，就又让保卫科的工作人员带着他们找到了住院部，查一查是不是住院病人。老人家就又麻烦医院保卫科在医院大厅张贴启事，希望失主能看到。但是嫂子连是什么时候、什么地方丢的都不清楚，就没想到去省人民医院看看。错过了！

两位老人并没有就此放弃，又跑到《兰州晨报》，将捡到钱包之事登出启事，希望能被失主看到。从报社出来，他们知道报纸明天一早才能发刊，担心失主着急，又根据身份证的信息找到了兰州市七里河分局小西湖派出所来查找嫂子的信息。

因为身份证上是嫂子结婚前的信息，根本找不到她现在在哪里。两位可敬的老人仍不放弃，这个时候，早已过了派出所警官的下班时间。两位老人只好从小西湖回到了他们居住的焦家湾，天色已黑，他们一夜未能安睡，心心念念想着如何将钱包还给失主。

就这样两位老人第二天一大早又一次赶到小西湖派出所，在赵警官的多方努力下，终于找到了嫂子现在的住址。老人家又从七里河赶到了城关区，把钱包送到了家门口。可是家中没人，老人一边在楼下休息一边在等嫂子。碰巧遇到哥哥，当知道事情的前后经过后，平时不苟言笑严肃的哥哥深受感动，激动不已，连连感谢，并且赶紧打电话让嫂子回来。

哥哥嫂子感谢之余想请老人吃饭，但是老人坚决拒绝了，他们说这是每个人遇到了都应该做的。没办法，只好让老人走了。老人走后，他们心中久久不能平静，感激、感动、尊敬、佩服，总觉得事情好像不应该这样结束。一定，一定要好好感谢两位老人！

哥哥嫂子给老人家打通了电话，再次表示感谢，他们又到老人家中登门道谢。两位可亲可敬智慧可爱的老人说，不要感谢他们，应该感谢在这件事情中的所有人！

是啊！可敬的两位老人和这件事中的所有热心人、好人都应该值得感谢！于是哥哥嫂子跟着老人，按照找回钱包的顺序，把省人民医院保卫科、住院部、兰州晨报社、小西湖派出所的警官一一表示了感谢！

尤其难忘的是，老人要求七里河分局小西湖派出所的领导当面表扬赵警官，他们说，我们的人民警察是好样的，就是在为老百姓服务，我们各行各业的人都这样，我们的社会、我们的国家就会越来越好！

老人没有夸耀自己，老人在用他们的言行感动感染教育着哥哥嫂子！如何做事，如何做人！做好事做到底，救人救到底！不怕麻烦，心怀感恩，满满的正能量，满满的温暖，温暖了这件事情中的每一个人，教育了知道这件事情的每一个人！

两位老人，一位是 78 岁的已退休的口腔医院原副院长冀恩生老先生，一位是 76 岁的兰州八中退休教师张爱武老师！两位老人的年龄加起来超过了150 岁，他们年龄虽长，身体不佳，但他们身上的那份善良、真诚，那份急人所急，想人所想，心心念念想着别人，处处赞美别人、感恩别人、弘扬正义、弘扬正能量的精神，值得我们所有人学习，值得我们继承，值得我们传扬！

两位老人的内心是善良美好的，是充满阳光温暖的，他们的精神是灿烂的！我们全家除了感谢，也在心底暗暗对自己说，也要努力做一个这样的人！

2022 年暑假还没有正式开始，却遭遇到了疫情。7 月 9 日，刚刚组织完成集团的培训活动，我家所在的单元就被临时封控了。单元大门被锁，全楼三百多人，还没明白怎么回事就足不出户，整整 18 天。买粮买油，买菜卖肉，买奶买蛋，成了最大的困难，不抱怨，不焦虑，邻居们相互帮助，加群加微信，分享资源，共渡难关。十几天里，社区工作人员、小区物业非常辛苦，照顾守护着我们。十几天里，从每天在家里自己做核酸试剂，到下楼一家一管，到现在每天的混采，一切都越来越好。在小区解封之后，我第一时间去社区报到领取任务。任务是到张家园社区卷烟厂家属院敲门服务，开展入户摸底工作（主要是特殊人群登记）。一个女同志单独去入户摸底，我的心里其实没底。戴上口罩手套，我第二次出门。看到旁边单位门口的驻守干部，我赶紧请教，他们是怎样进行这项工作。幸运的我遇到了两位特别热心的志愿者，一个告诉我他是怎么做的，旁边的年长者得知我去的是他家所在，就带着我前往。打开了锁住的铁门，陪着我，帮着我，从一楼到八楼，挨家挨户地敲门，了解住户情况。一个是了解住户的人员类型（未转运需居家隔离人员身份证的人员，解除隔离需居家监测人员，阳性病例康复出院需居家监测人员），一个是帮扶特殊群体（孕产妇、血透患者、精神病患者、慢性病患者、独居老人、残疾人）。他作为这个小区的老住户，对每家的情况都很熟悉。他主动向居民介绍我，在亲切地拉家常的过程中，我们了解每家的情况。他告诉那些租房独居的年轻人有困难可以去家里找他，关心生病的邻居，询问老年人的身体状况……

　　读过冯骥才笔下的俗世奇人，而今天我只想赞美我身边的这些俗世好人！他是卷烟厂的退休职工，他是一位受过伤的退伍军人，他是热心肠的社区志愿者！这些俗世好人就在我们的身边，每天在平凡的岗位上，做着平凡的事情，在这些平凡之中传递着温情，温暖着身边的人。点点星辉，绽放光芒，身边有好人，身后是祖国，坚信我们终将取得这场战"疫"的胜利，所有的美好都会如约而至。

冬天的快乐

"绿蚁新醅酒，红泥小火炉。晚来天欲雪，能饮一杯无?"寒冷的日子，阴沉的天气，铅云密布，即将要下雪了! 本是会让人阴郁的一天，但是热爱生活的诗人，会让这一天变得与众不同，充满期待和欢乐。

瞧，红泥烧制的小火炉上正温着一壶新酿好的还漂着绿色酒曲的美酒，这一红一绿的人间烟火，哪里还有什么烦恼? 快乐和人共享，快乐会加倍。于是，一首邀请朋友的小诗伴随浓浓的情意送到了朋友面前……

想必，刘十九定会立即动身赶到朋友白居易身边，好友相聚，举杯畅饮，那屋外纷纷扬扬、飘飘洒洒的雪花，似乎也变得欢快开心!

这是冬天的快乐!

和白居易差不多同一时期的日本平安时代的才女清少纳言的眼中，最美的是冬天的早晨。她说，"落雪的早晨当然美，就是在遍地铺满白霜的早晨，或是在无雪无霜的凛冽的清晨，生起熊熊的炭火，手捧着暖和的火盆穿过走廊时，那闲逸的心情和这寒冷的冬晨多么和谐啊！"

白雪皑皑、遍地铺满白霜的早晨很美，但是无雪无霜的清晨，在作者眼中居然也是有一种闲逸、和谐的美，那美竟然就在简单地捧着暖和的火盆，悠闲自在地穿过走廊的这个瞬间……

这也是冬天的快乐！

人到中年、愈发怕冷的我似乎渐渐地感受不到冬天的快乐了！停下笔来，思绪中，有些回忆浮上了心头。

小时候，懵懂的我对四季没有什么喜恶之分的。但是相比较，冬天会在过去的岁月里留下更多、更深、更美好的痕迹。因为会有春节，一年里中国人最重视、最重要、最热闹的传统节日。大人们会在整个腊月里辛苦忙活，孩子们会一边帮着干活，一边趁机玩耍嬉戏。

我们要在腊月里彻底打扫房子、清洗家里一切可以洗的衣物；会给窗户上贴上白亮的薄薄的新窗户纸，会把墙上已经发黄发黑的墙纸撕下来，贴上干净的墙纸或是报纸；还会重新把炉子以及取暖的烤箱里，糊上掺了头发的用黏土和成类似于白居易的"红泥小火炉"中的红泥巴。

最喜欢的是帮奶奶妈妈做好吃的。平时会饿肚子的我们在这几天才会大饱口福，包包子、蒸花卷、炸油饼、油果子、炸丸子、洗带鱼、炸带鱼……还要扣糟肉、扣麻辣肉、扣八宝饭……这些好吃的东西，在平时可是吃不到的。一边干活，一边吃，开心快活。即使洗带鱼的时候，会被鱼刺，或是带鱼锋利的牙齿把手不小心戳破；即使在炸油饼、油果子的时候，会被溅起来的热油烫着，也是乐此不疲。

最最开心的当然是大年三十了。下午早早就开始准备年夜饭了。奶奶健在的时候，我们的年夜饭一直是臊子面，我们那时称作"长面"，意在"长长久久"。

面条是奶奶手擀出来的，把揉好的面团，用擀面杖一下一下擀成圆圆的薄薄的一个大圆，占满了整个案板。撒上面扑之后，把面条切得又细又长。切好的白白的面条上还会轻轻撒上黄色的玉米面，接着被奶奶均匀地抓成一小把、一小把的……

最绝的是奶奶调制的臊子汤，有炒好的香喷喷的肉丁；有绿色的菠菜、香菜、小葱；有提前泡好的黑木耳、黄花菜；还有白色的豆腐丁、黄色的土豆丁、红色的胡萝卜丁；还有柔滑爽口的粉条……煮好的面条上浇上一大勺这样的臊子汤，那美味已经透过屏幕让我的口水不禁流淌……奶奶去世后，那个味道再也没有了！

吃了年夜饭，我们迫不及待地换上新衣服、新鞋、新袜子，从里到外都是新的。在我上中学以前，我和哥哥姐姐的新衣服都是妈妈亲手缝制的。因为孩子多、又没多余的钱，能干的妈妈会买来相对便宜的布，找人或是自己裁剪好，然后一针一线地缝好，后来家里买了缝纫机后，妈妈就用缝纫机给我们做新衣。记得有一年，妈妈为我做的上衣是粉红色，裤子是天蓝色。她还颇为得意得在我的衣领上用黑线绣了几朵不知什么种类的花儿。大概是小时候这种大红大绿穿怕了，长大后的我反而总喜欢穿黑白灰色系的衣服！

穿上自己妈妈做的新衣，拿着零散的鞭炮和稀罕的不多的压岁钱就出门和小伙伴们玩去了。我们女孩子先是比谁的新衣服漂亮，然后会和男孩子一样鼓起勇气拿一根点燃的香去小心翼翼地点鞭炮，在炮响之前赶紧捂着耳朵跑远。还会紧紧攥着那珍贵的压岁钱去小卖部，东看看西瞧瞧，总是舍不得花掉……

那些个清贫、物资匮乏的冬天，曾经带给我们这么多的快乐！

无论是一千多年前的白居易或是清少纳言，还是一千多年后的我，面对的其实是一样的冬天。"今人不见古时月，今月曾经照古人"。

能否，从今天起，不再终日焦虑、被琐事困扰，乱了心境；能否去再次发现和感受冬天的快乐呢？我在心中问自己。"可以"，一个声音轻轻地回应着……不必期待明天，不必等待他人的温暖，不必盼望春暖花开……就在这个冬天，就在这个初冬的夜晚，让快乐如约而至……

共琴为友伴，与月有秋期

——音乐让生活更美好

六年级语文第三单元的习作内容是《＿＿＿＿＿＿让生活更美好》。我和学生一起先思考什么是美好？美好会带给我们什么样的感觉？轻松、愉快、幸福、喜悦、陶醉，让人怦然心动，让人心醉神迷……

那么什么样的事物会带给我们这样的感受呢？让孩子们马上写下自己头脑中出现的词语，"读书、美食、音乐、诚信、勇敢"……

汇报交流发现，学生的回答也是我的答案。为这些词语排序后，发现音乐给我带来的美好更多。音乐给我过往的生活带来太多美好的回忆；音乐给我现在的生活带来温暖的陪伴；音乐也必将会在未来的生活成为我不离不弃的最好的、最忠实的朋友！

2021 年我们在线上学习第七单元《艺术之旅》中的课文《月光曲》后，我布置作业让孩子们听一听自己喜爱的音乐，展开联想和想象，把想到的情景写下来。孩子们写，我也写。

有人说"世界上最可怕的事情，莫过于有眼睛却发现不了美，有耳朵却不会欣赏音乐，有心灵却无法理解什么是真。不会感动，也不会充满激情……"

音乐，是我们生活和心情的调节剂，也是我们心灵的彼岸，精神的家园。音乐，会让人在倾听和体验中，用心灵和身体去理解节奏，从而使人的性格富有韵律感，变得美好、强大而温和。

生活中不止有眼前我们熟悉的日常，还有诗歌、远方和音乐。

庄重肃穆的音乐使人沉稳如山，轻快活泼的音乐使人飘忽如云，舒缓悠扬的音乐使人心静如水。它是你急躁不安时的一针镇静剂，是你忧伤感怀时的一抹笑容，是你灰心沮丧时的一句鼓舞。音乐能使人类的精神爆发出火花；让我们得以感受自然，感受人生，感受世界。我们在特定的时间，特定的地点听一首特殊的歌会有不同的感觉和效果。

四十年前，我家增添了第一件家电——一台日本产的松下单卡录音机。因为工作需要，已过不惑之年的爸爸要学英语，他以前上学时学的是俄语。

由此，这台录音机从此成了家里重要的成员，每天早上 6：30 的中央人民广播电台的《新闻与报纸摘要》节目成了唤醒我们的闹钟，小喇叭成了我童年的伙伴，每天中午的《小说联播》是我们的下饭菜。只有父亲晚上下班回来，它才开始履行自己的本职工作，陪爸爸学英语。

这台录音机最重要的贡献其实是让音乐成为这个清贫的家庭中最美味的调味品。

随着我们长大，从收听各个频道中的各种节目，到不断挖掘出录音机的其他功能。从最初几盘邓丽君和轻音乐的磁带开始，我和哥哥姐姐一遍遍反复聆听，后来还学会自己录音。录下广播里喜欢的音乐和歌曲，录下自己的声音……我也越来越喜欢唱歌，从一个人偷偷哼哼，到学会唱一首完整的歌曲，到大声唱出自己喜欢的歌曲，到站在舞台上唱。家里人戏谑地说我是"半专业通俗歌手"。

当流行歌曲开始传唱后，只要听到好听的歌曲，哥哥姐姐会马上把它录在磁带上，然后反反复复地开始学着唱那些动听的歌曲。不知不觉中，听歌、录歌、唱歌、抄写歌词，成为少年时期让我们最快乐的一件事情。我对音乐的兴趣就是这样不知不觉中被充分地调动了出来。

很多朋友都说我的声音好听，我想这和自己曾经疯狂地热爱唱歌有很大关系。那时好像除了吃饭睡觉上课学习之外，我好像都在学唱歌曲。

从20世纪80年代初期的李谷一、李双江，到邓丽君、张明敏、费翔……再到1989年"来自台湾的歌"、小虎队、罗大佑、李宗盛……到迈克尔杰克逊、莱昂纳尔里奇、卡朋特……刘欢、韦唯、毛阿敏……一首歌曲、一位歌手，每次哼唱，都感觉那是一次美好的回忆、一段快乐的时光。

90年代，卡拉OK很流行，大街小巷有许多不同规模的卡拉OK。小型的卡拉OK只是路边一间房子改造而成，只有一台卡拉OK机、几个麦克风，客人可以点上小吃饮料，一边聊天一边唱歌。大型歌厅是我们不敢去消费的，小型的卡拉OK唱一首歌只需一块钱，偶尔去一下，也是可以接受的。记得有一次，我和同学一起去唱歌，我唱的是《昨夜星辰》，将原唱模仿得惟妙惟肖。一曲唱完，掌声热烈，老板走过来夸我这个小姑娘唱得好，还免费送一首歌，这让我小小地得意一番。

有一天下午放学，骑着自行车回家。突然一段熟悉的旋律飘进了耳朵，不禁跟着哼哼，心中有些痒痒。于是一个人走进机床厂电影院旁边那家小卡拉OK店。我选了一首歌，过瘾似地唱完，放下一块钱，飘然离去。后来有个同事说，那天他们班同学也在那家卡拉OK玩。看到我一个人走进去，唱完一首歌就走的举动，着实把他们给惊住了！觉得这个女孩儿有些酷！呵呵！

音乐给我生活中带来的美好实在是太多了！感谢我的父母亲对我喜爱音乐、在家中大喊大叫的宽容；感谢家中的那台劳苦功高的录音机，感谢音乐，这世界上最美好的事物，我的生活因为音乐而变得更加丰富、更加快乐、更加美好！

上小学的时候，我们没有专职音乐教师，音乐课也是班主任兼带的。那天班主任老师有事，音乐课由一位美丽的临时代课的老师给我们上课。她让我们自己唱一首喜欢的歌，我把自己那段时间唱得很熟练的好像是香港歌手陈美玲的《原野牧歌》唱了出来。穿着土气，头发乱蓬蓬，其貌不扬的小姑娘，让那位美丽的老师很惊讶，她睁大眼睛，竟然问我是不是南方人？

辽阔草原　美丽山冈　群群的牛羊，

白云悠悠　彩虹灿烂　挂在蓝天上。

有个少年　手拿皮鞭　站在草原上，

轻轻哼着　草原牧歌　看护着牛和羊……

上了初中，对唱歌的热爱依然未减。学校文艺汇演，班主任老师让我们自己排演。我和班上另外一位高个子女生，演唱了一首男女生对唱的歌曲《有一天我也会老》。演出那天，那位女生扮演男生，穿着一身立领的黑色带花纹的西装，加上非常流行的费翔式的吹得高高扬起的蓬松精致的短发，又酷又帅！我向好朋友借了她新买的一套粉红色的毛衣裙。我们的表演取得了意想不到的效果，全场掀起了高潮。不苟言笑的班主任破天荒地表扬了我们。

看的书全是琼瑶，听的歌全是三毛；

穿的衣全是时髦，哼的调全是新潮。

说起来头头是道，作起来缩手缩脚；

说和作从不协调，还要把借口来找。

男孩子你不要急躁，女孩子你不要过于风骚；

爱美之心固然重要，终身大事想得太早。

总有一天你也会老，想想从前你是否可笑；

等到白发爬满了眉梢，你的心里会是什么味道。

该留意的你要留意，该思考的你要思考；

应该忘掉的你要忘掉，该得到的你要得到。

趁现在你还未老，你应该有所创造；趁着你青春年少，努力把幸福寻找。

就这样，因为对音乐的热爱，因为这份坚持，那个和陌生人一说话就脸红的害羞女孩儿变得越来越勇敢、越来越自信。

1995 年 7 月，师范毕业汇报演出时，我独唱了毛阿敏的歌曲《历史的天空》。

当年《三国演义》在央视播放时，跟着电视剧我学会了这首歌。毛阿敏是我非常喜欢的一位歌手，她的声音高亢深情，荡气回肠。毛阿敏演唱了许多经典的歌曲，《篱笆墙的影子》《诺言》《同一首歌》《不白活一回》《烛光里的妈妈》《绿叶对根的情谊》《天之大》《思念》……很长一段时间，我都在学唱模仿她的演唱。

除了喜欢唱歌，我发现自己对音乐有一种说不出来的亲近之感，不论是流行音乐还是古典音乐，不论是中国风还是外国乐曲，不论是说唱还是交响乐，那些不同风格的优美经典的音乐总会打动我，触动我的内心。让我感动、让我快乐、让我有种莫名的幸福感……

在开心的时候，一曲《远方的寂静》会让我的心平静安谧；在失落的时候，一首《You raise me up》会鼓舞我、令我振作精神，充满勇气和力量；在兴奋时，唱一支《呼伦贝尔大草原》，仿佛置身茫茫绿野，开阔辽远；难过时，《烟花易冷》如同温柔的朋友在身边对我低声细语……

有时候，会因为一首歌曲、一支曲子，对一座城市有了别样的感情。在桂林，因为小街上飘过悠扬的《卡农》，使我驻足停留，为青山绿水的美景和如泣如诉的妙音沉醉；在丽江，因为《一瞬间》，爱上了古城，爱上了手鼓；在苏州，小桥流水、烟雨园林、吴侬软语、丝绸旗袍中的苏州评弹更是让人醉了耳朵、醉了眼睛、醉了心……

2016 年 9 月的一个下午，在课堂上正在讲课的我突然发现自己的嘴巴不听使唤地往一边歪了过去。面瘫了，眼斜嘴歪，住院、治疗、针灸、电疗、艾灸、按摩，一个月后，效果不太明显。医生叮嘱要加强面部练习，瞪眼、嘟嘴、皱眉……好朋友担心地说，要好好治，她家有个亲戚，面瘫后没有恢复。耽误工作、让家人担心，还有可能无法恢复，我的心情愈加沉重……

何以解忧唯有音乐！打开"全民 K 歌"，听一听，唱一唱，录一录，烦恼渐远！

是啊，语言到不了的地方，文字可以；文字到不了的地方，音乐可以。希望所有的人都能有音乐相伴，愿我们的生活因为音乐多一份宁静与美好！在我的生命中，还有许多和音乐有关的美好的记忆。

回想自己成长过程中的这些点滴时，也不禁会想到现在的孩子，我们的学生，他们现在喜欢的东西和我们喜欢的肯定是不一样的。但是对喜爱的事物的那份痴迷，应该是相差无几的。

所以作为师长，我们能做的，或许应该是以真正的理解和尊重的心态，去认真地和他们聊一聊那些他们喜欢的事物。去放下成年人的偏见和好恶，去听一听、看一看、真正去了解一下孩子们喜欢的事物，听听他们的心声，支持他们的喜好，不要硬性的强迫他们放弃自己的爱好，不要将成人的观点强加在孩子身上。如果碰到了的确让我们担心的、排斥的、不安的成分，也请一定要冷静、智慧、客观地先去了解孩子喜欢的新事物，在了解的前提和基础上再去交流和表达自己的观点，帮助孩子正确认识。

第二辑

幸福课堂那些事

学高为师，身正为范。教师职业本身的特点更是不断在鞭策教师要做一个终身学习的人，督促教师要不断学习、不断成长。只有不断扩展自己的视野，广泛的涉猎其他相关学科的知识，努力通过多种渠道提高自己的业务水平，使知识结构更加多元。

工作的第二个六年正逢 2001 年的新课改，由此也开启了我个人专业成长提速的六年。面对新课改，面对北师大版的小学语文教材，面对完全不同于第一批学生的新的一个班级，新的问题促使我开始不断反思，思考自己的教育教学行为，并且渴望学习到更多的教育教学理论。我深知过硬的教学能力和广博的课外知识更能赢得学生的尊敬和信任，这样的教师，会以她的人格魅力和教学风采，浑身散发出光彩，能深深地吸引着孩子们。

因此，一方面加强学习，一方面在学校领导的信任支持和同事们的无私帮助下积极主动地参加各级各类的教育教学比赛，在比赛中磨砺、锻炼、提升、收获，和学生一起成长着……

2021 年 7 月，双减政策的落地；2022 年 4 月新课标的颁布，再加上这几年疫情对于教育教学工作的影响，我们的课堂似乎变得和以前不太一样了。如何让师生在课堂上感受幸福，如何让语文诗意而美好，唯有不断学习，且行且思，唯有怀着一颗热爱课堂、热爱语文、热爱教育的心，不断求索，不断践行……

把课堂还给孩子

——教学案例三则

学生学习方式的变革，是语文课程变革的一个显著特点。把原有的单纯接受性的学习方式，改变为充分调动和发挥学生主体性、创造性的新型学习方式。在课堂教学中教师应努力创造设计有利于学生发展的情境，让学生自主学习、自主发展。下面我结合自己的教学实践谈谈粗浅的体会。

[案例一] 这个小老师当得好！

在学习一年级上册第十三单元《手和脑》时，"语文园地"中有一项内容是让孩子们搜集自己喜爱的图片。有从报刊、杂志上剪下来的，有旅游时拍摄的照片，有从网上下载打印的资料……我先让孩子们在四人小组中交流，介绍图片的内容，然后由各小组选派同学来介绍。前几个同学介绍得很好。这时，小龙同学走上了讲台，他为我们大家介绍的是假期旅游时拍摄的一张照片。他把照片的内容介绍得很详细，连轮船的名字、远处山上的标语以及天空、大海的颜色都生动地说了出来。说完了，我正要示意他回座位，却发现他一脸意犹未尽的样子。

我有些好笑，示意他可以继续讲，微笑着望着他。

"同学们，刚才我说的轮船的名字是什么？"

"远处的山上有什么字？"

"天空是什么颜色？"

"好好看看，仔细看看！"……

俨然一个小老师，在他的提问和引导下，孩子们把照片的内容复述出来了。他也满足地走下了讲台。一个上学才两个多月的孩子在教同学们如何观察，这个老师当得真好！

[案例二] 这些小诗人说得好！

新课改提出语文课堂要变过去的教师的"一言堂"为学生的"万言堂"。在语文课堂上，应是议论纷纷、众说纷纭、你方讲罢我登场。作为教师，应给孩子们创造良好的"说"的氛围，多给孩子提供"说"的机会。在教学中，我力求建立起一种民主、平等、亲切的对话关系，让孩子们想说、敢说。

在学习一年级下册第三单元《春天》中的《春天的手》一文时，我受到其他老师的启发，准备让孩子们仿照《春天的手》说说"四季的手"。在理解课文，会熟读，有些孩子已会背的前提下，我先请孩子们说说"春天的手还能为我们带来什么改变？"

孩子们仿照课文说出了："春天的手，为我们带来金灿灿的迎春花。""春天的风，为我们吹来了红红的桃花。""春天的手掠过小河，小河里的冰融化了。""春天的手拍着冬眠的小动物，把它们从梦中唤醒了。"

紧接着，我把自己搜集到的《四季的手》给孩子们读了读。同龄人的作品激发了孩子们更大的创作欲，他们在互相启发下，灵感迸发、才思敏捷，说出了"夏天的手，火辣辣的。夏天的手，为我们带来了可口的冰激凌。夏天的手，为我们带来了花雨伞。""夏天的手，为我们带来了凉爽的游泳池……""秋天的手，抚摸着大地，大地一片金色。秋天的手拂过树梢，枝头的果实扬起了笑脸……""冬天的手，像妈妈的手，不停地织呀织，大地穿上了白毛衣。冬天的手，像爸爸的手，不停地摇呀摇，小动物都冬眠了！……"这些小诗人以他们丰富的想象，用他们充满童心、童趣的语言，让我们的课堂活了起来！

[案例三] 这些小演员演得好！

要学习《啄木鸟》这篇课文了，我像往常一样，在临上课前把课本与教案又看了看。这时，一个念头蹦出来，我何不像学习《老树的故事》时一样，把生病的苹果树用铅笔画出来呢？这一定会引起孩子们的学习的兴趣！

上课了，一棵哭泣的苹果树出现在了同学们的面前。"啊！我们要学习《啄木鸟》啦！"孩子们很高兴，他们好像没有看见树的泪水。

我问同学们"孩子们，这棵树怎么了？""它为什么哭了？""你们生过病吗？""说说你生病最难受时的感觉。"

孩子们渐渐地与树产生了共鸣，也理解了苹果树的痛苦。"这棵生病的苹果树此时最想说什么？"一个孩子声情并茂地诉说了苹果树的心声。

我因势利导，又请三位同学扮演喜鹊、猫头鹰、啄木鸟，分别为苹果树治病。一边表演，一边学习课文，同学们的注意力被小演员创造性的表演牢牢地吸引住了，他们在轻松快乐中理解了课文，再回头读文、识字就水到渠成了。

下课铃响了，我正要与孩子们道再见时。"小快嘴"子超喊了起来，"崔老师！您应把老树的眼泪擦掉，画成笑脸！它的病好了！"我欣然应允。原本两三个课时才能完成的内容，一个课时就轻松自如地解决了。这些小演员让我的教学事半功倍。

【案例反思】 改变学习方式是语文课程的基本理念与核心任务。传统教学主张课堂为中心、课本为中心、教师为中心，是一种"目中无人"的教育，是"大批量"培养规格化人才的教育，强调的是对受教育者的直接塑造和改变。对学生来讲，这种教育采用的是一种单一的、被动的学习方式。这种教育的教学忽视情感，忽视创新精神的培养，造就了大量"高分低能"的学生，不利于学生的终身发展。

要转变学习方式，作为教师应首先转变自己的观念。要主动地、放心地把课堂还给孩子们，让他们真正地成为课堂的主人。要知道"站在岸边的人是永远学不会游泳"的。

营造宽松的课堂气氛，让孩子们尽情地说一说、讲一讲、演一演，多给孩子们一些展示自己，表达自己的机会。这不仅可以让学生感知知识的形成过程，促进学生综合能力的提高，同时学生还因为积极主动参与学习过程，更能充分体会到做学习主人的快乐。

乐趣多多　识字多多

——低年级识字教学的尝试

识字是阅读和写作的基础。尤其在低年级，识字教学更是我们语文教学的重中之重。在 2022 版新课标中，明确提出第一学段"喜欢学习汉字，有主动识字、写字的愿望。学习独立识字，能借助汉语拼音认读汉字。学会用音序检字法和部首检测法查字典"。在阶段目标中第一学段（1—2 年级）对识字量的要求是认识常用字 1600 个，占小学阶段总识字量（3000 个）的 50%还要多。识字写字是阅读和写作的基础，是 1—2 年级的教学重点。大量的识字任务是低年级孩子语文学习的重点，也是学习的难点。结合低年级孩子们的年龄特点和学习心理，为了激发孩子们识字的兴趣，培养孩子们的识字能力，我在教学中做了以下尝试：

一、激发学生识字的动机，奠定识字的良好基础。

学习心理学中将学习过程分为八个阶段：预期——动机注意——选择编码——获得储蓄——保持检查——回忆迁移——概括反应强化——作业反馈。在这八个阶段中，动机是学生学习活动的内部推动力，动机是学生学习过程的开端。所以在识字教学中，我把激发孩子识字的兴趣和动机作为一个重要的环节予以实施。

北师大小学语文课本第一册第一单元"字与画"，是让孩子们认识十七个象形字，感知汉字表意的特点，激发孩子们识字的兴趣。为了达到激发学生学习汉字的兴趣的教学目的，我深情地向孩子们讲道，我们伟大的祖国是文明古国，汉语汉字源远流长，汉字是世界上唯一还在使用的象形文字。我们要学的这些字，不是一个个没有意义的符号，他们都可以由一幅幅生动有趣的图画展示出来。我还把自己深受感动的文章《法国驻新大使：中华诗词是我的终身兴趣》读给孩子们听。我的感受感染着孩子们，孩子们稚嫩的心中对祖国语言文字的热爱被激发了，他们在刚接触识字教学时，先喜欢这些神奇的文字，并有了学习它、掌握它的愿望。这一单元的教学也为后面的识字做了良好的铺垫。

二、采用多种识字方法，在趣味识字中培养识字能力。

根据学生的年龄特点和教学实践证明，学生识字是以感知为先导，并有分析、综合以至推理、判断等思维活动参与，而最主要的过程是记忆。采用有趣多样的识字方法能帮助孩子更快更牢地识记汉字。具体方法有：

1.图示法。这是发挥课本插图、教学挂图、电教媒体的直观作用，使学生认识和感受这个字所代表的具体事物。如在"字与画"单元中，为了认识这些象形字，我让孩子们观察图片上"圆圆的太阳、弯弯的月亮、潺潺的流水……"让孩子们通过图片将实物与篆文、楷书对比，通过观察发现汉字与实物是一脉相通的，引导学生将实物与汉字联系起来，提高识字的效率。

2.动作法。有时候，动作演示不仅能使孩子理解字义，也能使他们记住字形。如教"看"时，我请一个孩子表演孙悟空看的动作，让他把手搭在眼睛上就表示"看"。"看"是由手的变形和"目"组成的。又如教"飞"时，我请一个孩子上台表演"飞"的动作，然后让孩子们观察后得出结论发现第一笔像鸟的头、身体、尾巴，而两点就像小鸟的翅膀。这样又具体又形象，孩子们记得更牢了。

3.猜谜、编故事。一年级的孩子特别喜欢"猜谜""编故事"这样趣味性强的方式。因此，我将"猜谜""编故事"穿插在识字活动中来激发孩子们的学习兴趣。如"两人坐在土堆上（坐）""空中飞人（会）""上小下大（尖）""日月同辉（明）"等等这些字谜，让孩子们眉开眼笑，兴奋不已。

4.为汉字做加减法。学了加减法后，根据合体字的构成，我让孩子们做加减法得出要学的生字。这让孩子们很兴奋。如"禾加中是什么？""禾加日是什么？""加干是什么？""汁减氵是什么？""子减一是什么？"等这样的办法增强识记的效果。

5.快乐记忆法。低年级的孩子喜欢比赛，好胜心强。为识记生字，在学完生字后，我先让孩子们用各种办法记生字，然后把汉字上的拼音擦掉，指名认读，全班跟读，记忆巩固字音。最后我把汉字也擦掉，再让孩子们回忆，看谁记得多、记得准。这样，孩子们在识字时，就认真地学，主动地记，记忆力得到了锻炼，识字的主动性也提高了。

三、发挥孩子们的创造性，在趣味中丰富识字能力。

为了增强识字的趣味性，为了培养学生的识字能力。在教给学生识字方法的同时，我也让孩子们自己来动脑、动口、动手想办法识字。孩子们很快掌握了猜谜、编故事、做动作、运用加减法这些识字方法，并充分发挥了他们的想象力和创造力，创造出了许多新内容。例如孩子们自编的字谜有"一个大力士，流了两滴汗（办）""一家人藏了一块玉（宝）""溜溜梯（么）""一个人牵了一头牛（件）"等有趣的字谜。还有一个孩子为"想"编了个故事——"有一个小木偶，他有眼睛，也有心灵，他就是《木偶奇遇记》里的小木偶匹诺曹。"让孩子们自己想办法识字，孩子们从中体验到成功的喜悦、创造的快乐。在这种有趣生动的识字形式中，孩子们识字的效率高了，观察力、想象力、创造力、记忆力也得到了开发。

四、鼓励课外阅读，在积累中巩固识字能力。

语文学习功在课外，仅仅靠课堂上的学习和课本的积累是远远不够的。从一年级的第一次家长会上，我就和家长们进行了交流，我真诚地告诉那些年轻的爸爸妈妈们：孩子们学习的过程中，一次考试的分数不重要；重要的是知识掌握了没有；更重要的是（对于语文学科）——孩子是否喜欢读书。即便是从应试的角度考虑，从长远来看，读书也是所有功课植根的土壤，它的贫瘠与丰厚，关系实在重大。如何拿到阅读理解和写话等活题的分数？除了必要的训练之外，更主要的是多读书，提高阅读、理解和表达能力。取得了家长的理解和支持，家长们为孩子添置了不少注音的儿童读物。

在一年级新生入学不久，我就一边教生字，一边引导孩子们读自己感兴趣的课外书。刚开始，我给孩子们读，后来选出识字多、识字能力强的小老师来领读，接着小老师逐渐增多，轮换读，后来发展到孩子们自己读。这样的做法既激发学生阅读的兴趣，也有效地巩固了汉语拼音，而且孩子们初学的生字一般都是常用字，这些字在书中出现的频率非常高。在新的语言环境中重温所学过的字，是一种知识的迁移，也是兴趣盎然中的再学习，获得的是将所认的生字"温故而知新"的效果。

小小汉字，奥妙无穷。通过各种教法，各种途径，使孩子们能在轻松的环境中熟练地认识生字，激发识字兴趣，并且在探索和想象的过程中，培养孩子们的独立识字的能力，这将使识字教学由枯燥到有趣，由单调到丰富，由繁重到轻松。

小学语文课堂有效提问的策略初探

"自主、合作、探究"的学习方式，启发式的教学模式，使许多老师自主地在课堂上进行了大胆的实践和探索，尤其在小学语文课堂，为了避免"满堂灌"，老师们想方设法，充分使用了课堂提问这一教学方法。

但在我们的语文课堂上，也常会看到教师带领学生按照自己的教案中，设定好的问题去寻找一系列标准答案，并且为了得到想要的标准答案，又用琐碎的、无意义的问题牵着学生，领着学生朝同一个方向走，不找到标准答案不罢休。

学生其实没有自主的思考，没有可贵的探究。宝贵的课堂时间被浪费，完整的课文被肢解，表面热热闹闹，其实孩子们并没有得到更大的发展，而且还会养成不动脑筋、不深入思考的不良习惯，并会坚信、迷信每个问题都有标准答案，没有了怀疑、质疑、探究，只等着老师把这口现成饭喂给自己。

小学语文课堂其实并不排斥教师的点睛讲解和适时的提问，而且设疑提问是小学语文课堂教学中一个必不可少的重要环节。那么如何在语文课堂教学中进行有效的提问，以此激活语文课堂，激发学生的学习兴趣，提高教育教学质量，让语文课堂更加充满生命活力呢？笔者做了如下的探索：

策略一：教师是有效提问实施的源头活水

1.教师应树立学生本体的教育观。

语文课堂教学的过程，应该是学生获得人生经验和生命体验的过程，是师生互动、心灵对话、唤醒各自沉睡潜能、共创奇迹的过程。无论采用什么方法，都应当首先关注学生学习语文的过程，关注学生在教学活动中的主体地位。应当为学生的学习而设计提问，既不能低于或等于学生已有的知识水平，也不能与学生已有知识经验脱节，就是"要把知识的果实放在让学生跳一跳才能够得着的位置"。课堂提问既不能让学生高不可攀，也不可让学生唾手可得，而应该让学生跳一跳——开动大脑积极思考后获得正确的结论。学生只有通过自己的思维劳动取得成果，才能感到由衷的喜悦，同时也会激发学习的积极性和主动性。问题设计既要能够充分按照课堂教学的基本规律而相机诱导、即时处理，还要关注学生的成长。通过有效提问促进学生思考问题，还能再提出更多更好的有价值的问题，才是实现我们对教育的理解和追求，有了这样的理念前提作保障，课堂提问的有效性会得到丰富多彩的展现。

2.教师应深入的钻研教材，吃透教材。

有效提问的教学策略就是体现在，学生在语文课堂中应该掌握什么就问什么，而学生应该掌握的什么呢？就是依据课程标准下放和落实在不同年段，不同年级，不同篇目中的教学任务。即每篇课文的教学目标和教学重、难点，以及每一节课具体的教学目标甚至是各个教学环节分步目标。课堂提问应该紧紧围绕着这些目标进行。只有一步步地实现目标，才能让学生得到有效的思维训练，也才能确保课堂教学过程的优化。怎样才能提出这些有效的问题呢？这就需要教师必须深入的钻研教材，吃透教材。钻研什么？就语文阅读教学来说，不仅要深刻理解文章内容、写作特色，还要研究它在课本中的位置，揣摩编者意图，关注知识的前后联系等。要有从材料中挖掘问题的本领，教师研读材料的能力是提出高质量问题的前提。一篇文章如果老师能读几十遍，甚至上百遍，反复品味，烂熟于胸。对文章的结构，作者的思路能够准确把握，并且与作者对话，结合自己的生活体验，阅读体会，产生个人独到的见解。如果能想方设法将课文中最有训练价值的内容提炼出来，用有效的方法让学生习得，那老师一定会提出有效、有意、有味、有价值的好问题。

策略二：主问题的设计是有效提问实施的关键

钻研教材，吃透教材之后，就要找准课文的主问题。所谓的"主问题"就是引导学生对课文进行研读的重要问题、中心问题或要害问题。它是相对于明知故问、不断追问等无效提问而言的。任何一篇课文都会有那么一个或两个最关键的问题，一般来说，围绕教学重点、难点来提问，是课堂有效提问的首选。它们不仅是课文主要内容的高度概括，而且还是教学需要解决的重点。在教学过程中往往有一些"牵一发而动全身"的问题，在教学过程中，如果能够以这些问题为切入点，组织课堂教学，那么就能够引发学生对课文内容集中深入的阅读思考和讨论探究，就能够提高提问的有效性。

在讲授沪教版《家是什么》一课时，通过研读教材，我了解到，课文是从文中两个截然不同的故事中，让孩子明白家是一个充满亲情和关爱的地方，就是解决了家到底是什么的问题。让孩子对家这个熟悉的地方加深认识和理解，能初步明白要让自己的家充满亲情和关爱，能初步明白要珍惜自己的亲人和家庭。

所以板书课题后，我先请学生读课题，然后就课题质疑，由此确定了主问题"家到底是什么？"以这个问题串起全文的学习，以这个问题贯穿教学的全过程。让孩子们初读课文，在解决读准字音、读通句子的基础上，找一找文中哪一段回答了"家是什么"这个问题。三年级的孩子，已经具备一定的阅读理解的能力。经过初读课文，他们就很容易地找到本文的重点段（最后一段）。这是主问题的表层答案"在这个世界上，家是一个充满亲情的地方，它有时在竹篱茅舍，有时在高屋华堂，有时也在无家可归的人群中。没有亲情的人和被爱遗忘的人，才是真正无家可归的人。"接下来指导孩子们，重点品读这一段，作者为什么会这么说？思考家到底是什么？使学生找到了关键句子，自主地揭示了本文的主旨——家是一个充满亲情的地方。

接着，引导学生研读探究重点段，并鼓励孩子们质疑。预设学生会将问题集中在两个层面上，一是质疑在词意的理解上"竹篱茅舍"和"高堂华屋"，这可以让孩子们相互理解但没有家，也体会不到人与人之间的"爱"；二是质疑在"为什么说家是一个充满亲情的地方？"和"为什么说没有亲情的人和被爱遗忘的人，才是真正无家可归的人？"

由这一段引出课文中的两个小故事，美国洛杉矶的富翁有别墅但没有"家"，也体会不到人与人之间的爱；卢旺达的难民热拉尔无家可归，后来有了家又有了女儿，感受到了人与人之间浓浓的"爱"。每个故事学完，我都要再次出示最后一段，引导孩子们再读再品，再次感受"家到底是什么？"两个故事学完后，这个重点段学生已经会背了。对于"为什么说家是一个充满亲情的地方？"和"为什么说没有亲情的人和被爱遗忘的人，才是真正无家可归的人？"这两个问题可爱的孩子们也有了更深的理解。

在教学中，抓住了这些主问题，就可以祛除课堂中的碎问碎答，实现师生之间的有效"对话"；就可以引领学生走进文本，进行有效的探究学习和交流互动；就可以实现预设和生成的课堂教学。自然就能够提高问题探究的深度和广度，使课堂教学更轻松更有效！

策略三：恰当巧妙的提问方式是有效提问实施的保障

话有三说，巧者为妙。有了问题还不够，恰当巧妙的提问方式可以激发学生思维活动，使其主动投身于教学活动中去，并能意识到自己在活动中的位置，从而增强其学习的内驱力，有助于课堂上更好地贯彻启发性教学原则，体现以教师为主导、学生为主体的教学思想。怎样的提问方式才有效？

首先，有效提问要有循序性。是指提问要遵循由浅入深、由易到难、由近至远、由简到繁的原则，层层深入，引导学生扎扎实实、循序渐进的分析问题，掌握知识和技能。

其次，有效提问要有科学性。教师科学恰当的提问，不但可以激活课堂，引导学生思维活动的方向，使教学过程与学生思维发展相融合，而且可以培养其良好的思维品质、学习习惯和能力。在不同的教学环节所采用的提问的方式也有所不同，这也是提问科学性的表现。就阅读教学而言，一篇课文，一般要经历揭题导入、初读感知、精读理解、拓展延伸情感升华四个环节。每个教学环节完成的教学任务不同，提问的方式也有侧重。

1.在揭题导入环节，可以采用引发式提问：提问重点是联系学生已有的知识，利用认知冲突，引发求知动机。

2.初读感知环节，宜采用疏导式提问：根据课文内容设计疏导性提问。学生带着这些问题定向阅读，可以又快又好地整体感知课文内容，理清文章的思路。

3.精读理解环节，宜采用探究式提问。设计一些具有探究价值的问题。这些富有探究价值的提问，可以大大提高学生创造性阅读的能力。

4.拓展延伸情感升华环节，可以采用发散式提问这一教学环节，设计一些发散性的提问。让学生畅谈感想，不仅可以帮助学生深刻理解文本的价值所在，而且可以让学生受到潜移默化的思想教育。

当然这四个教学环节的提问，并非是一个固定不变的模式，要根据教材的特点、教学目标要求和学生的实际情况灵活掌握。

再次，有效提问要具有恰当的具有开放性。开放的问题是与封闭的问题相对应的。封闭式提问答案是唯一的，是有限制的，是在提问时给对方一个框架，让对方只能在框架里选择回答的。开放式提问答案是多样的，是没有限制的，是没有框架的，可以让对方自由发挥。开放性问题是探索性的问题。学生只有通过亲身探索才能解决问题，而不是仅仅根据所学的知识或模仿教师传授的某种现成方法马上就能回答。开放性问题能引导学生去发现、去探索，自己去想、去查、去做。通过翻阅已学的内容，查找资料，根据已掌握的知识，进行推理，提出假设，通过讨论、实践或其他事实验证，方能得出正确结论。

策略四：基于学情的评价鼓励是有效提问实施的落脚点

有问就有答，课堂提问是一种最基本的教学手段。有效提问意味着教师所提出的问题能够引起学生积极的回应或回答，且这种回应或回答让学生更好地参与到学习过程中。提问是否有效，最后应该看学生的反应和学生学习的效果。我们必须尊重关爱每一个孩子，关注孩子在课堂上的表现和反映。提出问题之后，要专注地看着学生，耐心地等待孩子们思考，仔细地倾听学生的发言，给孩子中肯、公正、有指导性的评价，从学生回答中反馈学习的状况，捕捉学习的信息，给予方法的肯定和指导，调整后面教学的策略。一句肯定的话语，一声由衷的赞叹，一缕信任、期待的目光，一丝欣赏、喜悦的微笑，是对学生认真思考、积极发言的莫大的鼓舞。不论孩子回答是否正确，那对和错的答案，都将是课堂生成的宝贵资源。

有效的课堂提问能巧妙地实现教学目标，突破重难点；有效的课堂提问有助于学生语文能力的提高；有效的课堂提问彰显的教师的教学智慧……树立"以学生为本"的思想，紧紧围绕教学目标，通过有效的问题引领，使学生徜徉于文本，实现工具性和人文性的统一，不断提高语文学习的能力和语文素养，让有效提问激活语文课堂，让语文课堂充满生命的活力和人文的魅力。

浅谈培养学生搜集处理信息的能力

现代社会对教育提出了新的挑战与要求。全球化、信息化和高科技发展的趋势，要求现代公民具备良好的人文素养、创新的精神、开放的视野、合作的意识以及搜集、处理、交流信息的能力。

开放的语文课程保证了语文信息多方位的来源。教科书、教学挂图、工具书、其他图书、报刊、音像制品以及线上线下的报告会、演讲会、辩论会、研讨会、图书馆、博物馆等都可以成为语文信息不竭的源泉。作为一名语文教师，应高度重视课程资源的开发与利用，更要将培养学生搜集、处理信息的能力作为工作的重点之一。

下面，我就谈谈自己在教学实践中，培养学生搜集、处理信息的能力的一些体会。

一、根据学习的内容，安排搜集材料

有三种类型的学习内容比较适合材料的搜集。第一类是与学生的生活密切相关的内容。这样的内容便于孩子们搜集资料，能使他们在搜集资料的过程中由"司空见惯"发展到

"重新认识"最后到"深入理解"。

如《家》这个主题单元旨在培养孩子们爱亲人、爱同学、爱家、爱祖国的情感，体会幸福的核心是爱，使孩子们产生奉献爱的愿望。在"语文天地"中根据"画全家像"介绍自己的家，"找找爸爸妈妈的职业"这些活动内容我布置让孩子们带一张"全家福"的照片来（事前我注意了个别单亲家庭的孩子，开导他们，避免使他们有自卑感）。让孩子们在介绍"全家福"时，把自己的家和爸爸妈妈的职业以及节假日家人的活动一一说出来。孩子们在互相介绍倾听的过程中了解了爸爸妈妈的辛苦，感受到了家的温暖，并愿意为亲人付出自己的爱。

第二类是与孩子们生活距离较远的内容。在学习过程中，有了相关知识及材料的准备，使孩子们由"陌生"到"理解"，最后达到了学习的目的，甚至会使既定的学习目的得到完善与发展。大海，对于我们地处黄土高原的兰州的孩子们而言，还是比较遥远而陌生的事物。

在学习《大海》这个主题单元时，我布置了搜集相关内容的作业。第二天，在我们的课堂上出现了有趣的海螺、色彩斑斓的贝壳、各种各样的图片，还有的孩子带来了百科全书、网上下载的文章，小玮、倍辰两位同学还带来了介绍海底世界的光碟。这些具体、生动的资料极大地调动了孩子们学习的兴趣，在资料的交流中也扩大了孩子们的知识面。

第三类就是背景性较强的内容。这里的背景指的是社会背景、文化背景、知识背景、作者背景等等。在学习《古朗月行》《锄禾》《梅花》等古诗时，我给家校共建特别积极、学习能力较强的几个孩子悄悄布置了任务，让他们当"小老师"去了解：李白是什么人；李白还写过什么诗；关于"梅花"你还知道什么；学完《锄禾》后，你还知道节约粮食的故事吗？这在"小老师"的带领下，同学们学得津津有味，在向同学传达信息的同时，小老师的学习热情也得到满足和肯定。

二、有步骤地教给孩子们搜集、处理信息的方法

1.要注重培养孩子们的观察习惯，学会观察周围的自然景观、社会环境和人物及事件。大到国际事件小到天气冷暖，这都成为我与孩子们观察的对象。

那年的大事还真不少，韩日世界杯、亚运会、十六大等等。为培养孩子们关心时事的习惯，我和他们共同商议，决定每天请一位同学为大家召开新闻发布会，发布一条自己最喜欢的比较有价值的新闻和同学共享。

于是，亚运会期间，我每天都能知道我国金牌的具体数目和当日的赛事。国家和国际上发生的一些大事，也成为孩子们关注的话题。孩子们慢慢养成了"风声、雨声、读书声、声声入耳，家事、国事、天下事、事事关心"的好习惯。

2.要为孩子们提供搜集资料的渠道，避免因遇到困难而丧失搜集资料的兴趣。在学习《太阳和月亮》这个主题单元时，我们决定搜集关于太阳的资料。我问孩子们，我们能从哪儿搜集资料呢？刚开始孩子们只说出了可以查阅书籍，后来又有人说可以上网查。我继续引导孩子们想办法，如果书上网上都查不到该怎么办呢？我又指了指自己的嘴，有个孩子马上说可以问问爸爸妈妈，其他同学还补充了可以问问爷爷奶奶、老师等，我肯定了他们的回答，我又告诉孩子们："崔老师也要搜集资料，我要为大家搜集一个故事，一个关于太阳的故事。"孩子们特别开心，在高兴中，他们的思路打开了，有的要唱歌曲《种太阳》，有的要表演舞蹈《北京的金山上》等等。

第二天，我讲了《后羿射日》的故事，孩子们也展示了自己的资料。我们的课堂，成了成果展示会了。这次材料的搜集，使孩子们通过实践了解了搜集资料的渠道。

3.现在我把孩子们搜集的资料放在他们自己的档案袋里。在今后的学习中，我打算要教会学生在搜集资料时抓住重点。能搜集与所学的内容相关的资料。然后教给孩子们摘录，摘抄相关内容，最后能把搜集的资料整理分类，做成资料本，做成读书笔记。这些资料也可以为学生今后的习作准备丰富的素材。

三、交流信息的过程中要充分利用自主、合作、探究的学习方式

把自己的资料与他人共享，这个过程培养了孩子们的合作意识，使孩子们人人主动积极地参与其中，学习与他人合作，最后能善于和别人合作。

我们采用了四人小组合作学习的方式，小组长采用轮流竞选担任，四个同学各有分工，除小组长外，再共同商议选出声音控制员、记录员、中心发言人，让每个孩子都觉得自己在小组中是那么的重要。在小组交流之后，由中心发言人概括介绍四人搜集的材料，其他同学可以补充。

在学习十二单元《外面的世界》时，同学们在四人小组中交流课外识字的情况，从旧的、废弃的报纸、杂志、说明书上搜集新认识的字，再把这些字剪贴到书上。由于分工明确，孩子们合作得很好，剪的剪，贴的贴，贴完后在小组内逐个交流汇报新识的字，使四个同学在短时间里认识了大量的字。

当全班交流时，各组中心发言人汇报了每位同学识字的数量，并且还对讨论时音量的大小、合作的情况进行了评价。然后我把剪贴得干净美观的课本，让全班同学参观了，孩子们发出了啧啧的赞叹之声。从这里他们不仅认识了大量的字，也学会了做事要认真、细心。小组合作学习节约了交流资料的时间，提高了学习的效率。交流资料不仅使孩子学会与人合作，也初步教会他们如何处理信息。

四、开发、利用家庭教育中的语文资源，为搜集资料提供保障

家长是学校教育中不可忽视的一个群体，现在的家长们越来越重视教育，非常关心孩子的发展。家长来自各行各业，他们本身就是十分宝贵的课程资源。

开学两周，我校特为一年级召开家长会，我向家长朋友介绍了新课程，解答家长在教育孩子上的困惑，并把《教师用书》上《致家长的一封信》给大家读了。我把搜集资料这一内容作为重点提出来，跟大家讨论商议，取得了家长的支持与理解。

在后来的家长开放日上，我又进一步介绍如何协助孩子搜集资料，并把一些资料给家长们展示了出来。现在搜集资料这项作业，在家长的协助下，孩子们完成得越来越好，内容与主题越来越接近，资料的形式也越来越多样化，还有几位热心的家长经常主动与我交流，还给我带来一些与教育相关的资料、文章。如：一个当"乞丐"的孩子苦学成材的故事、一休的故事、雷锋的故事、《夏令营中的较量》、《好妈妈胜过好老师》等，让我和其他孩子一起分享这些精神食粮。

还有一位了不起的爸爸联合几位家长走进教室，根据自己的职业给孩子们上课。孩子们了解到了建筑、金融、音乐、广电等行业的专业知识，我们的课堂和孩子们的视野，也在热心家长们的帮助下，变大了，变宽了……

课程资源的开发和搜集资料是本次课程改革的一个亮点。搜集和处理信息能帮助孩子们理解所学的内容，丰富知识的储备，并培养了孩子们解决实际问题的能力和交流与合作的能力。在今后的工作中，我要继续探索、实践，努力把培养孩子搜集和处理信息的能力这项工作做得更加完善。

且行且吟

——浅谈小学古诗教学的优化策略

走进学生心灵，追求诗意课堂，做幸福的语文教师，是我们的教育追求。以提高小学古诗教学效率为目标，依托课题研究，加强小学古诗教学的学术交流，展现古诗教学的多样性，提高古诗教学的实效性。

中华文化博大精深，源远流长，古诗更是中华文化大花园中的一枝奇葩，优秀的诗人灿若星汉，杰出的诗作浩如烟海。古诗以它凝练的语言，悠远的意境而脍炙人口、吟诵千古，滋养了一代代的中国人。中国是诗的国度，更有人说，中国古代文学发展史其实主要是诗歌发展史，中国古代学校教育的历史主要就是诗歌教育史。在 20 世纪 80 年代尤其是新世纪前后，伴随我国经济的繁荣、国际地位的提升、对外影响的扩大及对传统文化和语文教育的反思，在全国各地掀起一股学习中华经典文化热潮，并波及东南地区和欧美发达国家。

语言文字是文化的载体和体现，是了解古代文化的有效途径。语文课程标准中特别强调语文课程对继承和弘扬中华民族优秀文化传统和革命传统，增强民族文化认同感，增强民族凝聚力和创造力，具有不可替代的优势。"认识中华文化的丰厚博大，吸收民族文化智慧。"

语文课程还应通过优秀文化的熏陶感染，促进学生和谐发展，使他们提高思想道德修养和审美情趣，逐步形成良好的个性和健全的人格，并对不同学段的古诗文学习提出了具体而明确的要求。选入小学语文教材的古诗，都具有很高的美学价值和强大的艺术魅力，可以说是自然美、社会美和艺术美的结晶和荟萃。

部编语文教材把更多传统文化内容编入其中，让更多小学生学习经典作品。"新教材特别重视优秀传统文化教育，立德树人、爱国主义都潜移默化地渗透到字里行间。"而这最终的表现是，古诗文篇数增加八成。"部编本"小学语文教材课文文言文比例大幅增加，古诗文从原来的 69 篇增加到 124 篇，增幅达 80%，学生平均每年要背诵 20 多篇古诗文。如何快速减轻新增古诗文给学生带来的压力，成为小学语文教师亟待解决的问题。

但古诗词教学实际不尽如人意，出现"三重三轻"的现象：

1.重内容、轻意蕴。把解词释意作为教学的重点和难点，而最耐人寻味的意蕴却常遭忽略，成了雪泥鸿爪。

2.重传授、轻感悟。由于古诗语言属古汉语，学生自主理解难度较大，于是教师常不厌其烦地给学生讲述词义、句意、写作特点以及表达诗人怎样的情感等等。学生自读感悟，发挥个性想象力时间和空间都很少，多的则是被动地听取和记录。

3.重背默，轻朗读。古诗的背默固然重要，但跳过朗读这重要的一步，背默不免有似空中楼阁了。在很多古诗课堂教学中，学生朗读的机会很少，常常是学了生字读一二遍，理解诗意后再读一二遍，一首诗学完，总共读了三四遍，那么，在读中体验情感显然是不太可能的了。

以上述种种为特征的古诗课堂教学将古诗最有价值的神韵剥离肢解、"碎拆下来，不成片断"必然使古诗课堂教学索然无味，教学效果可想而知。

在学生的调查问卷中反映出各年段孩子们都很喜欢古诗这一祖国文学艺术的瑰宝，都希望能与之亲密接触。但孩子们积累背诵的还是太少，古诗学习的兴趣不高，更不用说将古诗学习运用到习作和生活之中了。

我们以提高古诗教学效率为核心，在有效教学理论指导下，进行小学古诗教学设计与教学实施的研究，以求小学古诗教学设计与教学实施每个环节的有效性，摸索出提高古诗文教学的策略，达到小学古诗教学的优化，使老师不再畏惧上古诗课，使学生能从中真正汲取古典文化的营养。

基于问题，我们边实践边反思，边摸索边探究，在探索提高小学古诗教学效率的策略研究中，总结出以"整合"为古诗教学备课主线，以"品读"为古诗课堂教学主线的"双线"古诗教学策略。

一、"等闲识得东风面，万紫千红总是春"——小学古诗整合式教学策略

策略理念：语文教师应该树立开放、有活力、为孩子终身发展有益的语文观，不能只停留在教一篇篇的"课文"，而应该是给孩子们教"语文"。且人教版小学语文教材就是以主题单元的形式编排的，选入教材的古诗内容亦然。下图是我们对部编版小学语文教材中古诗词内容梳理归纳的图表：

部编版小学语文教材古诗分布表

教材册数	单元	诗歌题目及作者	诗歌描写内容
一上	第四单元3课	《江南》(汉乐府)	描写了初夏江南采莲时的优美意境。
	第五单元6课	《画》(王维)	此诗描写的是自然景物，赞叹的是一幅画。
一下	第四单元8课	《静夜思》(李白)	表达诗人浓浓的思乡之情。
	第六单元12课《古诗两首》	《池上》(白居易) 《小池》(杨万里)	均为绝句，都表现清新秀美的初夏美景
二上	第四单元第8课《古诗二首》	《登鹳雀楼》(王之涣) 《望庐山瀑布》(李白)	想象诗中的画面，领略大自然的壮美。
	第六单元25课《古诗两首》	《夜宿山寺》(李白) 《敕勒歌》(北朝名歌)	想象诗中的画面，领略大自然的壮美。

续表

教材册数	单元	诗歌题目及作者	诗歌描写内容
二下	第一单元第1课《古诗二首》	《村居》（高鼎）《咏柳》（贺知章）	均为季节的诗句，展现了春天的勃勃生机
	第六单元第15课《古诗二首》	《晓出净慈寺送林子方》（杨万里）《绝句》（杜甫）	都描写了不同季节独有的美景
三上	第二单元第4课《古诗三首》	《山行》（杜牧）《赠刘景文》（苏轼）《夜书所见》（叶绍翁）	都抒发了诗人在秋天里高怀逸兴或思念家乡、思念亲人的情感
	第六单元第17课《古诗三首》	《望天门山》（李白）《饮湖上初晴后雨》（苏轼）《望洞庭》（刘禹锡）	都是古人对祖国壮美山河的描写
三下	第一单元第1课《古诗三首》	《绝句》（杜甫）《惠崇春江晚景》（苏轼）《三衢道中》（曾几）	都描写和赞美了春季、夏季的景色和愉快的心情
	第三单元9课《古诗三首》	《乞巧元日》（王安石）《清明》（杜牧）《九月九日忆山东兄弟》（王维）	都与我国传统节日有关
四上	第三单元第9课《古诗三首》	《暮江吟》（白居易）《题西林壁》（苏轼）《雪梅》（卢钺）	均为诗人处处留心观察或写景喻理的诗歌
	第七单元21课《古诗三首》	《出塞》（王昌龄）《凉州词》（王翰）《夏日绝句》（李清照）	同为诗人心系家国兴亡的诗
四下	第一单元第1课《古诗词三首》	《四时田园杂兴（其二十五）》（范成大）《宿新市徐公店》（杨万里）《清平乐·村居》（辛弃疾）	均描写了乡村淳朴美景
	第七单元21课《古诗三首》	《芙蓉楼送辛渐》（王昌龄）《塞下曲》（卢纶）《墨梅》（王冕）	都蕴涵着伟大的品格
五上	第四单元第12课《古诗三首》	《示儿》（陆游）《题临安邸》（林升）《己亥杂诗》（龚自珍）	都表达了诗人对祖国的热爱之情
	第七单元第21课《古诗词三首》	《山居秋暝》（王维）《枫桥夜泊》（张继）《长相思》（纳兰性德）	都通过动静态景物的描写抒发自己的情感
五下	第一单元第1课《古诗三首》	《四时田园杂兴（其三十一）》（范成大）《稚子弄冰》（杨万里）《村晚》（雷震）	描写的是古代儿童有趣的生活
	第四单元第9课《古诗三首》	《从军行》（王昌龄）《秋夜将晓出篱门迎凉有感》（陆游）《闻官军收河南河北》（杜甫）	都表达了诗人的爱国之情

续表

教材册数	单元	诗歌题目及作者	诗歌描写内容
六上	第一单元第三课《古诗词三首》	《宿建德江》(孟浩然)《六月二十七日望湖楼醉书》(苏轼)《西江月·夜行黄沙道中》(辛弃疾)	三首均为描写景色的古诗
	第六单元第十七课《古诗三首》	《浪淘沙(其一)》(刘禹锡)《江南春》(杜牧)《书湖阴先生壁》(王安石)	描写的都是祖国自然风光
六下	第一单元第三课《古诗三首》	《寒食》(韩翃)《迢迢牵牛星》(古诗十九首)《十五夜望月》(王建)	三首古诗都是描写传统节日
	第四单元第十四课《古诗三首》	《马诗》(李贺)《石灰吟》(于谦)《竹石》(郑燮)	同为言志诗
	古诗词诵读	《采薇》(诗经·小雅)	戍卒返乡诗
		《送元二使安西》王维	送别诗
		《春夜喜雨》(杜甫)	是一首咏物诗
		《早春呈水部张十八员外》(韩愈)	是一首写景诗
		《江上渔者》(范仲淹)	一首五言绝句
		《泊船瓜洲》(王安石)	写思恋家乡的古诗
		《游园不值》(叶绍翁)	一首抒情诗
		《卜算子·送鲍浩然之浙东》(王观)	这是一首送别诗
		《浣溪沙》苏轼	借景抒怀诗
		《清平乐》(黄庭坚)	是一首感叹时光去而不返的惜春诗

从此表可以看出，在小学阶段学习的古诗词中，有不少的古诗，虽然作者不同、背景不同，但表达的内容、情感主题却是相同或相近的。也就是说诗歌表达的主题或是诗人描写的题材是相通的。所以，教师应以年段课标为教学基点，围绕教学目标，整合古诗教学资源。在整合教材内容的同时，努力拓展知识的外延，吸纳丰富的课外知识，真正实现在生活中、实践中学习古诗，学习语文，达到"1+1>2"的效果，切实提高古诗教学效率是可行的。具体操作如下。

1.整合同主题的作品：

初读古诗找联系——再读古诗品主题——诵读古诗悟主题。

在教学中，以课文的编写出发，以主题为线索，将教材内容整合，重新解构，将两首诗串联起来展开教学，找出两首诗（或是三首诗词）之间的联系。从诗歌表达的主题的角度出发，可以"花开两朵各表一枝"，以一首诗为主，指导学生掌握学习此类诗的方法，让学生以这样的方法自主学习另一首，以此帮助学生更好地学习和理解古诗。抑或是直接放手让孩子比较两首诗的异同，运用列表格或其他学生喜欢的方式把自己比较的发现展示出来。教师结合学生的自主学习中出现的困难和问题以及古诗中的难点重点有针对性地进行点拨和指导，在比较的同时，诗歌内容、表达形式、蕴含的情感也相应被孩子们理解了。

2.整合同题材的作品：

初读古诗找联系——再读古诗赏题材——诵读古诗悟主题。以题材为桥梁，可以带动同题材不同主题的诗歌的学习。题材本来是文学、艺术创作用语，主要指作为写作材料的社会生活的某些方面。亦特指作家用以表现作品主题思想的素材，通常是指那些经过集中、取舍、提炼而进入作品的生活事件或生活现象。在这里题材是特指诗歌的内容，例如：边塞诗、山水田园诗、羁旅之思诗、怀古咏史诗、咏物诗、宫怨诗、爱情诗等。

根据前面的"教材中的主题式古诗分布表"，可以从诗歌表达的主题思想入手进行整合，也可以从诗歌表现的内容，即题材入手进行整合。如教学四年级上册第六单元第20课《古诗两首》——《送孟浩然之广陵》和《送元二使安西》。整体把握这两首都描写了送别友人的情景，在课后整合其他送别诗，让学生感受同样是送别的题材，同样是抒发送别之情，但是诗人表达的方式、方法不同，表达的情感也是不一样的。

3.整合同诗人的作品：

知诗人晓诗音——明诗意悟诗情——觅他作展视野。这样做的目的一可增加学生对不同语言风格的感受力；二可加深学生对课文内容的理解和对该作者写作风格的把握。学习诗人的诗作，她们可以整合诗人其他的代表作，可以在课堂上完成，也可以作为语文综合活动，如可以开展"走近李白""走近杜甫""走近王维"等主题活动，让学生在活动中拓宽视野，增加积累，在更好地把握作者的写作风格的基础上，能帮助学生更好地理解诗歌内容。辛弃疾是南宋伟大的爱国词人，他的作品风格是以豪放为主的，所以教学五年级下册第二单元第 5 课《古诗词三首》，带领学习他的《清平乐·村居》后，很有必要整合辛弃疾的其他词作，如可以补充词人的《破阵子·为陈同甫赋壮词以寄之》。此时不需过多讲解，只是让孩子们自己读一读或是老师范读一下即可。学生获取的就不光是词人的山水田园风光的描写了，会对诗人或是词人有更加准确和全面的认识与了解。语文学习的熏染和积累就是这样逐渐渗透的。

"整合式"古诗教学策略对教师提出更高的要求，要求教师备课时要以整合的理念去研读古诗教材，把课备足，了解本课古诗在单元、在整册教材、在整个年段的地位和作用，了解诗歌的主题、了解作者、了解诗意、了解诗情，在此基础上寻找古诗整合的切入点。教师需要大量阅读、积累古诗教学素材，除确定合理的整合教学措施外，更主要的目的在于让孩子们在课堂上能有效、大量地积累古诗以课内带课外，以课外充实课内，相得益彰。

在摸索"整合式"小学古诗教学策略的过程中，我们由之前的畏惧、抵触到后来的欣然接受，并且在古诗教学实践中感到整合之后的古诗课堂反而目标更加清晰简单，学生参与面多、学生自主活动多，老师自然地退到了次要位置，课堂效率没有降低，反而提高了！有位老师说，她以前只知道一节课上一首诗，现在能一节课上两首诗。五年级教材里一课有三首诗，她打算尝试一下，一节课整合三首！通过研究实践，我们也知道，无论哪一种教学模式、策略，都不是截然分开的，还要在具体教学过程中，从教学需要出发，灵活组合应用，才能取得较好的效果。

二、"毫端蕴秀临霜写，口角噙香对月吟"——小学古诗诵读式教学策略

策略理念：古诗音韵铿锵，节奏鲜明，通过反复吟诵有助于小学生体会感情，进入诗的意境。不论新教法如何迭出，"读"仍然是古诗教学的"正宗嫡派"之法。叶圣陶先生也曾指出语文"是读的学科"。清代曾国藩在《家书》中教诲子侄在学习中不论诗文"非高声朗诵则不能得其雄伟之概，非密咏恬吟则不能探其深远之韵"。由此可见诵读对于小学古诗教学是非常重要的。从心理学的角度讲，"读"也是帮助学生识记的重要方法。因为在识记的过程中，如果能尽量多地利用多种感官的活动，把看、读、写、听结合起来，会收到很好的学习效果，完成识记的任务。这种效果是教师分析讲解无法达到的。

由此，古诗教学最根本的策略是"读"，离开读，古诗教学便成为无本之木、无源之水。怎么做到"读出意、读出形、读出味、读出神"（杨再隋语），让古诗教学根深、根壮，枝繁叶茂，似乎又不是一件容易的事。我们认为"读"要顺应学情，如同剥笋层层深入，不可违反学习的规律。大体分四个层次。

1.初读：字正腔圆，读准读通。

古诗音韵和谐，"读得响亮""读得饱满"方能读出"歌诗"的味道。教学中，要求学生放声读，读得字字要准，字字饱满，字字响亮。在研究中，我们发现如果没把初读的"字正腔圆"当回事，总认为初读就是指学生读一遍，全班读一遍，是不费力气的过场环节，进入后面的学习环节才发现，课堂教学中频频出现读错音的情况，而且需要反复纠正，浪费课堂上宝贵的教学时间。因此初读的环节，必须"严"字当头，努力做到南宋朱熹谈到古诗朗读时说的："要读得字字响亮，不可误一字，不可少一字，不可多一字，不可倒一字，不可牵强暗记，只要多诵数遍，自然上口，久远不忘。"每首诗读音指导的重难点不同。字音教学的处理要根据文本，从学情出发，运用生动、活泼的方法来突破。

2.**再读：有板有眼，读出节奏。**

节奏就是"音乐或诗歌中交替出现的有规律的强弱、长短的现象"。古诗的节奏是指朗读、朗诵者波澜起伏的思想感情在语音形式上的抑扬顿挫、轻重缓急、回环往复。节奏以全篇为单位，它由若干多的停顿组成，还包含重音的处理等方面。

首先教师要大体把握古诗朗读的停顿。

五言诗	"二二一式"	"春眠 / 不觉 / 晓"
	"二一二式"	"处处 / 闻 / 啼鸟"
七言诗	"二二二一式"：	"胜日 / 寻芳 / 泗水 / 滨"；
	"二二一二式"	"桃花 / 潭水 / 深 / 千尺"

再次，大体把握节奏的类型。人教版语文教材的古诗有表现儿童生活的轻快型节奏，《所见》《牧童》……；讴歌美景的大多数是舒缓型节奏，如《春晓》《咏柳》……；也有慢中透着激昂的，如《望庐山瀑布》《望天门山》。《示儿》是一首绝笔诗，表达了诗人对南宋统治者屈辱求和、苟且偷生的悲愤和对收复中原、统一国家的坚定信念。诗的感情基调沉痛悲愤而又坚定乐观，读时引导学生表情凝重，语速缓慢。

3.**悟读：有滋有味，读出诗意**

悟读，首先体现在整体感知。古诗词教学应符合阅读教学的基本原则，从整体感知入手。一般用带问题自由轻读的方式整体感知。其次，抓关键字词解释，悟读。接下来，指导学生想象再现画面，悟读。想象是诗歌的翅膀，诗的意象是诗人想象和情思的载体，没有意象，情思往往难以表达；不把语言符号转化为鲜活的意象，情思常常无法让人领会。最后入情入境，悟读。入境，即把学生带入诗词描写的情境中去感同身受，去揣摩玩味。

这里的"读"，不是独立的教学环节，是和学生的汇报、感悟、理解、表达以及教师的指导点拨是融合在一起，你中有我，我中有你。

4.**诵读：有声有色，读出诗境。**

在历经品味古诗语言、理解诗意、体会诗情的基础上，入情入境地读。我们应当向古人学习，还古诗本来的性情，还古诗固有的味道。自古读书皆吟诵。李白写道："吟诗作赋北窗里，万言不值一杯水"；杜甫诗云："陶冶性灵存底物？新诗改罢自长吟。"当代国学大家叶嘉莹先生说，吟诵是为了使自己的心灵与作品中诗人的心灵能借着声音达到一种更为深微密切的交流和感应。

结合古今的诵读形式，探索古诗词吟诵教学法模式：

（1）按照"半念半唱"的方式吟：吟诵是我国传统的一种以欣赏为主的读书方法，是古人学习的重要手段。吟：呻也，即曼声而唱；诵：读之而有音节者，即朗诵，它可以按照特定的吟诵曲来吟，也可以按照统一的调来吟，但两者都必须遵循平仄规律来吟诵。吟诵调可一篇一律，亦可千篇一律，故吟诵看似变幻莫测，只要掌握平仄规律，也是有法可循的。当学生对诗文内容熟知了以后，教师可以指导他们来吟一吟古诗。在舒缓的韵律中，在抑扬的节奏中，学生曼声而唱，既增强了对学习古诗文的兴趣，又深一层地体会作者当时的情感，真可以怡然入醉。在吟诵时如结合一段悠远的民族音乐，如萧、古琴等乐器弹奏的乐曲，更是能把学生带入一个美妙的境界，给学生一种不同寻常的艺术享受。在情境体验中"诵之"，可以让学生在诗画诗景中物我相融，当一回诗人。通过教师形象的描述、生动的讲解及入情入境的引诵，引导学生感受诗人满腔豪情，从而达到声随情动情更深的古诗教学境界。

（2）诵读：共"音乐"一色"歌之"。古人所谓的"吟"就是唱，在现在的古诗教学中，我们也可以变读为唱。作曲家谷建芬为孩子们创作谱写了几十首古诗新唱。教学中，还可以根据诗词的情感基调和意境，自由地选择曲调来唱，如《绝句》选择《让我们荡起双桨》的旋律来唱，学生兴致盎然。也可以配乐诵读。选择与诗文内容或情绪和谐的音乐，让学生"顺利"地深入沉浸到文中，实现与文本内容的亲密接触，获得独到的体会和感受。古曲《阳关三叠》又名《渭城曲》就是按唐代诗人王维的《送元二使安西》一诗谱的曲，唱出了哀怨别离之情，流传至今。吟唱是吟诵的发展。《毛诗序》中这样写道：情动于中而形于言，言之不足，故嗟叹之；嗟叹之不足，故咏歌之。吟诵不足则吟唱，全部是唱，不再是"半念半唱"。优秀的吟唱曲既表现了诗词的声律特点和节奏关系，又加强了歌唱性，能更好地传达诗人的感情，引起人们的共鸣。吟唱，有的可按照古谱，如《渭城曲》；有的可按照后人谱的曲，如《登鹳雀楼》；有的可自己谱曲，在吟唱这一环节中，多媒体课件不可缺少——既要有吟唱伴奏曲，可以看到诗词内容的画面，再加上诗文的词。学生在优美的音乐声中陶醉地吟唱，更容易感受诗情，进入诗境。

（3）诵读——伴随着态势语"舞之"：教师的手势语在古诗诵读中，起着两个作用：一是教师态势语的形象性和表情性，很好地帮助学生走进诗词描写的内容，增强了学生的感性体验，降低理解古诗的难度。二是起着无声的指挥作用，教师挥动着手像指挥音乐一样打着拍子，指导学生借助体态语，亦歌亦舞起来，借用手语增加吟唱的效果。手语最大特点是形象性强，吟唱中再结合手语，有利于学生对诗词的理解和记忆。另外，在打手语这一环节，由于允许学生即兴发挥、自由表现，满足了学生的表现欲，因此孩子们特别活跃。课堂里，天籁一般地吟唱声伴着孩子们此起彼伏的手语，这将是一个怎样释放活力、舒展灵性、生动有趣的美好景象呵！

我们还通过诗改文、给古诗配画、古诗诵读、古诗文课本剧表演等形式，把古诗学习的范畴拓宽，把古诗学习的形式丰富。通过这样的教学方式，学生对古诗词教学有了新的认识，并且形式上打破了传统教学，更是对教育观念、教学内容、学习方法、师生关系赋予了新的含义，得到了学生、其他老师、家长的一致好评。

品经典诗文之味，在经典诗文中徜徉，这是一件美好的事情！但提高小学古诗教学的有效性，却不是一朝一夕、立竿见影的事情，是一件长期的文化浸润。万事贵在坚持，"合抱之木，起于毫末，百层之台，起于垒土"。今天和孩子们在古诗课堂上诵读经典诗文，播种诗意人生；明天，孩子们也会在这些美好情愫的浸润下，情感变得柔软而细腻，头脑变得敏锐而智慧，人生变得诗意而幸福。

你喜欢所以我快乐

——习作课堂案例

《我喜欢》是台湾女作家张晓风的一篇散文，作者以女性独特的细腻的视角，诗一般清新的语言，向我们敞开心扉，描述了自己喜欢的景物与事物，并说明了喜欢的理由。

在理解文章的基础上，教材要求孩子们要说出自己对自然、对事物、对生活独特的感受与理解，培养审美与欣赏能力，并仿写课文。虽说已是五年级，但我班还是有一些孩子对作文又爱又怕，写起作文总是一副愁眉苦脸的样子。对仿写亦是如此。

灵感来了。

上课铃响了，我迈着轻快的步子，走进教室。对着孩子们大声说："同学们，看过中央三台的节目——《挑战主持人》吗？咱们今天也来选拔几位出色的主持人，愿意吗？"

"愿意！"

话音刚落，教室里顿时沸腾起来，看着学生们兴趣盎然的样子，我又趁热打铁说："今天主持人的任务是采访在座的同学，问一问同学们在生活中最喜欢的是什么？咱们看看哪个主持人采访得好？"

几个小主持人上场了。在观众们的评价和建议下，他们的采访越来越专业，被采访者也以更高的热情告诉了自己最喜爱的事物，并说出了理由，还力争要与主持人多交流一会儿。

在集体交流中，大家互相启发，灵感不断闪现，说得越来越好。当然我也没闲着，除了配合当观众，还把观众们精彩的发言及时记录在黑板上。

通过孩子的交谈，我不得不佩服他们流畅的语言表达能力，丰富的想象能力，我被他们对生活充满情趣的、独特的感受而感染。

有喜爱四季的、有热爱自然景色的、有喜爱色彩的、有喜欢体育运动的、有爱好读书的……汇报的结果令我满意，但这不是我们的最终目的。

我对孩子们说："同学们，你们的今天表现得真棒极了！主持人当得好，被采访者说得更好！愿意把自己喜欢的这些美好的事物用文字记录下来，告诉更多的人吗？""今天的仿写不限字数，能写几段写几段，把自己积累的最美的词语用上，让读者也喜欢上你热爱的事物。"

我还像老专家高林生讲得那样，告诉孩子们，遇到不会写的字，用拼音代替，不要停下来，不要中断自己的思路；写的时候，不要发出声音，用最快的速度，把自己的感受写下来。

于是，在不到二十分钟后，我看到了五年来我的孩子们写得最美的文字，当那些喜欢变为书面语言时，变得美不胜收、并富有灵性。有几个平时写作有困难的孩子，竟然也写出了精彩的文章，而他们的喜欢则更独特、更有趣味、更能打动人。

读着这些美文，我走进了孩子们的心灵，感受着他们对自然、对生活的热爱，读着这些美文，我的心从最初的激动变得沉静了，是他们的文章抚平浣净了我躁动的心。我为我的孩子们感到骄傲！

我也提笔写下了自己的喜欢，与我的学生分享思维诉诸于笔端的快乐。

（附几段学生作文）

我喜欢吟诗，在那优美的诗句中，蕴含着一种宁静淡远和一种古典的神韵。柔美婉约的词，是一种柔情、一种美景；豪放慷慨的句，是满腔的豪情、是壮阔的画面。（小龙）

我喜欢看书，尤其是那种富有科幻色彩、充满想象的小说。在夜晚的灯光下，读着一本心爱的书，那是一种极大的享受，是一种精神的滋养。这个时刻是我最快乐的时刻。（小聪）

我喜欢蓝天、白云。晴天时，那水蓝蓝的天空飘着朵朵白云，而那些可爱的云朵则像魔术师在空中变幻出不同的姿态、图案，让人们产生无限遐想。（伯阳）

我喜欢夏天的月亮。月色溶溶，让人感到凉爽宜人。月光如水，写满大地，给大地披上了一层轻纱。在这样的夜晚，那种淡淡的喜悦，悄悄地涌上了心头。（若禅）

我喜欢冬天的鹅毛大雪。从窗外望去，漫天飞雪，大地被银装素裹，玉树银花、腊梅怒放、松柏傲雪。这个千里冰封、万里雪飘的世界给人无限的遐思……（小鹏）

【案例反思】这是一节让老师和学生心情愉悦的习作课。孩子们写作的兴致高，负担轻，写出了自己的亲身感受。关于写作，《课标》有明确的要求，总是把兴趣放在非常重要的位置，如："写作教学应贴近学生实际，让学生易于动笔，乐于表达……"一二年级学生要"对写话有兴趣"，中高年级学生要"乐于书面表达"，初中毕业，能"认识世界、认识自我、进行创造性表述（《课标》)"。

可是，反观自己以往的习作课，总是按照审题、选材、口头作文、书面作文、修改、评析这样的模式在进行。孩子们的兴趣在这样的指导下，渐渐被侵蚀，写出的作文不是千篇一律，就是矫揉造作，不真实。

我给孩子们提供的习作模式、文章的结构，推荐的好词好句，读的范文，给他们的不是拐杖而是一道很高的门槛，让孩子们遇难而退了，而他们丰富的想象与情感却得不到抒发。孩子们是为写而写，是"要我写"而不是"我要写"。

这堂课让我找到了以往习作课的弊端，也使我看到了今后在习作课上应该努力的方向。改变习作课的形式，孩子们的兴趣提高了，这是表面现象，其实改变的是作文教学中以谁为主的问题。从学生的实际出发，调动他们的兴趣，创设情景，任务驱动，构建一个轻松愉快、充满生机的课堂，在课堂上鼓励学生有自己独特的见解，在表达时说出自己的真实感受。

当然除了习作指导课上教学模式的改变外，我更应该注重在平时的语文教学中多站在孩子的角度去设计课堂教学活动。在课堂上多倾听不同的声音，多了解孩子们的心声，知道孩子们的兴趣所在。要让孩子们喜欢语文，喜欢读书，使孩子们在习作时能"源头活水不尽来"。

让我为你编织一段静好的时光

——绘本阅读《安的种子》教学课例

在朋友的 QQ 空间里，无意中看到了《安的种子》这个绘本故事。读着读着，我被那份空灵的禅意和深刻的寓意所震撼。

这个绘本故事根植于中国文化，讲述了一个关于"等待"的故事，告诉读者学会尊重和顺应大自然，是值得各个年龄读者深读的绘本。

一个古寺的老和尚在一个下雪的冬天给本、静、安三个小和尚每人一颗珍贵的千年莲花的种子。

急性子的本，不假思索地赶紧在寺院里找了一个角落把种子埋进了土里。他不去考虑当时是冬天，不考虑种子发芽生长所需要的季节、温度以及环境这样重要的条件，等待落空后的本自然是一番气急败坏。

静，是一个认真细心的人。他会费尽心思地查找书籍、用最珍贵的药水、温暖的房间、精致的花盆，终于种出了嫩芽。静很在乎这千年莲花的嫩芽，生怕出意外，甚至用金罩子把它罩起来。但就是这个做法却使这个新生命夭折了。

而安呢，接过师父递来的种子后，满足地说了句："我有一颗种子了。"他小心地将种子装进小布袋，挂在胸前，像往常一样从容地去买东西、扫雪、做斋饭、挑水、悠然地带着小狗散步。直到冬雪消融，春暖花开，安才不紧不慢地从小布袋里取出那粒种子，种在碧绿的池塘里，直到盛夏的一个清晨，古老的千年莲花静静地盛开了。

故事就这样结束了，文字干净精炼，立意深远，又淡然飘逸，简朴而富有中国传统意味的绘画，令人回味无穷！

一个下午，和我的孩子们分享了这个故事。我的绘本课都是安排在孩子们的学习状态不够好的时段，上午第四节或是下午第二节课，绘本故事总能把我的孩子们从枯燥而机械的学习中暂时地解脱出来，带给他们意想不到的快乐和力量，准确地说，应该是我们，还有一个同样开心的我。

我的绘本课从不做太多的准备和铺设，我喜欢和孩子们一起阅读一些大家都没读过的文章，喜欢课堂上和孩子们互动时那份意外的收获和教学过程中灵光乍现的智慧碰撞。

去繁就简，也是我越来越喜欢的教学风格。于是我只是简单地讲故事，至于孩子们的理解会达到什么层次，会有什么样的感受，我并不想去把控，只是想把自己觉得美好的事物和我的孩子们分享。

在一段安静的乐曲中我的故事开始了，故事讲完了，我请学生谈感受。"小才女"站起来说："崔老师，我看过你的QQ空间，看到了这个绘本。我想我们就是那棵千年莲花的种子。我希望爸爸妈妈不要逼我们，要等待我们成长，对我们更加耐心。"

"你是个爱阅读、会阅读的好孩子！"我微笑着说道。

又一个孩子站了起来，说："我们应该像安那样，要尊重事物的特点和发展规律，尊重莲花的生长习性。而不应该像静和本那样，违背事物的特性，急功近利。"

"是啊，欲速则不达！做任何事，都应该遵循事物本来的规律，而不应该为追求名利，或是用自己的方式违背事物发展的规律，最终也只能是一事无成。孩子，你也读懂了这个故事！"我欣慰地说着。

"老师，我也看了你的空间！这个故事还告诉我们要活在当下！""小快嘴"喊了出来。

"活在当下？"我有些迟疑，这个话题对一个成年人来说，都不是三言两语能说清楚，或是能真正做到活在当下的。"孩子，你理解什么是活在当下吗？"

孩子有些不好意思，低下了头。我走到他的身边，摸了摸他的头，对他轻声说了句"没事儿"，拍拍他的肩膀，示意他坐下。环顾教室，我看着我的学生，看着这些和我共度了五年的孩子们，他们知道什么是活在当下吗？他们活在自己的当下吗？

"同学们，大家思考一下什么是我们的当下？"教室里静了下来。过了一会儿，一个孩子站起来说："我们的当下就是学习。"我点点头说："没错！作为小学生，学习的确是重要的当下。那还有其他的当下吗？"

又一个孩子站起来说："我们不光要学习文化知识，还要学做人。学会做人，也是我们的当下！"

"说得太好了！你把老师想说的话都说出来了！"我开心地说。

"我觉得我们的当下还应该是孝顺父母！"懂事的玉儿说道。

我的心头不由一震，"你真是个孝顺的好孩子！是啊，孩子们，还记得老师对你们说过的一句话吗？树欲静而风不止，子欲养而——"孩子们齐声答道"亲不待！"

"这位同学说得太好了！孝顺父母，关爱我们的家人的确是我们应该做的当下！还有吗？"我内心里还期待着……

顽皮的睿不太自信地说："我觉得我们的当下还应该是玩儿！"

"是啊！你们虽然是小学生，但也还是孩子。玩儿就是你们一个重要的当下！"

"耶！"男孩子们欢呼道。我们的孩子在应试的压力下都不敢说自己想玩儿了!

"还有其他的当下吗?"快要下课了,我打算总结一下。

喜欢体育的昱说:"我们的当下还应该是锻炼身体!"

"他说的没错!"我走上讲台,拿起粉笔。"孩子们,学习、玩儿、孝养父母等等的当下都很重要!但是如果没有健康的身体,那他们都只是零!"说着,我在黑板上画出了许多零,"而健康的身体就是这些零前面这个最最重要的壹!"在那些零之前,我郑重地写下了"1"。

下课铃响了。"孩子们,老师希望你们学好、玩儿好、和父母同学朋友相处好、锻炼好身体,快快乐乐地过好自己的每一个当下!休息吧!"

我们编织美好的童话故事,不但是为了给孩子们一个想象的美好空间,也是在给成人的自己不断地洗刷心里的磨痕与灰烬。我们向往春天,所以我们拿起画笔,想要去描摹那一蜂一蝶的美景。

这段话,我以为是对绘本较为准确的诠释。好的绘本不仅使我们的学生们受益,对我们成年人的启发和收获也很大。

在越来越浮躁的生活中,在越来越难熬的日子里,每日忙于工作生活的我们,每日被我们逼迫着在课内外忙于学习的孩子们,还有时间和心境去享受我们的当下吗?

我们成了满街行色匆匆的路人甲,在满街的车水马龙,热闹斑斓的霓虹灯里,在都市的浮华和喧嚣中,有多久我们和家人孩子不再亲密的交谈?有多久我们不曾仰望蓝天白云?有多久我们有没有看看月朗星稀了?有多久没有停下来听听天籁了?

生活似乎只剩下追逐,追逐一些所谓的"价值"与"成功"。生存的意义难道就只剩下这些?短暂的人生旅途,我们难道希望自己和下一代就这样度过吗?

今天,绘本故事《安的种子》似一汪净水,荡涤我躁动的内心,让我的心静了下来,去反思、去感受。让我们和我们的孩子们静下心来享受生活的过程,享受那些平凡的琐事,享受每一个安然的等待,这何尝不是生命的智慧？

引用作者的一句话——祝福所有看到这个故事的大人和孩子，祝你们在某个盛夏的清晨，也看到千年莲花的盛开……

生如夏花之绚烂，死如秋叶之静美

——思品课上的生命教育

那年，因工作需要，我由班主任、语文老师，成为一名当时还称为思品课的"综合组"老师。仍希望自己的课堂充满活力，被孩子们喜爱，新教育提倡的缔造完美教室、构筑理想课堂、研发卓越课程、培养卓越口才的理念给了我前进的方向、智慧和勇气。

于是，课前三分钟的精彩亮相，让我结识了六年级能歌善舞的"小艺术家们"，征求同意，带他们到平行班展演；寻找小助教，确定内容自由组合，一个主讲、一个播放课件、一个板书，优秀团队会被邀请到其他班展示⋯⋯还有两周一次的深受欢迎的绘本赏读课。他们喜欢这样的思品课，每周都在期待着。

我努力地给思品课注入语文味儿、历史味儿（当时不确定是否合适，现在我知道了这也是一种跨学科的教学实践），对思品课进行"草根式地整合"。

我们思维绘本赏读课很轻松，我们一起像看电影一样的边看边想边聊。把那些语文的元素适当地悄然地加一些，渗透一些：如绘本学习的五步方法（看、想、猜、说、读），以及可以借鉴到习作中的谋篇布局的方法，因为一本优秀的绘本，的确就像一部精彩的影片，故事性强，而且有起承转合，有跌宕起伏，更有能启迪人、温暖人心的主题，孩子们倒是挺喜欢我的这种"另类"的思品课。

这学期开学不久，接到了一个陌生的电话，我带的六年级某班的一个孩子的父亲突然去世了。孩子的妈妈说，儿子和父亲的关系非常好，孩子父亲走得太突然，他正是风华正茂、仕途顺利的时候，全家人真觉得天塌了般的感觉。可是这个男孩子，却出乎人意料的冷静镇定，没怎么放声大哭，没有很明显地痛苦不堪，甚至不想请一天假，也不愿让班上的老师和同学知道。这反而更让家人担心。孩子妈妈说，儿子很喜欢我，经常在家里说起我，希望我能在合适的时候开导孩子，帮助孩子。

我的心很疼，真希望听到的这些是假的，只是一场梦，一场噩梦。因为那是一个那么阳光帅气可爱的男孩子！他上进、认真、努力，尤其是他的脸上总洋溢着略带腼腆的笑容，让人觉得是那么的温暖而可爱。他喜欢唱歌，尤其喜欢唱粤语歌曲，第一次听到他和同学演唱 beyond 的《海阔天空》时，我由衷地赞叹和欣赏，我欣赏他，喜欢他。

我想起就在这天早上站在校门口值周时，我看到了他，他没有像往常那样冲我微笑打招呼，还纳闷他是不是不舒服，却不知他经历了这些，就在这短短的几天里，我不知道这颗小小的心里承受了多少痛，承担了多少苦。我的孩子，我很心疼他，却不知该如何真正能帮到他。

一周的时间，我不敢走近他，只是和平常一样地上课，一样远远看着他，看着他远离人群，看着他掩藏着他的难过。看着看着，脑海中突然闪现过绘本《长大做个好爷爷》这个故事。

这个绘本故事是关于生命和死亡教育的，它给孩子们平静地讲述亲人的死亡，讲述生命的终极关怀。无论对于孩子还是成年人，亲人之死，都是万分遗憾而无奈的，它带来深深的悲恸，甚至是恐惧。对于正常生活在和平年代的孩子们来说，这种体验可能带来难以平复的内心震荡，但它又是无法回避的，而这个主题是我们这个民族不愿意也不太敢触碰的。可是这是自然界的规律，是自然法则，是谁也无法避免的，如今遇到了，是继续藏着掖着，还是直面、接受？

这个温暖、朴素的故事，发生在祖孙之间的，故事情节是我们大多数人都非常熟悉却又被牢牢吸引而又深深感动着的。故事的线索很简单，文字很朴实，因为是绘本，故事气氛的营造和叙事的节奏主要依赖画面。画面以柔和的暖色为主，黄色的大地，棕黄色的熊和树干，绿色的树叶和草，红色、黄色为主的花，树屋和天空是淡淡的蓝色，而一切在黄昏中映照成美丽的金黄色。画家甚至不愿让病房呈现冷冷的色调，地板、病床、枕头和被子都被涂上与树屋类似的天蓝色，墙壁的黄色与爷爷家中的黄色很相近，被子上还放上一把鲜艳的玫瑰花！

故事中的熊爷爷爱小熊，小熊更爱这个为他做好吃的，陪他玩儿，和他爬上树屋看风景、讲故事的好爷爷。后来爷爷越来越老，生病住院，最后安详地离开了小熊和妈妈。爷爷虽然走了，但他说过的那句"生命是一份珍贵的礼物，千万不要浪费哟！"却永远铭刻在小熊心中。和学生一起看画面，读故事，感受小熊和爷爷之间的脉脉亲情，故事讲到后面，我哽咽地再也讲不下去了。故事中传递的情感，勾起我们每个人共同的对亲人的那份挚爱，对于死亡的恐惧，对于亲人离去的担忧。孩子们和我一样含着泪花，默默地把故事看完了。收拾好情绪，接过孩子们递过来的纸巾，拭去泪水，我慢慢地对全班孩子说："怎样怀念离开我们的挚爱的亲人？这个故事给了我们一个很好的答案，那就是一定要好好地珍惜自己的生命，珍惜这份父母、上苍给予我们的最为珍贵的礼物；怎样纪念那些离开我们的挚爱的亲人？就是做一个和他一样好的好人……"用余光看看我的那个男孩，他低着的头抬起来了，用闪着泪光的眼睛看了我一下，又低下去了。

我没有再单独找他，过了几天，他却和以前一样，在课前再次来我的办公室，问我需要准备什么，需要拿什么东西上课。在思品课堂上，他又开始举手发言了。

　　静下心来回想，关于怎样面对死亡？怎样面对生命？在这方面无论是家庭教育还是学校教育都做得还是不够的。尤其近年来青少年（包括小学生）自杀现象时有发生，令人痛心扼腕。物质生活水平的提高，家庭教育的急功近利，挫折教育、生命教育的缺失，使得未成年人对于生命历程中的种种曲折、不幸等，往往缺乏必要的应对准备。青少年生命意识的淡薄、生命力的脆弱已成为一种社会问题。生命是人生存和发展的基础，关注生命，培养生命意识，研究生命教育，对于揭示教育本质具有重要意义。但是目前，生命教育还没有作为一门单独的课程纳入学校的必修科目，学校加强生命教育的主要途径基本采用的是学科渗透，或通过各种课外活动来渗透，作为德育主渠道的思想品德课理所当然成了生命教育的重要载体。在某种意义上思品课对生命的关注要远远超过其他学科，这是由思想品德课特定的功能定位决定的。但是在思品教材里，这样的内容却涉及的也不多。

　　依托绘本，挖掘身边的教育资源，借助现代化的教学手段，用我们的爱心、真心、诚心、慧心，帮助孩子们直面生命中的阳光与黑暗。"生命是一份珍贵的礼物，千万不要浪费哟！"愿这句话能伴随孩子们，在他们成长的过程中给予他们力量，让他们更加热爱生活、热爱生命，慢慢学会爱自己，爱他人，慢慢学会珍惜自己的生命，珍惜他人的生命！

"小确幸"

今年因为一本有趣的绘本，因为一群可爱的孩子，让我在这个冬天感受到了小小的喜悦和幸福。

此时的窗外，已是灯火阑珊，又在堵车。先不回家了，让我把今天的课堂记录一下，回味那份小小的喜悦……

因为老师请假，我给一年级的孩子当了半个月的语文老师。半个月终于过去了，回到了原来的轨道，这一天走进了六一班教室，一阵热烈的掌声扑面而来，我也不由得笑容浮上脸庞。

我笑问，为什么鼓掌？孩子们说是想念我了，想念我的思品课了。走进其他两个班，亦然。这或许就是当老师的最大的喜悦和幸福了，被她的学生喜爱着……

爱是要相互给予的，其实我也准备了一份快乐给他们，恰逢"绘生活"QQ群里看到了有位老师分享的《万圣节的大南瓜》这个绘本故事，下载下来，浏览一番，挺好玩儿的，梳理思路，就是它了。

先和学生聊聊对万圣节的了解，背景资料了解的够了，走进故事，看封面，猜猜这会是一个什么样的故事。

顺便回忆一下，我们学习绘本的方法，看、想、猜、读、说、评，我们的方法在阅读绘本的过程中越来越丰富。阴森恐怖的背景，灰暗的色调，可怕的角色，但当我们共同读完之后，收获到的却是一份轻松、愉快和温暖。

回顾故事的主题，六年级四个班（还包括一年级三班的小朋友）的孩子们说得不尽相同，却是殊途同归（互相帮助、互相尊重、不要瞧不起比自己弱小的人、分享、不要用固定的眼光看人、不要只看外表等等）。

多好啊！教书育人，教学生做人，当孩子们厌烦单调的说教时，绘本用这些温暖而简单的故事在带给我们快乐时，潜移默化地渗透德育。

故事最后，那个巫婆又种下了一颗南瓜种子，她希望来年能继续和朋友们分享南瓜派，我也希望一节节的绘本思品课能和孩子们分享一份快乐与美好！

浅谈依托绘本提升小学生语文素养

有人赞美绘本是新时代出现的、由传统的高品位的文学和艺术交织出的一种新样式。绘本利用图讲故事的方式，把原本高雅、仅供少数人欣赏的绘画艺术带到了大众面前，尤其是孩子们的面前。实现绘本教学的"悦"读，培养学生的语文素养，我在绘本教学实践中逐步归纳出绘本"悦"读的方法和步骤：看一看、猜一猜、听一听、想一想、说一说、写一写。

一、看一看：

看到了什么？画面上什么最吸引你？画面的色彩你喜欢吗？还注意到了哪些细节？通过指导学生观察绘本，有效地培养了学生观察的能力。绘本上的图都是插画家们精心手绘，讲究绘画的技法和风格，讲究图的精美和细节，是一种独创性的艺术。可以说，好的绘本中每一页图画都堪称艺术精品。绘本中要读的不仅是文字，而是要从图画中读出故事，进而欣赏绘画。在绘本《我爸爸》的教学过程中，一个对色彩敏感的孩子发现，整本书都是以爸爸睡衣的颜色作为底色和基调的。爸爸睡衣的黄色是那么温暖，对这种色彩的记忆将永远停留在作者内心最柔软的地方，而表现这种色彩的语言也是温暖而明亮的。在后来的绘本故事赏读中，孩子们总会有意无意地根据绘本色彩，去感受体会故事的主旨思想和情感色彩。

二、猜一猜：

猜猜故事会怎么发展？故事的结局会是什么？让学生根据画面展开合理而丰富的想象，通过猜测情节的发展和故事的结局，将注意力紧紧集中到课堂上，有效训练了语文素养中重要的一环——"思"。和学生共同学习绘本的这段时间，我深深地感受到好的绘本可以好比是供儿童看的一部电影，既展示出宽广的视野，又有细节的特写，既有极其有趣的故事情节，又暗藏着起、承、转、合的节奏设计。这些特点都可以作为训练学生猜一猜的有效的训练点。

三、听一听：

听听这个故事讲了什么？主要的情节是什么？主人公是谁？因绘本的图文并茂，故事内容的鲜活，情节的跌宕，孩子们往往会被绘本牢牢地吸引，停下来，安静下来，去看、去听、去想。而且绘本以图为主，文字极为精练，又富有童趣，符合孩子们的语言习惯。绘本中的文字，沉静的隐蔽在绚烂而飞扬的图画之中。如果没有人透过声音，将之"演奏"出来，是很难让人体会到它那不下于图像的神采的。在老师、家长，或是同伴的朗读中，学生在听故事中的过程中解读画面，品味绘画艺术，在欣赏图画中认识文字、理解故事内容，在这一过程中，学生逐步地学会聆听，从能认真听别人讲话，努力了解讲话的主要内容，到在交流中能认真倾听，领会要点，直至听他人说话认真耐心，能抓住要点的听的能力的训练和听的素养的提升。如果教师再选择适合的音乐加以陪衬，这个聆听绘本的过程实在是轻松美好，比起那些一闪而过、只带来一时快感的电视电脑等快餐文化，欣赏绘本无疑是一种让眼耳享受、让心灵愉悦、让精神提升的美妙体验。

三、想一想:

好的绘本就像一部微型小说,一部微电影。虽然短小,却又完整的情节以及出乎人意料的跌宕起伏,最可贵的是基本上每个故事都会蕴含一个温暖而美好的主题或人生真谛。有许多值得学生质疑、思考的训练点。孩子读故事时很容易把自己带入故事情境之中,可以让学生结合自己的亲身经历去体会故事中人物的心理活动,去理解故事内容,去思考故事主题。

四、说一说,写一写

如果说看、猜、听、想都是输入的过程,那么说和写就是输出的过程了。有了看一看、猜一猜、听一听、想一想的铺垫,学生的说和写也就水到渠成了。

1.汇报自己看到的、猜到的、听到的、想到的以及对其他同学发言的补充和评价,又训练说和听的能力。这是对上一个环节的反馈,也是口语表达的训练。

2.学习模仿练习使用绘本中的简洁精炼而又富有童趣的语言。绘本故事中的语言不华丽却准确清晰,尤其对低龄学生口语表达很有作用。如《逃家小兔》《世界上最好的爸爸》《跑跑镇》等绘本,语言很有特点,有好几段内容的形式是一样的,读到后一段,孩子们会和老师一起将大致内容复述出来。通过教师的点拨,学生就体会到了"反复"这也是一种修辞手法,使内容变得更滑稽有趣而且有了音乐般的节奏美。

3.为绘本中的留白之处补白,学习描写故事情境。绘本故事简洁明快,主题鲜明,内容精炼,常常会给读者留下许多想象的空间。《你很特别》中那个特立独行的微美克人露西亚,她身上为什么贴不上贴纸?她为什么就不在乎别人是怎么看她的?她怎么会知道寻求伊莱的帮助……她背后会有一个怎样的故事?这些内容足以让学生浮想联翩,也使口语表达和补白描写的兴趣高涨,难度下降了。

4.续写绘本的结尾,学习续编故事。很多绘本故事的末尾都是余音袅袅,意味深长,使读者不由自主地会浮想联翩。当有了绘本故事的原型启发,孩子们在续编、改编或创编的过程中，便更有了灵心妙语。

这些温暖而生动的绘本故事，有效地补充了语文课堂中的阅读教学。在带给我和学生快乐与美好感受的同时，还潜移默化地渗透和进行了语言文字的运用训练，并且有效地逐步地培养起了使孩子们终身受益的语文学科的核心素养。

那些不能忘却的回忆

——部编版革命传统文化类的课文怎么上

2022 年 4 月 10 日，和学生一起学习《十六年前的回忆》。记得我小时候就学过这篇课文，也已经在其他版本的语文教材中和学生共同学习过。

多年之后，再次遇到这篇课文，我不禁在想，应该给结束了线上教学的，学习状态不是很好的孩子们，带来怎样的《十六年前的回忆》呢？

最近课堂上主动发言的人变得少了，课堂上的气氛也不像以往那样活跃。步入毕业班，孩子们变得越来越不喜欢发言，线上学习，又将这种不好的学习状态放大……

但是，就只能接受这样的现状吗？还有将近两个月，他们就要小学毕业了！我是多么希望我的学生成为积极主动、阳光开朗、自信勤奋的孩子们啊！现实很骨感，今天早上的课堂效果并不好。

回到办公室，再次研读教材，反思课堂。教学中，有一个问题浮了出来：明明李大钊可以提前撤退到外地，或许可以保全生命；但是，他，为什么没有那做呢？

当我发现并和学生交流时，孩子们并没有其他的想法，我想或许就是和《诺曼底号遇难记》里的哈尔威船长一样，船在人在，要坚守在自己的岗位上吧！

其实，对于革命先烈——李大钊以及 1927 年的中国的时代背景，作为老师的我也有些糊涂。

中午饭后，再次备课，了解课文的背景。当看到在那个乱世中，寻找国家和民族未来的这些伟大的先驱，这些身体孱弱却铮铮铁骨的知识分子，这些铁肩担道义、妙手著文章的伟大的先驱者，不惜放弃家庭、放弃优渥的生活条件，放弃自己宝贵的生命，去追寻伟大的使命，追求一个人人平等、没有压迫、没有剥削的美好的中华人民共和国时……看着看着，泪水竟然不知不觉地流了出来。

作为北京大学的教授，每个月有三百大洋收入（折合当今，这是不菲的工资），有妻子和四个孩子的幸福家庭的李大钊，为什么还要视死如归，英勇就义呢？

因为他的心中没有自己的小家，没有自己个人，没有自己的生死，有的只有对这个命运多舛的陷入水深火热的国家和民族未来的美好的憧憬，有的只有为了心中的理想而献身的信念。

三十八岁的李大钊，面对敌人的严刑拷打，面对二十二天的折磨，面对四十多分钟的绞刑，面对敌人残忍地将他送上绞刑架又在两次濒临死亡的情况下将他救下，希望他能投降、屈服、变节，但是面对敌人的诱惑，李大钊只有坚定的四个字，"力求速判"。

在这样的一篇课文的背后，有多少鲜活的生命，有多少伟大的灵魂，是多么坚定的理想和信念在支撑着他们面对死亡、面对和亲人和未来的永远的诀别。

他们为黑暗中的人们点起了灯，自己却再也看不到黎明。

我们不能忘记他们，不能忘记那段历史。学习语文，不是只学习语言文字，如果没有情感，没有感动，没有痛苦，没有热情，怎么能写出打动人心的好文章。

于是，下午，我将搜集到的视频资料利用午读时间播放给学生。孩子们静静地看着，看完之后，教室内一片安静。我将上午的问题再次抛出，李大钊当时为什么不离开北京？他原本是有活下去的机会的。

有一阵安静，有个孩子举手了。他说，李大钊是当时北方的主要负责人，如果在遇到困难时，领导人都跑了，剩下的共产党人又该怎样看待我们的党和我党的事业呢？他留在这里，就是已经做好了牺牲的准备，以他的牺牲来唤醒更多的人奋起抗争……

另一个女孩举手说，老师就像您上午所说的，李大钊就像哈尔威船长一样，他要坚守自己的岗位，战斗到底，不能轻易离开自己的岗位。她说，自己也同意前面同学的发言，李大钊已经做好牺牲的准备，视死如归，否则在遭受酷刑的时候，李大钊就不会那么坚定、那么淡然地面对死亡了！

还有个孩子说，他想到了曾经看过的电视剧《觉醒年代》。陈独秀和李大钊都是当时我党的重要领导人。陈独秀当时在上海，虽然陈独秀没有像李大钊这样被敌人残忍地杀害，但是他的两个儿子陈延年和陈乔年都先后赴死就义，把年轻的生命献给了伟大的事业……

语文，是什么？2022版语文新课标中这样定义——语文课程是一门学习国家通用语言文字运用的综合性、实践性课程。工具性和人文性的统一是语文课程的基本特点。

语文课程应引导学生热爱国家通用语言文字，在真实的语言运用情境中，通过积极的语言实践，积累语言经验，体会语言文字的特点和运用规律，培养语言文字运用能力；同时，发展思维能力，提升思维品质，形成自觉的审美意识，培养高雅的审美情趣，积淀丰厚的文化底蕴，继承和弘扬中华优秀传统文化、革命文化、社会主义先进文化。

除了语文学科的工具性，在语文课堂上还要充分发挥语文"文以载道"的本质属性。通过一篇篇的文质兼美的文章，通过编者精心选编的弘扬革命文化的选文，将继承和弘扬革命文化的目标真正地落实下去，达到立德树人的根本育人目标。

不禁又想起，2021 年 12 月的某天和孩子们一起学习部编版六年级上册第四单元第 15 课《金色的鱼钩》一课的场景。

这是一篇略读课文，主要讲述了长征路上，老班长为照顾三个生病的小战士，用缝衣针做成鱼钩钓鱼给战士们做鱼汤，自己却只吃草根和鱼骨头，最终因过度虚弱而牺牲的故事。课文表现了老班长尽职尽责、忠于革命、舍己为人的崇高品质。

这篇课文是一篇略读课文，作为略读课文，应该尽量让学生自主学习，应当借助略读提示放手将本单元前几篇课文学到的方法在这篇课文的学习之中运用。

上午第一节听课、开会没来得及上课批作业。下午第一节是语文课，早上交的语文配套练习还没有批完，新的一课马上就要用。结合这篇略读课文的特点以及六年级孩子所具有的学情，我组织安排孩子们自学《金色的鱼钩》。

先梳理本节课学习的步骤：

1.明确这是一篇略读课文，六年级的学生应该学会自主学习。

2.指名读，略读提示，思考这一段告诉了我们哪些信息？【（1）介绍文章写作背景是在长征途中；（2）指明本课的学习任务和学习方法：一是默读，体会老班长的人物形象。二是体会人物对话和心理描写对刻画老班长人物形象的作用。】

3.安排班干部仿照老师平时的教学步骤组织同学们学习。我在旁边赶紧批作业。

班长小马完成第一个环节，她是个聪明灵秀的女孩子。语文学习的感觉极好，聪慧反应快，思维敏捷，语言表达能力强。

在让同学们自己默读批注之后，当我觉得可以进入到小组学习的时候，班长小马同学已经站起来提醒同学们小组学习。于是教室里顿时热闹了起来，孩子们比平时的讨论要热烈。是啊，下午的课，又是周末，又是老师放手让自己学，如何不热闹呢？

当我一边听他们热闹的讨论，一边思量可以停下来全班交流时，我的小马适时出声，让同学们停下来。可是孩子们讨论的声音依然没有停。当然这时候必须老崔出马，才能让热火的场面彻底停止。

于是小马开始组织同学们全班交流，我提醒他们，小组推选的同学有人负责汇报，还可以安排一位同学上讲台板书。

接下来，小组其他三名同学开始分享：老班长是个尽职尽责的人、是个舍己为人的人，是个心灵手巧的人，是个意志力顽强的人……多好啊！心有多大舞台就有多大！只要方法到位，学生就会给我们无尽的欣喜。

第二个环节，打算请副班长小宋组织。这是语文，不能仅仅停留在人文性的感受和理解的层面。要指导孩子们阅读思考学习这篇课文是如何通过语言、对话，心理活动的描写，塑造老班长这个光辉、伟岸、感人肺腑的人物形象。

但是这个环节，没有进行完，是我安排得不够合理。在前面时间有些浪费，并且在对课文背景的解读上用的时间有些多了！

但是，这却是我认为必须对这节课进行的有必要的补充。

多年的语文教学，我对这篇课文还是比较熟悉。但是，直到二十多年后的今天，我对于语文的人文性和工具性的运用，似乎才有了更加深切地认识。尤其是我在简书上连续写作一百多天，写了十几万字之后，对于语文教材的解读，对于文本的价值，有了从未有过的熟悉亲切和使命感。

这样的一篇革命题材的课文，对于当前的孩子们学习的价值是什么？我不再愿意让孩子们贴标签似的、模式化、程式化的按照套路学习课文，如同嚼蜡，犹如鸡肋，不，这不是我想要的语文课。

在孩子们汇报交流的时候，作业批完了。于是走到教室中间和全班进行交流：对于我们这个时代，我们学习长征途中的这个故事，有什么样的新的意义？我们大概不会遇上老班长和三个小红军那样痛苦难熬的经历，不会将草根和鱼刺吃下去，那么除了老班长的舍己为人、尽职尽责、忠于革命之后，我们还能从这个故事、这个人物的身上学到些什么呢？

回到课文写作的时代背景，长征二万五千里，出发时的三十万人，根据地仅剩两万五千人。这惨烈的背后，也是人类历史上的奇迹。在两年中，红军长征辗转十四个省，历经曲折，战胜了重重艰难险阻，保存和锻炼了革命的基本力量，将中国革命的大本营转移到了西北，为开展抗日战争和发展中国革命事业创造了条件。用革命者的坚定不动摇的理想信念，以积极乐观的革命者精神和革命乐观主义，进行了中国革命史上一次伟大的战略转移，造就了世界战争史上的伟大奇迹！

是什么让老班长为代表的红军战士如此坚定执着，不怕牺牲，坚定地走下去呢？

是信念，是要推翻黑暗的旧社会，建设一个新的国家、新的社会的坚定无比的信念支撑着他们走下去，支撑他们度过无数个困难，创造无数个奇迹。

我们今天，虽然没有这些物质上的困难，但是也会遇到无数学习生活上的困难，我们能否也像老班长和红军战士那样，以坚定的信念，战胜我们的困难，取得我们人生路上的胜利呢？我想，这也许也可以成为我们学习这篇课文的价值和意义！

革命传统文化的教材比例在中小学语文教材中所占的分量是越来越大。在学习这一类课文时，如何有效地将语言文字的学习和课文背后的理想信念相结合，让生活在和平年代的孩子们铭记历史，感恩革命先辈的牺牲，珍惜拥有的生活，同时警钟长鸣，不忘国耻。这是值得语文老师去思考、研究和实践的。

结合了解时代背景，结合孩子们生活的当下，结合当地的红色教育资源，和本单元的语文要素相结合，精心设计，任务驱动。相信孩子们的内心能够有所触动，能够激发他们的情感，能够让他们记住这些光辉的形象，能够唤醒内心的美好，种下他们的理想和信念的种子！

行到水穷处，坐看云起时

——《穷人》教后记

他脾气怪诞，性格好斗；但在一代俄罗斯人的眼里，他比沙皇更让人尊敬与仰慕。

他出身贵族，拥有大片祖传的土地，青年时花天酒地，因赌博输掉不少田产；老年时，却奉行极简的生活方式，脱下贵族的外衣，穿上农夫的服装，亲自下地耕种。

他两度投身教育事业，为俄国儿童编写故事，编辑读本；但他并不是一个好父亲，八个孩子的教养全落在妻子一人肩上。

他勇敢无畏、直言不讳地抨击社会的黑暗，指责沙皇极不称职；他也善良温暖，在国家濒于饥荒时，积极赈灾，称贫穷的农人为自己的兄弟。

他遭到不少人的诋毁和诽谤，他也受到无数人的敬仰与追随。

奥地利作家茨威格说他代表所有俄国人民，他与整个俄国同呼吸、共命运。

至今有许多人宣称不读他的小说，无以真正了解俄罗斯。他就是举世闻名的大文豪托尔斯泰。

最近在和学生一起阅读《跟着名家学语文》——列夫·托尔斯泰单元。

对于托尔斯泰的了解，是从《安娜·卡列琳娜》《复活》《战争与和平》这几部长篇巨著开始的，是从中央人民广播电台的小说联播、电影电视开始的，是从小学语文课本中的《跳水》《七颗钻石》《穷人》这些课文开始的，只是知道他是俄罗斯文坛的泰斗、文豪，现实主义的伟大作家。

但是当我开始将托翁的短篇小说以及长篇小说《复活》的片段，一篇篇地朗读出来、品读下去的时候，我似乎也在慢慢地走进托尔斯泰的世界。

了解他生活的时代、生活的环境，他的内心世界、他的人生观的变化……他的形象慢慢立体了。

也不由得联想到本册教材中"快乐读书吧"推荐阅读的苏联伟大文学家高尔基的《童年》。跟随孩子们的课堂，那些曾经鲜活的人物形象也再次浮现在我眼前……

俄罗斯文学曾经深深地影响着中国文学，正如鲁迅先生所言："没有哪个国家的文学，像俄罗斯文学一样对中国文学产生了如此深远的影响。"

再读俄国文学，在文学的世界里看到不一样的风景。

今天再次和学生一起学习托尔斯泰的作品，又有很多和以前不一样的感受。

我们学习的是六年级语文上册第四单元"小说"中的《穷人》。这篇课文从小时候学到了现在，而这一次的教学，却是最接近语文学科本质，指向工具性、指向语言运用的教学。

和以往更注重课文人文性的教学相比，首先因为教材编写者把这篇课文放到了小说单元，因此教师必定会从小说的角度去学习和评价这篇课文。从小说三要素——人物、环境、情节——三个角度去阅读和分析课文，这其实也是教给了学生阅读的方法。

人物：桑娜、渔夫、西蒙以及两家的七个孩子。

环境：风雨交加，黑暗寒冷的夜晚，屋内温暖、整洁。

情节：穷人桑娜和她的丈夫渔夫在自己生活困难的情况下，依然帮助照顾邻居西蒙死后留下的两个孩子的事情。

在课堂上，我以题目《穷人》为线索展开教学活动。首先，探究第一个问题，课文以"穷人"为题，课文中谁是穷人？找到人物之后，下一步人物，他们"穷"，体现在哪里？学生先自己默读勾画批注，然后在四人小组中交流，最后在全班汇报。

六年级的孩子，他们开始有些不好意思积极主动地发言了。但是当我让他们以四人小组的形式一起汇报时，孩子们就没有那么多顾虑了。

也不知是不是讨论的时间比较充足，还是因为作为老师的我也深入到了一个小组和孩子们一起参与讨论。当我和这一组的讨论交流结束，站在讲台上，拍手让孩子们停下来，全班交流时，没想到竟然会有那么多学生举手。

请了两组学生，八个孩子上台和全班分享。让他们拿着笔上台，其他学生也要拿着笔，说到哪儿就读到哪儿，就批注到哪儿。相同的内容不再重复。八个孩子一个接一个，汇报的有章有法，同时我也请同组中不发言的学生帮助他们写板书。

一节课，通过"穷"让孩子们通读了课文，了解了课文大意。

下午的延时服务中，我们解决学习了生字词，同时也完成了语配上的习题。在完成习题的时候，对于课文的内容理解又有了进一步的深入。

这学期明显地感受到了孩子们的进步，学习越来越主动，越来越积极，有的孩子前一天就把新课的内容完成了。总是跟在我的后面问这一天的作业是什么？想要抓紧时间完成。且不管孩子们写完作业想干什么，单是这种积极主动的劲儿就很好！

加油，我的孩子们！我们一起努力，希望在我们一起相处的最后这几个月，多一些快乐、美好的时光，多一些温暖、有力量，有成长、有进步的体验！老师会一直和你们在一起！

一个人，一幅图，一种精神

——《挑山工》第一课时教学设计

教材分析：

本课是当代著名作家冯骥才的作品。课文记叙"我"登泰山时发现挑山工登山的路程，虽然比游人多一倍，但速度却不比游人慢，经过交谈得知他们速度不慢的原因在于专心登山，脚步踏实，说明做任何事情都要脚踏实地、坚持不懈才能取得成功。课文按照事情发生发展的顺序来写。首先写"我"登山时看见挑山工走的路程大约比游人多一倍，但速度却不比游人慢，心中感到很奇怪；其次写"我"与一位挑山工交谈，明白了他登山速度快的原因；最后写下山后画了一幅登山画，用挑山工登山不止的精神勉励自己不断向前。

本文用"挑山工"作标题，表明本文以写人为主。"挑山工"，是"挑夫"或"挑脚夫"的一种，本文指往山上、山下为别人挑货物、行李的人。"挑山"不是"挑起山"，而是"在山上挑"。

教学目标：

1.从"挑山工登山的路程比游人多一倍，而先登上极顶"的行动中，学习挑山工向着目标，步步踩实，一个劲儿地向上攀登的精神。

2.正确、流利、有感情地朗读课文。

3.学习本课生字、新词，积累词语。

教学重难点：理解挑山工的话所蕴含的深刻哲理，并从中受到启发。

课前准备：

1.师准备课件。2.学生按照前置性学习单预习课文。

教学设计：第一课时

一、板书课题，直接导入

1.今天，我们一起学习课文《挑山工》，跟老师板书课题。

2.谁来说说，挑山工是干什么的?

二、认识"一个人"

检查预习，认读词语，纠正字音

1.分组出示词语，由简到难，从两字词语到四字词语和 ABB 式词语。纠正字音，相机指导理解。

（1） tài shān   píng héng   sòng dú   shān yá   pǔ sù
　　泰 山　　平 衡　　诵 读　　山 崖　　朴 素
zhé lǐ   xiè huò   hān hòu
哲 理　　卸 货　　憨 厚

（2）饱览山色　腾云驾雾　不声不响　大吃一惊　不解之谜　意味深长心悦诚服　姿态奇特

（3）光溜溜　沉甸甸　黑生生　黑黝黝（ABB 式词语变调，读一声）

2.指导学生读准 ABB 式词语的读音，并积累词语。

3.根据课文插图，运用 ABB 式词语练习说话，描述挑山工的外貌。

三、走进"一幅画"

质疑插图，发现问题，加深对课文人物形象的认识

1.对照词语和插图，发现了什么？有没有问题？

2.出示冯骥才的原画，进行对比，说说哪幅画更符合人物形象？

3.快速默读课文，看看哪一段是直接描写这幅画的？

4.指名汇报，积累描写挑山工形象的句子，并熟悉了课文内容。

5.出示课文最后一段：

（1）【从泰山回来，我画了一幅画——在陡直的似乎没有尽头的山道上，一个穿红背心的挑山工给肩头的重物压弯了腰，他一步一步地向上登攀。这幅画一直挂在我的书桌前，多年来不曾换掉，因为我需要它。】指名朗读，全班齐读。

（2）质疑：读了这一段有没有问题？这一段中的"它"指的是什么？作者为什么说他需要"它"？需要"它"的什么？

四、感悟"一种精神"

1.思考："它"指的是什么？

2.回顾单元主题"快与慢"，这篇课文里谁快谁慢？

3.挑山工走的路线是怎样的？请一位同学到黑板前画一画。

4.挑山工明明走的路长，挑的货重，为什么还走到了游人的前面？找一找，挑山工自己是怎么说的？

5.小组活动：

（1）读挑山工的话。用不同的线条，划出游人怎样走，挑山工又怎样走。

（2）小组交流前置作业单，挑山工和游人的走法有什么不同？

（3）派代表向全班汇报。

6.出示挑山工的话，指导朗读

"我们哪里有近道，还不和你们是一条道？你们走得快，可是你们在路上东看西看，玩玩闹闹，总停下来呗！我们跟你们不一样。不像你们那么随便，高兴怎么就怎么。一步踩不实不行，停停住住更不行。那样，两天也到不了山顶。就得一个劲儿往前走。别看我们慢，走长了就跑到你们前边去了。

你看，是不是这个理儿?"

7.读了挑山工的话，你想到了什么? 学生汇报，指名上台写补充板书，其他同学在书上做笔记。

8.出示"没有比人更高的山，没有比脚更长的路"，指导学生理解，分享感受。再次出示最后一段"从泰山回来，我画了一幅画——在陡直的似乎没有尽头的山道上，一个穿红背心的挑山工被肩头的重物压弯了腰，他一步一步地向上登攀。这幅画一直挂在我的书桌前，多年来不曾换掉，因为我需要它"。作者到底需要这幅画的什么?

五、这个人，这幅画，这种精神

1.出示作者：介绍冯骥才就是以这种挑山工的精神多年来坚持写作和绘画。

2.拓展阅读：《丹青赠泰安》"挑山工"这幅画的故事。冯骥才把这幅珍藏多年的画赠给了泰安市，难道他不再需要"它"了吗?

3.这幅画已经深入他的灵魂，已经成为他生命的一部分，他怎么会不需要呢? 在十多年前，冯骥才做出了一个惊人的选择，他放弃作家的身份，走到田间地头去了解和保护我国的民间风俗传统文化。他走上了一条和以前的生活完全不同的一条路，一条比以前艰难辛苦的一条路，一条他认为更有价值和意义的一条路……带领学生朗读冯骥才的诗《路》。

4.挑山工的精神直到现在还一直影响和鼓励着冯骥才坚持为抢救民间文化而不断地努力前行。那么孩子们，你们需要这种精神吗? 你们在什么时候会更加需要这种精神呢? 指名谈自己的理解和感受。

六、布置作业：学习内化"挑山工精神"

1.抄背挑山工说的话。

2.小练笔：《我也需要"它"——挑山工的精神》

板书设计：

挑山工　　　需要　　　　"它"（画，精神）

坚持不懈、脚踏实地、勇往直前、不怕困难

附：《挑山工》前置性作业学习单

1.预习课文，认识画圈解决课文中的生字词。

2.熟读课文，比较挑山工和游人的不同之处，填写表格。

比较项目	挑山工	游人
路线	折尺形	直上直下
……	……	……

3.走近作者：了解作者冯骥才。

我知道了，冯骥才是：_____

_____

_____

4.我的问题：读了课文之后，我最想问的问题是?

_____

_____

5.我的收获（可以先不填）

_____

_____

拓展阅读：　　　　　　　　丹青献泰安

冯骥才学习绘画时，曾到泰山去写生，给他留下的最深印象就是挑山工。自泰山返回家后，他就创作了一幅画——在陡直而似乎没有尽头的山道上，一个穿红背心的挑山工被肩头的重物压弯了腰，却一步步、不声不响、坚韧地向上攀登。

多年来，冯骥才一直把这幅画挂在书桌前，不肯换掉。这幅佳作曾多次在画展上亮相，很多收藏家都想得到它，更有人出高价要买它，但冯骥才始终不肯出手。

这不仅因为此画和他的散文名篇紧紧相连，更因为这幅画是他的精神支柱。冯骥才正是以"挑山工"的精神，在文学这座"泰山"上，不畏艰辛地攀登，经过九曲"十八盘"，才登上了中国文学的"南天门"。

在泰安市举行的荣誉市民颁证仪式上，冯骥才说："《挑山工》这篇散文写出了我对泰山的感受，谈不上为泰山增添光彩。可泰山却给了我一笔宝贵的精神财富。在我的创作生涯中，有一种精神、一种力量，就是与'挑山工'连在一起的。它已经注入我的骨髓，我要永远地将它保留。"

为了表达对泰山的深情，冯骥才把这幅珍藏多年的国画——《泰山挑山工图》献给了泰安。他说，这幅画应该属于"我的城市"。

附：冯骥才——诗《路》

　　人们自己走自己的路，谁也不管谁，

　　我选定这样一条路——

　　一条时而欢欣、时而痛苦的路，

　　一条充满荆棘、布满沟堑的路。

　　一条宽起来无边、窄起来惊心的路，

　　一条爬上去艰难、滑下去危险的路。

　　一条没有尽头、没有归宿的路，

　　一条没有路标、无处询问的路，

　　一条时时中断的路，

　　一条看不见的路……

　　但我决意走这条路，

　　因为它是一条真实的路。

（此文节选自网络，查找无作者出处，是教材中的背景资料。）

观名师课堂学智慧，寻自我不足再改进

—— 听《一个人，一幅画，一种精神》有感

金山小学　单晓丽

今天我有幸参加了甘肃省教育科学研究院"名师进课堂"送教活动，更为荣幸的是和"金城名师"崔承惠老师进行了同课异构。

在教学活动结束后，崔老师就今天执教的《挑山工》一课，进行了教学设计的解读，同时也对如何提升学生的语文核心素养做了专题讲座。崔老师对语文教学的执着和热爱、对专业学科知识的内化、对教师职业的幸福感，都让我深深地感动。结合崔老师的讲座和自己的课堂我感想如下：

一、培养学生要有"专家思维"

我们的课堂永远不缺乏释疑，缺少的是"质疑"。崔老师在教学《挑山工》时，出示课文插图，引导学生先说说课文里是怎样描写挑山工的，再引导学生看课文插图，在对比中对教材插图质疑。鼓励孩子勇于向权威挑战，培养孩子独一无二的思维。再回顾自己的课堂，我还是做的远远不够。

课堂中基本是以我的问题导读为主，没有放手让学生来质疑，看似完成了预定的目标，实则束缚了学生的思维。感觉自己缺乏对学生的信任，也是自己专业知识的匮乏，生怕在孩子们别出心裁的疑问中败下阵来。我还是需要在名师的引领下不断学习。

二、着力提升学生的语文核心素养

在听完崔老师的讲座，我对语文核心素养又有了更全面的认识：语文的核心素养是语言的构建和运用，是思维的发展和构建，是审美的鉴赏和创造，更是文化的传承和理解。这些在崔老师的课堂中表现地淋漓尽致：引导孩子们看图，根据几个叠词来用自己的话语来描述人物，注重学生的语言表达；出示课文最后一个自然段，引导孩子质疑，在质疑中切入教学的重点；在音乐与文字的交互中让学生学会感悟，将课堂与生活完美融合，带领学生把感悟化作生活的战斗力；将作者冯骥才的形象生动化，带给学生更多课本中没有的信息，在直接对白中感受作者更深层次的人生理想。此时，我的课堂显的是如此的空洞。我只是紧扣教材里的内容，没有深入的挖掘文本及作者，我带给学生的还只是生硬的知识点。没有站在学生的角度去关注他们想要的是什么，让这篇优秀散文黯然失色。我想：我还要好好学习，还要好好实践，还要好好反思。

三、提高自身素养永远在路上

要想做一个真正的语文老师，以现有的语文素养来看，我差得太远了。正如崔老师引用的这段话"凡为医之道，必先正己，然后正物。正己者，谓能明理以尽术也；正物者，未能用药以对病也。如此，然后事必济而攻必着矣。若不能正己，则岂能正物，不能正物，岂能愈疾"。从医之道何尝不是为师之道，既然我们选择了教师这个行业，又选择了做一名语文老师，那就该潜下心来，俯下身来，以"挑山工"的精神激励自己在专业学科知识方面不断的积累。

"以他山之石可以攻玉"，有了名师的引领和师范，我想，我更要坚定地去追逐做一个幸福的语文老师的诗和远方。

听《挑山工》小感

民乐县金山小学　土晓娟

今天聆听了三位老师执教的四年级主题课文《挑山工》，同课异构，虽然文本已经很"旧"了，但老师们却展现出了别出心裁的教学设计。

三位老师都很注重字词教学、朗读感悟。挑山工图片引入，直观地展现了挑山工的形象，为教学奠定了基础，老师们的课很真实，很振奋，由文到情，由字到理，深深影响着我。陇原名师崔承惠老师的课堂给我留下了深深的印象。

正如上课伊始，崔老师和孩子们互动时所言，崔老师是一个温柔、随和、有魅力、有感染力的漂亮老师。课如其人，精致、生动、用心、用情。老师渊博的知识感染着我，柔美的声音熏陶着我，熟练驾驭课堂的能力引导着我，充满爱和鼓励的语言温暖着每一个人。单单从检查预习就看出来老师的爱心、耐心，没有催促，等待，等待每一个孩子正确的发音，俯下身子与孩子们对话，给予他们很多鼓励，温柔的话却充满力量，孩子们终于敢于表达、大声表达，这是多大的进步啊！老师的肯定和鼓励对一个孩子多么重要。

崔老师的课堂设计特别精巧，从"光溜溜、沉甸甸、黑生生、黑黝黝"四个 ABB 词语很自然的过渡到课文挑山工这一人物形象，进而对比欣赏两幅插图，可见老师的用心、细心。情感朗读，读出来这个"理儿"，学生明白了文章的道理。"没有比人更高的山，没有比脚更长的路"，欣赏冯骥才的《路》，了解了他这个人，这种匠心独运的构思怎不让我折服。

一个人，一幅画，一种精神，串起了一篇《挑山工》，一位老师的教学魅力是长久积淀的结果。"追求诗意的语文老师"是我的奋斗目标，站在荒凉的土地上我将努力生长繁华的思想。

第 三 辑

在 阅 读 中 遇 见 美 好

读书，是世界上门槛最低的高贵之举，但又极度奢侈；

读书，是世界上唯一的医愚良方，但这需要确切的自觉；

读书，是世界上唯一平等的事，但又极不公平；

读书，是世界上通向高贵的唯一途径，但需自愿；

读书，是世界上唯一值得终生奉献的事，但需坚定；

读书，是一场随时随地的修行，但你得坚持；

读书，是世界上绝大多数人的情结，但得要坚守；

读书，可以与古人对话，与无数伟大的思想和灵魂相遇；

读书，可以遇见更好的自己，但很多人缘分太浅；

读书，可以内化成能力、修养和品格，可以强大自己……

阅读，让你由浮躁归于平静，阅读，让你由聪明走向智慧。

让我们一起来读书，在阅读中遇见美好……

在阅读中遇见美好

——浅谈小学师生共读的推进策略

德国哲学家雅思贝尔思说，什么是教育，就是一棵树摇动另一棵树，一朵云推动另一朵云，一个灵魂唤醒另一个灵魂。在教育教学的过程中，除了传授知识和技能，完成教育教学目标之外，唤醒和推动孩子，更是教师的使命感和幸福感的源泉。因为这也是唤醒和推动教师自己的过程，在这个双向互动、教学相长的过程中，我们遇见了不断成长的学生和更好的自己。在和学生进行师生共读的这段时光里，我经历着这样的一番难忘美好的生命体验过程。

为什么和学生共读，源于自己作为一名语文教师对于如何推进儿童阅读，如何有效地提升学生阅读兴趣和阅读水平的长期的思考和实践。语文教学得法于课内，见效于课外，尤其是课外的大量的有价值的阅读。一直以来，和很多老师都深刻地认识到了孩子们课外阅读量和阅读兴趣是学好语文，提高学生的语文素养，提高学习效率的不二法门。我们能送给孩子最好的礼物就是让孩子爱上读书，和书交朋友，养成读书的习惯，这是一笔无形的财富，会使他们终身受益。可是长期以来，小学生的阅读现状却不尽如人意，甚至有些令人担忧。老师们经常推荐读书，家长买了不少书，学生貌似读了不少书。可是学生的语文成绩、语文能力，或用当下最为热门的词语——语文核心素养却并没有真正得以提高。近几年，整本书阅读，绘本阅读，经典诵读等，提倡阅读、推进阅读、指导阅读的门派和种类形式层出不穷，我自己也尝试了不少。效果也一样不尽如人意，喜爱读书的孩子依然喜欢，书读得多，知道得多，作文写得越发好；但是不喜欢读书的孩子却依旧手捧书籍，如坐针毡，度日如年，读不进去，更不要说能从中感受到读书的乐趣和好处了！家长们也反映了同样的问题和困惑。

长期的思考和实践之后，回归到了最为原始和简单的，用双手捧起为学生精心选择的书籍，给孩子们一页一页地朗读之后，我得到了期待已久的答案。

一、要选择好师生共读的儿童文学作品

首先是读什么的问题。我们应该读的是，中外经典的优秀儿童文学作品。如何寻找，有个方法，"看评价"。打个不太恰当的比方，就如同在淘宝上购物一样，那些被长期一致好评，没有差评的优秀的经典的儿童文学作品，基本上是值得朗读的。在此基础上，再加上教师亲身的朗读体验，这样遴选出来的师生共读的作品，就更加具备了朗读的要求和价值。不到一年的时间里，我和学生选择共读了《夏洛的网》《窗边的小豆豆》《时代广场的蟋蟀》《孩子先别急着吃你的棉花糖》等孩子们喜闻乐见的儿童文学作品。

二、朗读是感受阅读美好的重要形式

解决了读什么的问题，接下来就要面对怎么读？这是推进师生共读的关键，是重点，也是难点。

1.大声朗读——大道至简，就从最简单、最便于操作的读书方式开始——用我们自己的声音亲自大声读给学生听。朗读有许多作用，但朗读最大的价值和意义在于激发孩子以自行阅读为乐的动机。研究儿童听力的专家表示，孩子的阅读能力和听力在八年级时才会达到相同的程度，在这之前，通常听力比阅读能力强。因此，孩子们是能够听懂并理解那些复杂、有趣的故事，却无法自己看懂故事书。也就是说，孩子在听故事的理解能力和阅读能力之间有很大的差异。所以，在小学阶段我们仍应该继续读故事给孩子们听。朗读、讲故事、听故事时，除了老师和学生（或家长和孩子）之间的情感交流之外，其实也将出现程度、频率较高的书面的、规范的词汇灌输到了孩子的耳朵里、大脑里，并记忆下来，进而增强他们的阅读能力。

2.熟悉的声音更有魅力——不要过于在乎和怀疑自己的声音是否优美动听，其实自己老师的声音对于孩子们来说，是亲切而有独特魅力的，因为面对面的语言、眼神、情感的交流的效果是不言而喻的。尤其对于年龄越小的孩子越是如此。当个故事老师，给自己的学生读一读故事，让那些原来不怎么喜欢读书的孩子能在听故事的同时，爱上故事，然后自己去读故事，去读书，并能慢慢地爱上读书……也希望我们的爸爸妈妈们能给我们的孩子读一读书。家长们不要觉得自己的声音不够专业，其实爸爸妈妈的声音对于孩子们更亲切、更熟悉。希望我们的朗读，能让更多的孩子爱上阅读，希望这些爱读书的孩子，能成为一个更加善良美好、做事认真专注、更加热爱生活的人。

三、努力创造仪式感，使学生享受读书的过程

和孩子们共读这本书的过程，于我实在是美好的。每个美好的清晨，如同进行最为庄严的仪式，孩子们双手捧着书，坐得端端正正，我用手机、耳机做好录音的准备，边读边录（为了记录我们师生共读的历程；为了让他们回到家里想听的时候，随时可以听；也为那些陌生的也喜欢听故事的孩子能听到）。每天读完，我还会和孩子们及时交流读书的收获和感受，并且手把手地教孩子们在书上标注，用几个词语、几句话写上自己的感受，以此逐步培养他们的倾听、想象、理解、表达的语文能力。看到孩子们听我朗读时的专注和认真，听到他们在有趣的地方开心的笑声，虽然稚嫩却充满真诚的感悟，就觉得这件事情是快乐的，是值得的，是有意义的。

四、利用多种方式强化师生共读的效果

1.发挥现代信息技术手段的作用，扩大强化师生共读的效果。我把和孩子们的师生共读的录音，通过手机上的喜马拉雅 APP，发到朋友圈里，我们的做法慢慢地得到了越来越多的家长、朋友和老师们的认可和肯定。有同事、朋友、同学、家长，把我读的音频转发到朋友圈，或是带到自己的班级让学生去听，然后推荐孩子们去阅读。当知道自己微不足道的做法能够带动、唤醒、影响周围其他人，我和孩子们一样感到喜悦和满足。

2.校内外坚持共读，强化师生共读效果。在假期，我也和学生相约继续共读，班干部在班级 QQ 群里给全班安排了《窗边的小豆豆》的领读顺序。全班孩子和我一人一章大家录音之后，再上传到班级群里。假期虽然不能相见，但是声音让我们依然感受到彼此的温暖。孩子们为了给大家呈现最好的效果，在家里练习朗读过很多遍，而且为了录音，还和家长一起研究喜马拉雅 APP 的使用和上传。这个过程是阅读的过程，朗读的过程，也是亲子共读的过程！打心眼里感谢可爱的孩子们和尊敬的家长们。值得一提的是，这个寒假之后，一位同学在妈妈的支持下一直坚持在喜马拉雅 APP 上把我们学习的每篇课文和经典诵读的篇目全部录音上传。后来这位妈妈也加入了朗读的行列里，为孩子和家长的这份坚持和热爱点赞！

3.读写结合，强化师生共读效果。在此基础上，我们相约一起边读边写，写一写读书的感想和收获。我以"请跟我来"为寒假作业的主题，和孩子们约定每天要读一读，写一写，字数不限，看看谁能坚持到最后。写完之后，可以拍照发到班级群或是直接在电脑上写，写完和同学分享。因为这份约定，我也在假期里写出了自己最长的一份读后感。

师生共读，使我和孩子们与小说中的人物一起同呼吸共命运，这丰富了我们的生命体验。因为大声朗读，我从熟悉的文学作品中不断地读出新的感悟；因为朗读，我们将自己的情感得以抒发，面对一个更加真实的自己（请原谅我一个成年人在读书的过程中潸然落泪的幼稚和冲动，我不想在学生面前掩藏自己的情感，也不觉得在学生面前落泪是一件丢人的事情）；因为朗

读，我和孩子们眼前，展现了一个和我们的生活完全不同的一个更加美好、更加单纯的世界，也许这就是我们的诗和远方……

阅读，尤其大声朗读，是一件美好的事情。有人说，朗读是什么，朗读是我们背离太久的太阳，是我们遗忘太久的篝火。且让我们用心点燃心，用朗读带动朗读。捧起好书来，围拢在阳光下，聚集到篝火旁。在客厅、在书房、在教室、在办公室；为儿子、为女儿、为学生、为遇见一个更真实、更美好的白己——为珍藏于心中、沉默于书中的美好世界，发声朗读起来！

行动、唤醒、创造，在阅读中遇见美好

——读《夏洛的网》的日子

在师生共读的这段时光里，我经历着这样的一番难忘美好的生命体验过程。"唤醒、疗愈、创造，在这里遇见未知的自己。"听过张德芬有声读物的朋友一定熟悉这句话。这学期给学生读《夏洛的网》这本书，使我同样经历着这样的一番生命体验过程。

为什么给学生朗读，源于自己作为一名语文教师对于如何推进儿童阅读，如何有效地提升学生阅读兴趣和阅读水平的思考？语文教学得法于课内，见效于课外，尤其是课外大量的有价值的阅读。

一直以来，我和很多老师都意识到孩子们课外阅读量和阅读兴趣是学好语文，提高学生的语文素养，提高学习效率的不二法门。

让孩子爱上读书，和书交朋友，养成读书的习惯，会使他们一生受益。可是长期以来，小学生的阅读现状令人担忧。教师推荐了不少书，家长买了不少书，学生貌似读了不少书，可是学生的语文成绩、语文能力，或用当下最为热门的词语——语文核心素养却并没有真正得以提高。还有甚者，有的孩子其实并没有真正地养成阅读的习惯，真正爱上阅读。

近几年，整本书阅读，绘本阅读，经典诵读等，推进阅读的门派和种类形式层出不穷，我自己也尝试了不少。效果并不尽如人意，喜爱读书的还以依然喜欢，书读得多，知道得多，作文写得越好；不喜欢读书的孩子虽然手捧书籍，但如坐针毡，度日如年，读不进去，更不要说能从中感受到读书的乐趣和好处了！

到底该怎么读？读什么？直到我读了美国吉姆·崔利斯的《朗读手册》这本书。这本书，使我找到了自己认同且便于操作的帮助学生提高课外阅读效果的途径和方法。

选择读《夏洛的网》，这是一部关于友情的童话故事。在朱克曼家的谷仓里，小猪威尔伯和蜘蛛夏洛建立了最真挚的友谊。当威尔伯作为一头猪，面临死亡时的危险时，蜘蛛夏洛运用她的智慧和力量救了威尔伯。而这时，夏洛的生命却走到的尽头……这本书文笔清新，内容温暖，情感真诚。

作者E.B.怀特以童话的叙事风格和形式表现出对生命本身的赞美与眷恋，给了我们关于生命的深沉的思索。这本书我读了不止一遍，也看过有原著改编拍摄的电影，可是作为一个朗读者，当我给孩子们大声朗读时，却读出了更加深厚的感动，更加丰富的收获，读出了一种全新的感受。

历经一个多月，每天一章，《夏洛的网》终于读完了，此时没有读完后的如释重负，倒有一丝眷恋和不舍。

因为和孩子们共读这本书的过程，于我实在是美好的。每个美好的清晨，我们如同进行最为庄严的仪式，孩子们双手捧着书，坐得端端正正，我做好录音的准备，边读边录（为了记录我们师生共读的历程；为了让他们回到家里想听的时候，随时可以听；也为那些陌生的也喜欢听故事的孩子能听到）。

每天读完，我会和孩子们及时交流读书的收获和感受，以此培养他们的倾听、想象、理解、表达的语文能力。看到孩子们听我朗读时的专注和认真，听到他们开心的笑声，虽然稚嫩却充满真诚的感悟，就觉得这件事情是值得的，是有意义的。

记得最后一天读完之后，孩子们给了我最长时间的掌声。幸福的我像文中的鹅一样，连声对他们说："非常，非常，非常感谢你们，你们是老师坚持读下去最大的动力。每天的朗读，让老师拥有了和以往不同的、全新的感动和收获，谢谢你们，我亲爱的孩子们！"

在最后一章《温暖的风》中，夏洛已经永远地离开了威尔伯，但是在这一章里，没有生离死别的伤感，反而是淡淡的隽永的温暖、平和与希望。

这迎面吹来的温暖的风，是生命的赞歌，是威尔伯获得了生命延长的喜悦，是夏洛去世后生命得以延续的圆满。他们生活的谷仓，也满是勃勃的生机。

生命如此珍贵，生活这么美好。好好地、努力地、认真地活着，就是对真正关心自己、爱自己的亲人和朋友最好的回报。

夏洛忠贞的友情、不懈的坚持、过人的智慧、无条件的信任理解和关爱，改变了威尔伯的命运，也改变了威尔伯。威尔伯，这只一出生就差点被杀死的落脚猪，成为夏洛蜘蛛网上那些字眼所代表的名副其实的王牌猪，了不起的猪，光彩照人的猪，谦卑的猪……

这对于我们所有的人，包括老师和家长们难道没有启发吗？爱、坚持、智慧、信任、理解和鼓励，也一定会改变我们的孩子和我们自己。我相信这些，您相信吗？

阅读让童年更美好

——共读《窗边的小豆豆》

2017 年 1 月 11 日　第一章　第一次来车站

今天还没有正式放寒假，我和孩子们却已经迫不及待地继《夏洛的网》之后，开始了第二本书《窗边的小豆豆》的共读。《窗边的小豆豆》作者是日本著名女作家黑柳彻子，通过作者简介，知道了这是一位了不起的女性。她写了日本有史以来销售量最大的一本书，她是亚洲唯一一位联合国儿童基金会亲善大使，因为联合国官员通过《窗边的小豆豆》这本书认为"再也没有比她更了解孩子的了"。

她还是著名的电视节目主持人，被誉为日本最伟大的女性。你能想象吗？这样一个了不起的卓越的她，曾经会是一个因为淘气，刚上一年级就被退学的"怪"孩子——小豆豆。

在这本书里，淘气天真，其他人眼中"怪怪"的小豆豆在小林校长的爱护和引导下，逐渐转变成了一个能被大家接受的"正常"孩子。在巴学园的这段真实的经历，为作者黑柳彻子辉煌的一生奠定了坚实的基础。

我和孩子们相约在寒假里继续读书，我先读，打头阵，结果读的是最短的第一章。哈哈，看来做任何事冲到前面还是有好处的。孩子们加油哦，相信你们会读得更好！

在这里我们看到了一个天真烂漫、想法奇特的小豆豆。和所有的孩子一样，小豆豆对第一次见到的东西充满了好奇，对长大后要从事的职业更是一日几变。这不就是童年，这不就是童心吗？校门里等待着小豆豆的会是什么？我们期待明天小奕同学带来的第二章！

2017 年 1 月 12 日　与众不同的小豆豆
——第二章　窗边的小豆豆

今天，我的孩子们接棒读书了，真的很开心！认真负责的明轩同学在班级 QQ 群里给全班安排了《窗边的小豆豆》的领读顺序。在我之后，是班里的小百灵——小奕同学领读。她为了给大家呈现最好的效果，已经在家里练过好多遍了，而且为了录音，还和家长一起研究喜马拉雅 APP 的使用和上传，很认真、很努力、很负责！打心眼里感谢可爱的小奕同学和她的家长。值得一提的是，这个寒假之后，小奕同学在妈妈的支持下一直坚持在喜马拉雅 APP 上把我们学习的每篇课文和经典诵读的篇目全部录音上传。后来小奕妈妈也加入了朗读的行列里，为小奕同学和妈妈的这份坚持和热爱点赞！

我知道这件事情还是有些难度的，对于三年级的孩子来说朗读小说的一个篇章本来就难，还要录音上传，的确难为大家了！

但是我想越是有难度的事情，其实越有价值，如果那么容易，就像吃饭睡觉玩儿一样，也就只是满足生存需要，不会带来更多的收获。所以遇到困难和挑战，就看谁能迎难而上，谁能做个真正勇敢的人，明知山有虎，却偏向虎山行！

这一章里，我们看到了小豆豆真的是一个与众不同的小姑娘，这样的孩子真的要把一个老师快"逼疯了"！她是实实在在活在自己世界里的小朋友，她还没有学会如何适应小学生活，还不明白学校生活是需要规则的。而那位年轻的女老师也是不懂孩子，不了解孩子的想法，不了解小朋友对新鲜事物的好奇。

她不知道应该让孩子们先认识上学的环境，应该带着孩子们在校园里转转，让孩子们认识教室里的桌椅，教孩子学会如何使用文具；在小豆豆打招呼之前，完全可以停下讲课，和孩子们一起去看看街头艺人，一起打招呼，欣赏完表演之后，再告诉小朋友们，这些宣传艺人在路过学校的时候，为什么不出声呢？因为怕影响孩子们学习，那么我们这些小学生应该怎么做呢？……

她更应该告诉小豆豆的妈妈，请她在家里和学校一样要在保护孩子童真的基础上，教孩子怎样使用文具，教孩子如何遵守学校的规则，如何学会控制自己的言行……其实，换一种方法，也许就会有不一样的结果，小豆豆就不会被退学。但是，任何事情总有好坏两个方面，有时候坏事也会有好的结果，不是吗？如果不是这样，小豆豆，就不会去巴学园，也不会碰到可亲可敬的小林校长了，她也不会成长为后来那个优秀卓越的自己了！

这或许是我，一个小学老师的一己之见，相信各位家长和各位同学也一定会有不一样的感受，请你也来写一写自己的观点吧！加油！

2017 年 1 月 13 日　小豆豆喜欢的新学校
——第三章《新学校》、第四章《我喜欢》

今天是我们善良热情的明轩同学和乖巧懂事，尤其是写得一笔漂亮的钢笔字的轩宁同学来为大家领读《窗边的小豆豆》的第三章《新学校》和第四章《我喜欢》。

多么好玩的学校！校门居然是两棵活的树，教室竟然是真正的电车……这简直太棒了，这是每个孩子渴望的梦中的学校，但是对于成年人或许无法想象在这样的学校学习会是怎样的一番情形！会是大闹天宫的无法无天，还是自由散漫的一片混乱……不，都没有，我们跟随小豆豆走进学校时，学校却是非常安静的。为什么会这样？小说给读者留下了想象的空间，深深地吸引读者想要继续读下去。

在这两章里，小豆豆妈妈的做法可圈可点，她没有直接告诉女儿是被前一所退学了，保护女儿的自尊和自信。没有把心里想的直接说出，不是你喜欢这所学校就能上学，而是要看校长先生是否喜欢你，这样打击孩子的话语。她耐心地听女儿说那些奇怪的话语，她尊重孩子的想法，用真诚的话语回答孩子的问题。这是一个有耐心的好妈妈，是一个有智慧的好妈妈，是一个懂得爱的好妈妈！

期待更多的孩子和家长也能写出自己的感受！期待明天领读的好声音！

2017 年 1 月 14 日　好好听孩子说话
——第五章《校长先生》、第六章《盒饭》

今天是聪明可爱、活泼帅气的明森和恒达两位小男孩来为大家领读。老师感谢你们，嘉许你们！你们为了读好，要选择合适的音乐，要提前准备，反复练习，辛苦了，我的孩子们！相信这会成为你们难忘的独特的一次体验，你留下了什么样的不同的感受和收获，赶紧来写一写吧！加油，哪怕是一段话，这都是最真实、最生动、最有趣的！

今天，和小豆豆一起见到了校长先生——小林宗作。一位伟大的老师和校长，他发自内心的爱孩子，尊重孩子，他真正做到了蹲下身子，弯下腰聆听孩子的心声，倾听孩子的心里话。这样一件貌似很平常的事情，但是许多老师，甚至是家长都不一定能真正做到。在和孩子对话聊天的时候，什么都不做，不应付，不忍耐，不装模作样，不一心二用，专注地、投入地倾听一个孩子的话，那些没有条理，没有章法的话。但是就是这样一个简单而不容易的举动却赢得了孩子的信赖和尊敬以及后来的热爱。

和孩子交流沟通难吗？或许不难，或许仅仅是认认真真地好好听他说一次话就可以吧！从听孩子说话开始吧！不要打断、不要评价，努力地理解他，真正地尊重他，不要把他当作一个什么都不知道的孩子，而是当他是一个和我们成年人一样的，和我们平等的人去好好地听他说话。当我们真正能听进去孩子的话，当孩子愿意和我们说出他的心里话，真正的教育才会开始……

2017 年 1 月 15 日　童真童趣，至真至美
——第七章《从今天开始上学》、第八章《电车教室》

今天是我们可爱帅气的宜中和灏辰两位同学带来的精彩领读。孩子们，今天的阅读你们有没有被什么内容打动呢？你们有没有读着读着，想到了以前的一些事情和经历呢？

崔老师印象最深刻的是小豆豆和牧羊犬洛基，他们之间不是主人和宠物，倒像是一对好朋友和好伙伴。小豆豆会郑重其事地和洛基说话，会把月票挂到洛基的脖子上，给它也来感受和分享带着月票的喜悦。而洛基会依依不舍地陪伴小豆豆，护送小豆豆上学。小豆豆还贴着洛基的脸，闻洛基耳朵的味道，对它说声再见。这种脉脉的温情，只有养过动物的人才能真切地体会到，并且被深深地打动。这使我想到了二十多年前家里养的，曾经送我上班的那条忠诚聪慧的狼狗，小时候能养一种动物实在是一件快乐而幸福的事情。

电车教室更是这所学校最有魅力、最独特的地方了。在这样的教室学习，是学习又像是旅行，好玩、新奇，又富有含义。这也是在知识的长河里旅行，和老师同学们一起做一个学习的行者。

希望我们在学习和阅读中，能学会思考，并且学会记录自己的思考，在学习知识，阅读书籍的同时，成为一个更好的人。

附：

孩子王

站在讲台上

你是孩子王

你的身上闪烁着智慧之光，如王者一般

你是孩子王

你的脸上流动着至善至美，如圣人一样

你是孩子王

走下讲台，你和旁人一样

但是梦想和希望的种子已被你悄悄种下

你是孩子王

（PS：我把自己的录音分享到了陇原名师群里，竟得到了许多陇原名师的肯定和鼓励。尤其是大名鼎鼎的酒泉中学名师霍军老师和在敦煌初相识的才女老师姜辉莲的鼓励更是让我欣喜鼓舞。霍军老师还题写了一首诗赠予我。）

霍军按：此前陇原名师群中，兰州静宁路小学崔承惠老师发了自己诵读《窗边小豆豆》的录音，实在好听，大家都点赞。我就说了几句——

窗边有个小豆豆

人间有个孩子

期待花

都是长在地上的耳朵

听听她说话

老师

你站在校园的泥土里吗

一群太阳

能奔跑到你心里吗

小林先生

蹲倒

把女孩举到桌子上

你早早看见啦

一个爱的草芽芽

就是整个儿的天下

明天

就是你当下

好好说出的一句话

教育那么大

爱上小娃娃

2017 年 1 月 16 日　爱的教育　爱的味道
——第九章《上课》、第十章《海的味道，山的味道》

巴学园是一座神奇的学校，校门、教室有特色，课堂更是不一般。以三十多年后今天的教育工作者的眼光看来，他们依然是教学方法先进，理念前沿，充分地尊重孩子的学习基础和学习的兴趣以及学习的差异。这就是先学后教，少教多学，这不就是真正的生本教育啊！在这样的教学方式的后面是校长小林宗作先生对教育的爱，对孩子的爱，是这份爱支撑起他办这所童话般的儿童乐园一样的学校。

在这样充满爱的校园和教室里，孩子们是没有自卑、没有歧视的。小豆豆和山本泰明的友谊，如同清新和煦的春风，纯净温暖，在如春天般幸福快乐的巴学园里生根萌芽……

"山的味道"和"海的味道"，是解决孩子们偏食，让孩子们的饮食更均衡更全面更健康的妙招。孩子们一起吃午饭，充满了快乐，学习到了生活的常识，感受到了盒饭里妈妈们的爱以及校长先生和夫人所带来的无言的全然付出的伟大而崇高的师爱！

我喜欢这样的阅读，喜欢为我的学生以及那些认识和不认识的孩子们读书，在这样的朗读中，最受益的人是我，我一次次被字里行间流淌出来的脉脉温情和暖暖爱意所感动。

有人说，教育之美在于没有痕迹，而无痕教育的真谛是就爱。"真教育是心心相印的活动。唯独从心里发出来的，才能达到心的深处。""离开了情感，一切教育都无从谈起。"

教育其实是一门温暖的功课。"用童心报答童心"温暖了自己，也温暖了孩子。期待每一位教师拥有这样的情怀：做一个内心温暖的人。这不只是一种教育理念，更是一种美好社会的信念。让我们做一个温暖心灵、点亮人生的幸福教师吧！"

2017年1月19日　教育无小事，工作生活是最好的修道场
——第十一章《好好嚼啊》、第十二章《散步》、
第十三章《校歌》和第十四章《放回原处》

好习惯的养成着实不易，咬着牙把《窗边的小豆豆》的录音完成，但是日记，却没能做到天天坚持写。我不想给自己找借口，真的有些羞愧，尤其是看到小杨同学按照我们的约定，坚持不懈重新读《夏洛的网》，并且每天坚持写读后感，就更加惭愧了。教学相长，孩子们，你们也在教育和影响着我啊。

这几天朗读的思宇、雨茜、子轩、立渊、梦铃、沁颐、紫桐、小震这几位同学读得都很好，用你们充满童真童趣，又不乏认真专注的声音和语气讲述一个小学生的故事，很吸引人。虽然已经放假了，但是师生共读却把我们依然紧密地联系在一起。经典的优秀的儿童文学，让我们在读书的过程中，温暖彼此。"用童心报答童心"，温暖了自己，也温暖了孩子。

在《校歌》和《放回原处》两章里，我们看到了小豆豆和同学们的勇敢和执着，他们敢于向校长先生提出不同的意见，敢于批评校长先生作曲的校歌。这真是一所宽容民主的学校，这里的孩子们勇敢自信，没有迷信权威和师长，这对于孩子们的成长其实有着重要的作用。他们会逐渐学会自己思考，学会自己解决碰到的事情，而不是一味地接受知识、遇到一点儿困难就畏手畏脚，就退缩逃避。（当然，一定要强调的就是安全始终是最重要的。学会思考，学会遇到事情冷静处理，自己解决不了的时候，向长辈求助也是一种智慧。）

同时我们也继续感受着校长小林宗作先生和老师们的宽容和民主的教学理念和教育方式。尊重孩子，信任孩子，以尊重来教育孩子，学会尊重自己；以信任教育孩子，要相信自己，爱自己。

小豆豆心爱的钱包掉进厕所后，她敢于一个人掏粪池，并且听从校长的建议一个人艰难地执着地把掏出来的东西，放回原处，连同被渗进了水的泥土。（这是多么可贵的品质，学会遇到问题后自己想办法解决困难；更可贵的是能够承担自己做的事情的后果。）

教育无小事，良好的生活学习习惯和优秀的意志品质就是在日常生活之中慢慢养成的。向小林宗作先生学习，向小林先生致敬！

2017 年 1 月 20 日　生活中的故事
——第十五至十七章《名字的由来》《落语》《电车来了》

黑柳彻子的了不起，是她对生活的热爱，她对这个世界充满深情，她对于生活更是充满热情和好奇。对于热爱生活的人，每个人的名字可以是一个故事，喜欢听的广播节目也可以是一个有趣的故事，学校里的新鲜事更是有意思的故事……

生活是一面镜子，你会从中看到自己的喜怒哀乐。你冲它笑，它便冲你笑；你冲它哭，它也会冲你哭……如果你热爱它，它也会爱着你，让你感受到快乐、温暖和幸福。也许会遇到阴雨天，会遇到困难和挫折，但那或许只是生活再用另一种方式帮助你，悄悄地爱着你，而你却不知道而已。只要你一如既往地热爱、一成不变地喜欢，只要你善于观察生活，善于发现生活中的美好，生活中便处处都有精彩的瞬间和美妙的故事。

2017 年 1 月 21 日　什么是真正的教育
——第十八至二十章《游泳池》《成绩单》《暑假开始了》

感谢领读的馨艺、子学、嘉琪三位同学，认真、负责、很好地完成了领读任务，嘉许你们！

这三章的阅读，让我们看到了和我们的教育完全不一样的教育方式，甚至有些出乎想象的感觉。但同时油然而生一种深深的敬佩之情，敬佩日本人对西方教育的认真地借鉴和学习，敬佩小林宗作校长身体力行的这种亲近大自然，重视体育、重视强身健体，通过体验、通过实践让孩子们学习知识、学会生活的教育理念和教育践行。

健康的身心是伴随孩子们一生，是他们能更好地学习生活工作的最重要的基础。这甚至是比文化知识、比成绩更重要的，我想我们成年人，应该对此有更深的感触和理解，所以国家这几年在中考中也加入了体育测试成绩。

在游泳池里，裸露着身体的孩子们，沐浴在阳光下，那晒成麦色的皮肤使他们感受到了运动、健康的快乐。在游泳池里，身上不着寸缕的孩子们，坦然地接受着自己的身体，也学会了尊重每个人和自己不一样的身体，平等、自爱在不知不觉中渗透到了孩子们心中。

而对于成绩单，作者是淡淡带过，书中的主人公小豆豆甚至还都不懂得是"甲"比"乙"好些，还是"乙"比"甲"好些。这是作者的观点，这也是小林校长、爸爸妈妈教育的观点。

我们也刚好放寒假了，假期里到底应该做些什么有意思的事情？值得好好琢磨和思量。巴学园组织孩子们在学校搭帐篷，体验感受离开父母的集体生活，在晚上聆听小林校长讲述异国的见闻，让孩子们想象和憧憬异国风情，真是有趣、有意义的活动。

读着读着，才慢慢发现《窗边的小豆豆》其实不只是儿童文学，也是一部关于教育的著作，更值得我们家长和从事教育工作的人们好好读一读。感谢孩子们，感谢我们的这份坚持，让我们从阅读中不断收获，不断进步和成长。

2017 年 1 月 22 日　生活即教育
——第二十一至二十四章《大冒险》《试胆量》《排练场》

感谢领读的羽萱、时睿、鸿炳三位同学，你们一如既往地认真、负责，很好地完成了领读任务，嘉许你们！不知道，你们读了这三章，同学们听了这三章，有没有觉得特别有趣、好玩儿的地方呢？这几章对于崔老师来说，觉得是又有趣又好玩儿极了。

善良热情，乐于助人的小豆豆，想尽办法帮助她的好朋友泰明，让泰明也来感受爬树的乐趣。但这个过程其实并不容易，患过小儿麻痹的泰明身体不够强壮和有力，作为一个一年级的小朋友，要把比自己大一岁的同学弄到树上，这真是一件冒险而又艰巨的任务。可小豆豆遇到困难后没有放弃，而是想尽办法，最后终于实现了泰明和她共同的愿望。当两个小朋友一起坐在树上一边看风景，一边聊天时，这温馨幸福的感觉一定会让小豆豆觉得再大的辛苦也是值得的。帮助别人的利他的行为，会使我们得到真正的幸福和满足。

《试胆量》这一章真是太好玩了！让孩子们分角色或扮演妖魔鬼怪，或自己去试胆量，真是脑洞大开的大胆的做法。这个过程是"试胆量"的过程，也是破除迷信，培养科学精神的过程。孩子们对妖魔鬼怪、神仙精灵充满了好奇和兴趣，他们一般是通过书籍故事、影视作品了解这些知识。但怎样评价和对待这些，孩子们并没有得到一种比较科学和正确的指引。巴学园的做法，没有说教，只是让孩子们自己去体验和发现。在兴奋、恐惧和哈哈大笑中，他们不怕妖怪了，因为妖怪自己原来也害怕呢。

我们小时候都会去爸爸妈妈的单位，他们的职业和单位也是一种教育和影响。小豆豆通过爸爸的排练场，了解了爸爸的职业，还认识了许多有趣的了不起的甚至是伟大的人。如写了我们都熟知的歌曲《红蜻蜓》的作者山田耕作先生，他创立了日本的交响乐团，是日本音乐界的领袖人物。以及著名的指挥家约瑟夫·罗彻斯托克先生，并懵懂地知道了当时的国际局势变化（战争以及希特勒对犹太人的迫害）。

有很多人长大之后会子承父业或母业，也是因为父母的职业会或多或少地影响孩子之后的职业选择。如何让孩子们在潜移默化中受到正向的指引和影响呢？我想，父母对待工作的态度，平时的为人处事以及在孩子面前始终传递的是正能量的做法，将会对子女起到非常重要的示范和教育的作用。

2017 年 1 月 23 日　音乐和远方
——第二十四至二十六章《温泉旅行》《韵律操》《一生的心愿》

感谢今天领读的三位同学，你们一如既往地认真、负责、很好地完成了今天的领读任务，嘉许你们！相信你们和崔老师一样有这样的感受，那就是自己读会比听其他人读有更深的体会和感受，是这样吧！你们看，子玥同学领读完《温泉旅行》这一章后，写出的读后感真实生动鲜活。同时还要特别嘉许一直坚持写读后感的小杨同学和小奕同学，能够在假期里对自己严格要求，信守承诺，坚持阅读，坚持练笔。我们还要嘉许和感谢认真负责安排领读的明轩同学，也要嘉许所有认真完成读书任务的所有的孩子们和支持你们、帮助你们的家长们！谢谢大家！

古人说，读万卷书，行万里路。学习与实践相结合，知与行相统一，让学习不仅仅局限于校园，书本上的知识是不够的，只有将学习和现实生活结合起来，这样的学习才会更加丰富多彩，鲜活有效。温泉旅行的过程中，孩子们文明礼貌的言行是巴学园温和民主宽松人文的教育的体现。在旅行中孩子们体验到了坐轮船、晕船、泡温泉、海里游泳以及在不同的地方发现了不同的生活方式，并学会离开家人独立地面对生活。这些给孩子们留下的一定不只是美好难忘的回忆，这些回忆也一定会长久地影响他们的人生，会给他们带来回味无穷的快乐。

《韵律操》这一章，尤其值得我们教育工作者去认真地学习和思考。这一章是关于音乐和教育的关系，为什么要在小学教育中如此重视音乐教育呢？校长小林先生说"过于依赖文字和语言的现代教育，恐怕会使孩子们用心感受自然、倾听神灵之声、触摸灵感的能力渐渐衰退吧""世界上最可怕的事情，莫过于有眼睛却发现不了美，有耳朵却不会欣赏音乐，有心灵却无法理解什么是真。不会感动，也不会充满激情……"小林先生把韵律学引入到教学中来，希望通过音乐训练，让孩子的心灵和身体去理解节奏，从而使人的性格富有韵律感，变得美好、强大而温和。

生活中不只有眼前的我们熟悉的日常，还有诗和远方，或者说还有音乐、诗歌和远方。小林先生通过巴学园的教育使孩子们的生活中拥有了人类生活中最为美好的音乐和远方。

我祝愿，祝愿所有的人都能和书籍、和音乐结缘，愿我们的生活因为书与音乐多一份美好！

2017 年 1 月 25 日　善良可爱、淘气顽皮的小豆豆
——第二十六至二十九章《一生的心愿》《最差的衣服》《高桥君》《不能跳》

感谢今天领读的民实、大泽两位同学，你们保持了一如既往地认真、负责的态度，很好地完成了今天的领读任务，嘉许你们！

小豆豆对于动物的爱，我们早就从她和牧羊犬"洛基"的"友情"中感受到了，在《一生的心愿》这一章中，她对小鸡执着的喜欢和怜爱以及失去小鸡之后的难过，同样看到了小豆豆的善良。照顾动物，陪伴成长，见证生命的轮回，也是一次难得的生命教育。成长，其实就是不断地学会接受一次次的分离。

善良的人，会爱动物，更会爱身边的人。善良热情的小豆豆，有很多好朋友，对于身体有残障的小伙伴，没有嫌弃和厌恶，她加倍地关心和帮助他们。她们成为彼此最好的朋友。

小豆豆还是个独特淘气的小姑娘，爬高上低，钻铁丝网，跳沙堆，被水泥差点儿埋住，跳报纸，掉进厕所里……身上的小裙子、小短裤被扯得破破烂烂，其中也不乏危险。但是，却从没有看到爸爸妈妈声色严厉地斥责打骂，有的是温和的话语和宽容的理解……

有人说，人生有三大幸事：遇到好父母、好老师、好老板。如果按照这个标准，那小豆豆真应算得上是个幸运、幸福的孩子。她有疼她、爱她，宽容民主的爸爸妈妈，有幸福快乐的巴学园这样的学校，有伟大的小林校长那样的好老师。她的童年是幸福美好的，是彩色温暖的，她的故事也温暖着许许多多和我们一样喜欢读这本书的有童心的人们。

2017 年 3 月 20 日　智慧的爱才是真正的教育

——第三十章《然后呢》、第三十一章《只是闹着玩》

　　语文教学中的口语交际训练很重要，当然重要。我们都越发感受到语言表达能力在当下的工作和日常生活中的重要性，能够大大方方在他人面前，自信、清晰地表达出自己的观点和看法是令人羡慕的。有需求就有市场，于是与之配套衍生出的口语训练的培训班、相关的课程也应运而生。由此可见，口语交际教学的重要性和必要性的确不容小觑。但是在实际情况中，很多时候因为考试、因为急功近利、因为教育目的的短视、因为没有好的训练方式，我们总是将口语交际一再弱化、淡化，甚至漠视忽略。而很多孩子出于各种不同的原因，在语言表达上是有问题的，需要指导培养和训练。

　　热爱教育、关爱孩子的小林校长又怎么会不明白这一点。接受了西方教育思想的他，没有囿于东方文化中的"食不言寝不语"，他提倡"吃饭的时候，应当尽量让心情愉快"，他智慧地把口语交际训练放在了孩子们放松状态下的午餐时间。他风淡云轻地对孩子们说："大家能更加善于说话就好了。从今天起，吃午饭的时候，每天都由一个人到圆圈中间说说话，怎么样？"孩子们喜欢新鲜事物，比成年人敢于冒险和突破自己，于是大多数孩子都同意了。

2017 年 8 月 1 日　别开生面的运动会和难忘的诗歌教育

——第三十二章《运动会》、第三十三章《小林一茶》

　　巴学园的运动会秉承着小林校长的办学理念——爱。从四处询问了解天气确定运动会时间开始，每个环节、每一项比赛，关爱无处不在。

　　全员参与的运动会——巴学园的运动会不是个别体质优秀的孩子表演的舞台。在这里孩子们都是运动员，趣味游戏和自编比赛项目将所有的孩子们甚至是家长们也全都参与进来，共同感受体育竞技和游戏锻炼以及参与的快乐。学校给予的关爱不应是个别孩子的特权，这份爱应该是让所有的孩子都能感受到的一份温暖和鼓励。

不由得想到了前几天看到的一个视频。一个日本小朋友在体育公开课上（视频中好像有很多成年人，不知是家长还是其他听课旁观的老师）跳箱屡战屡败，但是老师仍然坚持让已经泪流满面的孩子继续跳。第五次跳之前，在老师的鼓励下，场边的小伙伴们跑到赛场上，围着这个小男孩，给他加油打气，在伙伴们的鼓励声中他终于跳过去了。看完这个视频，我们都会有些感慨，也令我想到了巴学园的运动会。

还记得二十八章中出现的那个永远也长不高的高桥君吗？谁能想到他会成为巴学园运动会上最闪亮的明星呢？高桥君囊括了所有比赛项目的第一名，而且以后的每一次运动会上他仍是明星。明明记得他个子矮腿短跑不快，把小豆豆都追不上的。但在运动会上他却是冠军，他骄傲地抽动着鼻子，满怀激动和喜悦，一次又一次地站在了领奖台上……

从《窗边的小豆豆》的后记中，我们还知道运动会上的荣光一直留在了高桥君的心中。他长大成年后，身高依然和上小学低年级时一样，但是他明朗、富有魅力的性格使他成为单位协调处理人际关系的专家。如果运动会上的第一名能使一个身体有缺陷的孩子，在心理上却没有任何自卑，并且还成为一个事业有成、家庭美满的阳光自信的人。

那么我们的运动会，的确还可以变个样子以及我们的班级、我们的课堂……还应该可以做很多更有趣、更有意义的事情。当然这一切的背后还有小林先生一直对高桥君说的"你绝对能做到"的这份信任、鼓励和小林先生对孩子们的博大深厚的爱。

超越民族、国别、时空的经典诗歌，叩击着一代又一代人的心灵，给人们以思想和艺术上的双重享受和熏陶。所以在巴学园又怎么会少了诗歌教育呢？小林校长把日本的俳句（一种短诗）介绍给孩子，虽然没有列入正式的课程，但他却一有机会就教给孩子们他最喜欢的日本著名的俳句诗人小林一茶的俳句诗。一茶的诗句率真朴实，而且都源自于日常生活，孩子们读起来朗朗上口，还煞有其事地模仿着自己创作起来。在多年之后，小豆豆对于自己写的俳句还记忆犹新呢。

近年来我们国家对优秀传统文化的传承和发展提到了前所未有的高度。优秀的诗歌是文学宝库中的瑰宝，是语言的精华，是智慧的结晶，是思想的花朵，是人性之美的灵光，是人类最纯粹的精神家园。我们老师和家长的确也应该将诗歌教育更加重视起来，通过诗歌教育丰厚孩子们的文化积淀，陶冶孩子的性情，逐步渗透和培养他们对诗歌和优秀传统文化的审美和鉴赏能力。

2017 年 8 月 2 日　童心的世界
——第三十四至三十六章《非常奇怪》《用手说话》《泉岳寺》

"我在马路边捡到一分钱，把它交到警察叔叔手里边，叔叔拿着钱，对我把头点，我高兴地说了声：'叔叔，再见！'"

我们这代人大多数人应该都会有捡到钱的经历，是归还失主、据为己有还是像这首儿歌里唱的交到警察叔叔手里？

小豆豆捡到钱的过程也是有趣极了，那种担心、害怕、犹豫、矛盾，不想被人发现，又怕被别人误解；想交给警察，又想带到学校给同学炫耀的那种左思右想、复杂细腻的心理活动真实生动，富有童趣。结尾更是出乎意料，捡到的那对于孩子来说是一大笔钱的"五分钱"居然不翼而飞了，真是非常奇怪，不可思议，让小豆豆难以忘怀的一件事啊！

孩子的心思和成年人的想法是不太一样的，他们没有成人想得那么简单，但也没有成人那么复杂。这个故事完全可以成为帮助学生学习怎样描写心理活动的极好的片段啊！

看到聋哑孩子用手语说话时的好奇和羡慕，面对和小林先生完全不同的教育方式的丸山老师时的包容和喜爱。这就是孩子，这就是我们已经有些陌生的童心的世界，对周围的事物始终保持好奇，对不同的人和事始终保持宽容，这就是孩子们比成人更快乐的原因，这也是孩子们值得我们学习的地方之一。

2017 年 8 月 3 日　善待他人

——第三十七至三十九章《正男》《小辫子》《Thank You》

正男，是在日本生活的朝鲜孩子，被周围人侮辱伤害了的孩子，他又用自己并不理解的"恶言"——"朝鲜人"去辱骂看起来比他更弱小的小豆豆。孩子们的攻击性行为后面是有令人同情悲悯的原因的。小豆豆妈妈的反应，着实令人感动，从她身上让我们看到了人性中最光辉和美好的一面，那就是善良。善良的妈妈，听到女儿的诉说，没有狭隘地心疼自己的孩子受到了欺负，反而深深地同情这个异国的孩子正男的悲惨境遇，还为他难过地落泪，并且告诉女儿去体量和理解这个孩子，用人人平等和善待他人的观念去影响和教育女儿。

对于大多数的女孩子，梳一个漂亮的发型是件很重要的事情。可是小豆豆向往已久的小辫子却被男孩子大荣君揪来揪去，这让小豆豆又疼又难过。满脸泪痕的小豆豆在小林校长那儿得到了安慰和理解。

小林先生多么理解孩子，他用一句"你的小辫子漂亮极了"就止住了小豆豆的哭泣。在男尊女卑的现象比较严重的当时，小林先生还让大荣君主动向小豆豆道歉，让他明白要对女孩友好，要尊重女孩、爱护女孩。这也是大荣君在巴学园受到的唯一一次教训。理解被欺负的孩子，使欺负的人得到应有的教训，这对两个孩子都是一份尊重和善待。

小豆豆难以忘记和爸爸妈妈一起度假滑雪时的经历。因为一句"Thank You"使小豆豆得到了来这里滑雪的外国朋友尤其是著名滑雪家舒奈尔德的喜爱和尊重。每个人都希望得到别人的尊重理解和喜爱，无论是成人还是孩子。尤其是孩子们在成长的过程中更需要父母长辈能以平等尊重的态度去对待他们。当小豆豆感受到舒奈尔德先生是把她当做一位成年女性来尊重时，她看到了"一片纯白的世界，无边无垠地伸展开去"。

坚信善良应是一个人最应该具备的美好的品质，"善待他人"，无论是身处困境的陌生人，还是身边的孩子，都需要我们怀着善意去理解和尊重。

2017 年 8 月 7 日　温暖
——第四十至四十二章《图书室》《尾巴》《第二个春天》

即使五十人的学校也要有图书室，小林校长对阅读的重视尤此可见。图书室和其他教室一样也是一辆电车，各个年级不同年龄的孩子们自由自在地选择自己感兴趣的书籍去读。没有过多的建议和限制，只要喜欢，看什么，什么时候来图书室都可以。如果想借，也可以带回家读，读完还回来；如果自己家中有好书愿意分享，非常欢迎拿来给同学看，总之，就是希望孩子们能多读书。全校的学生忍着大家挤在一起的不舒服，聚集在一起快乐地、热情地读书，在小林校长看来是一幅最动人、最温暖的画面。

教育无小事，作为教师，语言不能随意随性，一定要谨言慎行，有时无心的一句话或许会对孩子造成不可估量的或好或坏的影响。小豆豆的班主任问了身有残缺的高桥君一句"有没有尾巴呢"，是欠考虑的。身有缺陷的孩子会比普通孩子更加敏感，这样的一句话是有可能对孩子造成意想不到的伤害的。小林先生为了高桥君、泰明花费了多少心思，我们在前面运动会一章中已经感受到了。而这样顺口说出的一句"是不是有尾巴呢"，有可能把之前花费的心思全部付之东流。其实读到这里，我的后背已经不禁有些发凉了，回想自己的教育教学工作，不知无心说过多少这样随意随性的不负责任的话呀！感谢我的学生和家长们能一直包容和谅解我，同时在心中默默告诫自己以后一定要以此为戒，不要说出那些不负责任的话语。

"病从口入，祸从口出"，"良言一句三冬暖，恶语伤人六月寒"。希望我们的老师和家长朋友们，也希望所有的人，面对他人，面对孩子，尤其是身有残缺的孩子时能尽量多说正面、积极、健康、向上、温暖的话语。

温暖的春天到了，小豆豆已经是二年级的学生了。虽然独特的巴学园式教育令一些家长担忧，有个别同学不得不离开这里，让人有些许伤感。可是对于万物复苏的春天里的孩子们，生活中新奇快乐总是更多。

2017年8月8日　生活就是大课堂

——第四十三《天鹅湖》、四十四章《旱田老师》

记得这两章的内容是我在高速公路上录的。寒假和家人难得一起外出自驾旅行，一路上我仍然带着《窗边的小豆豆》，找到宾馆，赶紧先把这一天的录音任务完成。从甘肃读到陕西、四川、湖南、湖北，从天府之国的成都读到了重庆、张家界，从现代化的大都市读到了张家界的深山老林里……

在返程的路上，哥哥专心开着车，姐姐、嫂子以及家里的两个孩子也在车上，车外天黑了，已是万家灯火，大家安安静静地听我在车上读书录音。这个美好的夜晚一直留在我的记忆中。

芭蕾舞剧《天鹅湖》高雅优美，天鹅公主的白纱裙和闪闪发光的王冠，这些足以成为一个女孩子的梦想。因为父亲工作的便利，小豆豆得以接触这些高雅艺术，并自然而然地改变着小豆豆的理想和愿望。小豆豆的妈妈以自由民主的方式教育和对待自己的孩子，尊重孩子的每一个梦想（哪怕是多么荒诞不羁），从不多加干涉，而是默默地帮助孩子去体验和实现她的梦想。可惜的是舞蹈老师教的却不是小豆豆渴望的芭蕾舞。小豆豆学习舞蹈虽然半途而废，但是老师独特的舞蹈理念和教学方式却令小豆豆尊重和难忘。

现在越来越多的学校日益注重家政课，注重培养孩子们的实际生活能力。作为教育工作者，我特别赞同这种改变，并为之而欣喜。远离生活实践的学习和教育是苍白短浅而缺乏远见的。热爱孩子，热爱教育的小林先生怎么会不想到这些，他发挥周围人的智慧，发掘周围的教育资源，为孩子们请来了"旱田"老师（一位实实在在的淳朴的农民）。"旱田"老师教孩子们学习怎样种庄稼，还告诉孩子们农田里的虫子、鸟儿、蝴蝶以及天气等有趣的知识。这是孩子们在学校课堂上永远学不到的，或许他们还学会了尊重不同职业，知道了粮食的来之不易等。

这学期，我在富有"诗意田园"特色的伏龙坪小学支教，也有幸参与了学校的春种等活动。伏龙坪小学给我最大的感受是孩子的懂事和能干，他们参与了学校的春种秋收、艺术节等活动的全过程，他们是主力和生力军。虽然他们的衣服没有城区孩子的干净鲜亮，虽然他们的小脸、小手没有城区孩子的白嫩，但是他们的眼睛更加明亮有神，他们的身板更加健壮。

希望更多的学校、更多的家长能充分利用生活这个大课堂、大舞台，给我们的孩子打开更广阔的视野，让我们的孩子在生活实践活动中成长得更加健康、更加全面！

2017年8月9日　再读《心平气和的一年级》

对于教师而言，特别是语文老师，语言表达实在是太重要了，书香蕴藉、诗意流溢的表达令人艳羡，如此的表达哪里来？今天再读薛瑞萍老师的《心平气和的一年级》，看到了答案和实现的途径。

"简单的事情天天做！几十年如一日地不间断地修炼，每天发声读书，不少于半小时。"

"对我而言，这样的时刻，是超越平凡的幸福之旅。不是发自内心的热爱，不是源于灵魂的渴求，仅靠毅力，不可能做到。日复一日的这种修行，与其说是坚持，不如属实但愿长醉不复醒的精神享受。"

同样喜欢文学、喜欢朗读的我，读后汗颜、羞愧。普通话一级乙等，省级普通话测试员的我，随意随性地读书，对自己没有要求，没有恒心和毅力，缺少了薛老师身上这份可贵的、可敬的坚持和对朗读发自灵魂深处的热爱。

去年我生了一场不大不小病之后，对于健康，从未有过地开始重视了。我将之视为今后生活中最重要的事情，没有健康的身体，一切都是空话。这不是自私，因为生病，只会令深爱自己的家人担心，只会让自己受罪受苦，也会给单位给周围人带来麻烦。断断续续，"几经波折"之后，现在终于将"Keep"（健身手机软件）坚持下来了，每日必做，不论时间长短，贵在坚持。我的身体，也较以前健康多了。这就是坚持的力量！

但是，其他方面呢？家庭生活、工作、职业生涯的发展，曾经大言不惭的那些喜欢和热爱呢……的确做得不够。从今天开始，继续读书，哪怕短一点儿；从今天开始，坚持写字，写不出来，硬写（不是练字，也不敢称写作，姑且叫做写字）。

诗人海子在《面向大海，春暖花开》说，"从明天起，做个幸福的人，喂马劈柴周游世界……"多么美好、明亮、温暖、简单的幸福，但海子写完这首诗不久就在山海关卧轨了。海子追寻的幸福一直在明天，在没有触及和感受到的明天，这多么令人痛心。

我要从今天开始，从今天开始寻找幸福和快乐、去追求热爱和梦想，不再拖延，不再犹豫，不再在乎别人的眼光，只为心中那盏小小的始终闪烁的不灭的光芒！

2017 年 8 月 10 日　真是一个好孩子
——第四十五《野炊》、四十六章《"真是一个好孩子"》

小时候听过小豆豆在回家路上一直重复"等等力溪谷野炊"这个词语，生怕被别人打搅而忘了的类似故事。但是故事大意有些记不太清，想上网查查考证一下，万能的网上居然没有。我就给大家粗略地讲一下吧！

故事是这样的，有个孩子，妈妈让他去商店买山楂。他害怕自己忘记，一路上一直重复着"山楂山楂"，也不敢和别人说话搭腔。后来要过一条水沟，孩子一使劲喊了一句"欧查（小时候故事里的读音）"。结果就忘了自己原来打算要买什么了，然后就一路上"欧查欧查"地到了商店。商店里当然没有卖"欧查"的，于是他沮丧地回到家，被妈妈批评了一顿。

不知现在的孩子们会怎么看待这个故事，小时候的我们觉得好笑极了，小伙伴们之间也经常相互讲这个故事，所以直至今日我仍然记得这个故事。读了《野炊》这一章，一下子回忆起了这个故事，并把它讲出来，回忆曾经的欢乐，如果您读到后嘴角能弯一下就更好了。

野炊，总是快乐而难忘的。很幸运我在上小学和上师范时有幸和同学们也有野炊的经历。这有些像是另一种形式的"过家家"，学着大人的样子，分工合作，在野外做饭、就餐。不同的是这需要精心准备和策划，选择野炊地点，为学生分组以及准备食材和锅碗瓢盆碗筷，还有到达野炊地点之后的生火、烧水、做饭……这个过程让孩子们体会到了自己做饭的乐趣，知道了做饭是多么不容易，知道了各种食物从生到熟会发生好多变化，这个过程帮助孩子们学到了很多重要和实用的生活常识和技能。你看那个特别顽皮的小豆豆，在野炊中是那么能干、那么自信，她真是一个好孩子！

小林先生在巴学园不断地对小豆豆说"你真是一个好孩子！"这句话，伴随着小豆豆的成长，让她从一个被退学了的"问题"学生，成长为一个相信自己、尊重自己、学会真正地爱自己的不折不扣的好孩子。连小豆豆自己都觉得这句宝贵的话，决定了她的一生。尤其是"真是"，包含着小豆豆成年之后才悟出，那份信任和理解。

怎样爱孩子呢？无论是家长还是老师，都应该按照这样的方向去努力：无条件的关爱，百分百的尊重、信任、理解，即使他们总有这样那样的小毛病，却依然会经常对他们说一句"你真是一个好孩子！"

2017 年 8 月 12 日　那些青梅竹马、两小无猜的美好时光
——第四十七—四十九章《新娘》《破学校》《蝴蝶结》

我们都会在青梅竹马、两小无猜的时光里，喜欢过某一个人，并且还会想象将来会成为他（她）的新娘或新郎。不知你是否还会记得那个人的名字，不知你是否此时会停下来回想一下那个人当时的模样，那个人不知现在身在何方，会是什么模样？

小豆豆以及我们的孩子和学生也会和我们当年一样，会在某个阶段产生这种情愫，这是美好纯洁的情感，这是孩子们成长过程中对美好的向往和萌动，我们应该去尊重和理解。

记得二十多年前第一批学生上一年级时，在课堂上发现了一张正在传递的小纸条。上面表达了很直接的爱慕："XXX，我喜欢你，因为你身材苗条！"还有用拼音代替汉字的地方。同桌的小姑娘在下面回复了"我也是"。两个小朋友看着我，有些害怕，他们知道上课不该做这些事情，20 岁刚参加

工作的我读完只是觉得很有趣，忍不住想笑。

按照上师范时学到的理论知识，我知道不能伤害孩子，应该保护这份童心。下课后找到两个孩子，告诉他们不该在上课时做与课堂无关的事，还告诉小男孩，老师也喜欢XXX，她不光身材苗条，而且作业写得干净漂亮工整；我又告诉小女孩喜欢同桌，还要多关心他，在学习上多帮助他，鼓励他多发言，提醒他把作业写好。后来两个小朋友依然关系很密切，到了高年级，小姑娘转走后，小男孩很是伤心了一阵子。

当第三轮大循环（从一年级一直带到六年级）时我任一年级班主任，我的孩子也上学了。这一天，去同年级三班听年级组里的公开课。老师讲得很精彩，小朋友们发言积极，课堂气氛活跃。

我们坐在最后面，发现有个浓眉大眼的小男孩总是回头看后面。这对一年级的小朋友来说也是正常的，他们总会被新奇的事情吸引，注意力不够集中，我们笑着善意地提醒他，孩子还不错，不再转头了。

下课了，我们提着凳子准备离开教室。这时，那个小男孩给我手里塞进一张小纸条。走到办公室，打开小纸条，上面写着："老师，我喜欢你，你长得很漂亮。"还有用拼音代替汉字的地方。

呵呵，老师收到学生的小纸条了！其实心里是有些小欢喜的，不管怎样，被孩子赞美总是一件快乐幸福的事情。后来知道孩子的亲生母亲现在外地，父母分开后，父亲又和一个年轻的未婚女子再婚。不知是不是孩子觉得我某些地方有点儿像他的母亲，所以会对我心生好感呢？

看到和我的孩子一般大的这个男孩子，对他更加充满怜爱了。我告诉他，我也很喜欢他，他的字写得很有力，很漂亮，希望他上课能更加认真地听讲，发言能更积极、更出色。孩子长大了，该上高中了，那张小纸条依然留在我的记忆中。

小豆豆因为在相扑时把阿泰摔了出去，让阿泰很生气，所以小豆豆被拒绝，做不了阿泰的新娘了。但她却依然愿意为她喜欢的阿泰把铅笔削得漂漂亮亮，而自己的铅笔只是用牙咬一咬凑合着用。只因为她太喜欢阿泰了，因为她的阿泰是那么聪明，那么有智慧，会英语、又爱做实验，小豆豆的喜欢就是这么简单纯洁而美好！

"郎骑竹马来，绕床弄青梅。同居长干里，两小无嫌猜"……

一所能让孩子们依恋热爱的学校，是真正的好学校。巴学园给了孩子们饱含着关爱的弥足珍贵的自由民主、尊重信任。这样的校园怎能不让孩子们发自内心的热爱，并且终生难忘呢？孩子们自发地肩并肩、手拉手排成一队，围着学校转起了圈儿，一边齐声高唱"巴学园，好学校！走进去一看，还是好学校！"孩子们毫不疲倦地唱啊唱啊，一遍又一遍。这歌声，是对学校、对校长、对老师最重要的鼓励和最珍贵的礼物。爱是相互的，是流动传递的，老师爱学生，学生会更爱老师，更爱学校。

小豆豆头上那心爱的、漂亮的，被小伙伴羡慕的蝴蝶结，竟然因为一席话而取下来不再佩戴？原来是小豆豆了解到了小林校长作为一位父亲被女儿（小豆豆的同班同学美代）缠得没办法，四处买不到同样的蝴蝶结（小豆豆的蝴蝶结来自姑姑的旧衣服）而很为难时，就爽快地答应再不戴了。小豆豆在和校长先生彼此平等的对话和交流中，了解到了对方的困难，想要帮助对方而已。

在巴学园不知什么时候开始，形成了这样一种风气，不分年龄，所有人对对方的困难都能够互相理解、互相帮助。我想这是因为孩子们在这里得到了难能可贵的尊重，来自校长、老师的成年人的尊重和理解。

附：

再读《心平气和的一年级》之二　谈读书

薛老师的书中出现最多的字眼就是读书了，她经常会在文中提到她正在读的书，也会表达她对读书的感受和观点。她说，"对于我而言，读书是一种内在需要也是为了保持一种上升的有活力的状态"。那么对于我们每一个人读书又意味着什么？我们为什么要读书呢？

随意地梳理一下自己对读书的看法：是快乐、是享受；是和作者的对话，是自我的对话，是自由，自省、自我放逐；是安慰、是温暖；是警示、是提醒；是增长知识、扩大视野，是了解未知的世界和不一样的风土人情；也是一种需要，是一种习惯，是一种自我的要求……

2017 年 8 月 13 日　给孩子一个纯真美好的童年
——第五十《慰问》、五十一章《健康树皮》

日本对外侵略战争，害人害己，伤人伤己。战争已经悄悄接近生活在日本本土的人民，也已经渐渐展露出他狰狞丑恶的嘴脸。

孩子们去慰问那些在战场上受伤的士兵，给士兵们表演节目，唱歌、朗读作文。小豆豆总是与众不同的，大家会唱的歌她不会唱，但她唱出的歌曲却是能打动人心的。是她拼命努力唱歌时的那份天真无邪，还是"好好嚼啊，把吃的东西……"的歌词触动了士兵的心弦，小豆豆的歌声是让大家最开心的。

精雕细琢，反复排练过的节目是一种美；清水出芙蓉，天然去雕饰，真诚自然的表演也是一种美。而且有时候这种清新自然的表演更能打动人心。表演节目如此，写文章如此，我们教师上公开课亦如此……

明明知道所谓的"健康树皮"是骗人的，但是小林校长和妈妈却仍然尊重小豆豆的想法，把在当时能买两大盒牛奶糖，对于小朋友来说不少的两毛钱给小豆豆让她去买"健康树皮"而别的什么话也不说。这是为什么？因为小林校长和小豆豆的妈妈一样了解小豆豆，知道她的纯真好奇，懂得她的善良热情，他们保护孩子的这份纯真，尊重和理解她的想法。想起周围有些朋友好像也是这样，他们让孩子相信还有一个神奇的美好的世界，那儿有神话里的人物，有童话中的角色。他们让孩子相信有个送礼物的圣诞老人，他们会给孩子床边挂上袜子，并且悄悄地装上礼物……他们让这些节日变成孩子成长中重要而难忘的仪式，让这些有趣美好的日子陪伴孩子健康快乐地成长，让孩子的心中永远保留有一个真善美的地方……

2017 年 8 月 15 日　尊重信任以及民主平等
——第五十二至五十四章《说英语的孩子》《演出会》《粉笔》

在巴学园之外，当时的美国是日本的敌国，英语是敌国的语言。但在巴学园的孩子们却跟着美国来的宫崎君（是不是会想到著名漫画家宫崎骏呢？）学说英语、听宫崎君用英语读绘本、欣赏他带来的绘本中精美的图画和漂亮的色彩。巴学园的孩子们也帮助宫崎君学说日语，并且了解日本的生活习俗。

校园应该是这样一个神奇的地方，在这里没有战争、没有歧视、没有尊卑高低之分，这里是传承知识的地方，是感受真善美的地方，是尊重博爱、民主平等的地方，是让孩子们学习做一个健康快乐、真实完整的人的地方……

在所有校园的上空都应该飘浮着温暖而和煦的风，在校园中成长的孩子也会纯洁而美好。

生活中总是充满着矛盾和冲突，总会有意想不到的事情发生。参加演出是一件有趣的事情，但到了小豆豆这里就出问题了。她没办法扮演一个忍气吞声、受苦挨打的角色，也无法安静地充当群众演员。于是她成了孤零零的游荡在校园里可以扮演任何自己想演的角色——天鹅、风、树木、奇怪的人……也给她留下了一丝遗憾，没能参加巴学园历史上唯一的一次演出。

但是，在这里我们没有读到任何批评、指责，接受必要的惩罚（不能参加演出），让自己去感受，这种教育方式对于有个性的孩子不失为一种好办法。

小学生喜欢玩粉笔，下课了总会有个别胆大的孩子，拿着粉笔在黑板上涂涂画画，也会有孩子偷偷拿着粉笔回家，在家里或附近楼梯、围墙上涂鸦。巴学园的孩子可以拿着粉笔在光滑的地板上，尽情地涂啊画啊，自由地转动身体，想画多大就多大，画出音符后还可以画自己喜欢的图形。他们成了使用粉笔的"专家"，他们知道"怎样拿粉笔、怎样转动粉笔才写得漂亮"以及"有什么办法让粉笔不易断"这样专业的知识……但是下课后得拿着拖把或抹布把礼堂的地板清理干净，这是自由涂画之后的责任。经历这样浩大的工程之后，巴学园的孩子们亲身体会了清理地板的艰辛之后，没有一个会在别人家的围墙或是大路上乱写乱画，因为在学校他们已经尽情地体验和感受过了。

尊重信任、民主平等，是教育的原点，尊重信任、民主平等的教育是最好的教育。

2017 年 8 月 17 日　生命教育
——第五十五《泰明死了》、五十六章《间谍》

董卿在《朗读者》第七期"告别"中说："这世间所有的文字，千年百年，都在做着同一篇文章：生离死别。告别是结束也是开始，是苦痛也是希望。面对告别，最好的态度就是——好好告别！"

生老病死本是自然规律，帝王将相、平民百姓，任谁都无法避免。但是对于孩子们，我们总是不忍让他们过早地碰到生离死别。

然而事情有时是无法预期和猝不及防的。新学期的开始，孩子们却知道了他们的同学泰明死了！那个爱读书的泰明，那么信任小豆豆，把自己的身体完全托付给小豆豆，和小豆豆一起爬树的泰明死了！巴学园所有的孩子和老师都非常伤心难过。和我们遇到灾难是一样，无法相信这是真的，无法相信这样的事情会真的发生。

死亡是这样可怕，让我们感受自己的脆弱和无力，我们没有办法改变这些，无论怎么呼唤，怎么抚摸都再也没办法唤醒他，再也不能和他在一起了。孩子们和老师一起参加了泰明的葬礼，最后送了泰明一程。巴学园的孩子们一直沉浸在悲伤之中，尤其是小豆豆班上的孩子们花了很长时间才适应了这个事实。

作为教育者，用我们的爱心、真心、诚心、慧心，帮助孩子们直面生命中的阳光与黑暗。"生命是一份珍贵的礼物，千万不要浪费哟！"愿这句话能伴随孩子们，在他们成长的过程中给予他们力量，让他们更加热爱生活、热爱生命，慢慢学会爱自己，爱他人，慢慢学会珍惜自己的生命，珍惜他人的生命！

少年不识愁滋味，或者说，少年的愁苦大多数或许比成人过去得快一些！是啊，生活还是要继续下去的。每个孩子都会有对未来的憧憬和向往，向往自己长大之后会成为什么样的人？会做些什么？这些想法或是奇思妙想，或是成人眼中不着边际的"胡思乱想"。这些想法大多数来得快，走得快，可是也有的想法会沉淀下来成为人一辈子追逐的梦想。

小豆豆曾经想长大了当宣传艺人、车站卖车票的、芭蕾舞演员、护士以及令人意想不到的间谍！小豆豆的父母很尊重她的这些奇思妙想，他们和小豆豆自己无论如何也没想到长大后的小豆豆会成为全日本最了不起了的主持人、作家、演员以及联合国儿童基金会亲善大使。在充满宽容和关爱中长大的她，不是一个暴躁易怒、敏感脆弱的孩子。当间谍的想法被她"爱慕"的阿泰以正中要害、不容分辩的理由（非常聪明、会多国语言、十分美丽、话不能多）否定了之后，她的心里不仅没有任何难过，反而对阿泰更加崇拜和尊敬了，并向阿泰送上了真诚的感谢和祝福："谢谢你，我不做间谍了。但是，阿泰，你一定会成为了不起的人。"

生命是一份最为珍贵的礼物，拥有梦想的生命会更加有价值。

2017 年 8 月 18 日　战争中的温情
——第五十七至五十九章 《小提琴》 《一言为定》 《洛基不见了》

做为生长在和平年代的人，我越来越感受到这份平静祥和生活的可贵和幸福，而且经常会与身边的人共同分享和感恩这种幸福。

但是在这三章里，"战争"这个字眼是没有办法回避的。日本政府在军国主义、法西斯主义的操纵下发起的侵略战争给中国人民、东南亚人民造成了深重的苦难，也伤害了日本本国人民。缺吃少穿，物资匮乏，离乡背井，生死未卜，妻离子散，家破人亡，白发人送黑发人……大多数老百姓都是厌恶反感战争的。还记得小时候看过的日本电视剧《阿信》，电视剧中流露出了对待战争鲜明的强烈的反对和批判的态度。小豆豆的父亲就是反对战争的民众之一，他不仅是一位优秀的小提琴家，也是一个有气节的了不起的人。他宁愿和家人一起饿肚子，也不愿违背自己的意愿去为战争贩子表演唱赞歌。这是对小提琴的热爱，也是对战争的无声抗议。

《窗边的小豆豆》这本书在这里很好地对孩子们进行了关于如何看待战争的教育。日本政府无视民间的声音，参拜靖国神社，在教科书上对侵略战争轻描淡写，破坏中日两国之间的友谊，令人遗憾。但是我们读者在这几章里，依然看到了在艰苦的战争时期，那份可贵的温情。小豆豆父亲身上的铁骨铮铮以及小豆豆失去心爱的伙伴爱犬洛基的伤心与痛苦，还有小豆豆郑重其事地和小林校长约定，长大之后要到巴学园做一名教师。这是对小林先生、对巴学园教育最充分的认可和肯定，小林校长脸上经常挂着的笑容没有了，他严肃认真地对待小豆豆的这番话，使小豆豆永远记住了童年时的这个心愿。

此时我也有个心愿：愿战争远离，愿和平永驻！

2017 年 8 月 27 日　告别
——第六十《茶话会》、六十一章《再见再见》

这是喜马拉雅 APP 上语音录制的最后一次，也将是我记录师生共读《窗边的小豆豆》这本书的最后一篇。

整整一个假期，写得不算多，但这却是在我参加工作的二十多年里，甚至是四十多岁以来写得最多、写得时间最长的一个阶段。因为这份坚持，我的 2017 年暑假成为最值得记忆的一个有意义的假期，在心底还是要默默地嘉许这个不够勤奋的自己。

茶话会，顾名思义，饮茶谈话，表达情意，交流想法，是由古代的茶宴、茶会的基础上逐渐演变而来的。随着时代的发展，过去那种费时忘业、花费很大的茶宴和茶会已成为历史，但集会品茶，互相交换意见，发表各种见解，畅谈友情的内容却被保留下来了。巴学园的"茶话会"别具特色，其实是一场送别会。大家吃的是一根细细的烤鱿鱼干，但这在当时可是了不得的美味；喝的呢，只有在要上前线的阿良面前的一小杯酒。

离别本已令人伤感，何况又是要上战场？但是，小林校长用心安排，和孩子们一起带给阿良一次快快乐乐的，令在场的所有人都难以忘怀的茶话会。孩子们向阿良表达着感谢，朴实善良的阿良虽是校工，但在他身上也体现着巴学园爱校爱生的精神。他时时处处关心爱护帮助孩子们，赢得了孩子们的爱戴和感谢。爱是相互流动和相互传递的，这次茶话会也成为阿良留给巴学园、留给孩子们的一份珍贵的礼物。

谁都不曾想到，巴学园居然也会和孩子们告别，在东京大空袭中巴学园被烧毁了。这所学校全部是小林校长以自己的个人财产创办的。巴学园被毁之后，小林校长花费了很长时间在原来的废墟上又创办了一所幼儿园。但是巴学园却再也不复存在了，作为一所完整的学校，巴学园只存在了8年。但这8年留给巴学园的学生值得一生去回忆和铭记，这8年也深深地影响和塑造着巴学园的所有学生以及他们的人生。如果没有这场可怕的战争，小林校长一定会培育出更多的优秀的孩子。

面对熊熊燃烧的大火，面对在大火中逐渐消失的巴学园，小林校长只是平静地看着眼前的一切，他甚至对儿子说"我们下一次办个什么样的学校呢？"小豆豆尊重、热爱小林校长，她也理解小林校长，她从小林校长的语言动作中读懂了小林校长对孩子的爱、对教育的爱，这爱超越了他失去学校的痛苦，这爱比吞噬学校的大火还要旺盛、还要炽热。那份热爱就像他一直相信小豆豆是个好孩子一样，他对教育也始终充满着信念和力量。

好好告别，就是尽量坦然地平静地接受无法改变的一切。

那喜欢站在窗边的小姑娘——小豆豆，在巴学园学到的最后一课是学习告别，告别阿良，告别巴学园，告别小林校长，告别童年……带着小林校长和巴学园所给予给她的满满的温暖与爱，慢慢地长大了，长成了快乐真实、善良美好、了不起的黑柳彻子。

【后记】陇原名师群里有一位才华横溢的高中语文教师霍军。霍老师文采出众、信手拈来、汪洋恣肆的生花妙笔令我非常敬佩。

他经常会把自己的随笔分享到群里，最近读到霍老师写的一段话："一切都会腐烂，唯有被文字记录下来的情感、思想、语言不朽。请拿起你的笔！请为拿起这支笔修炼自己。"

这话给了我莫大的启迪和鼓舞，一股力量从心底油然而生。作为语文老师，经常惭愧于书读得不够多，字写得不好，更是一个不善于写文章的人。但也正是因为这个职业，因为语文教师的身份，和学生共同学习，要求学生做到的自己努力做到，于是开始读书、开始努力把字写好，现在开始学着写一写自己的想法，自己的故事。

从霍老师的文字中知道，写作也是修炼自己的路径。感谢霍老师的分享，真好！

能以自己粗陋之笔记录生活，记录自己的情感、思想，即使深刻不足，浅薄有余，文笔优美不足，但真诚有余。不敢不朽，能为自己的工作生活留下一丝痕迹，能做一个习作之路上的修行人，已很感恩、很喜悦。

把读《窗边的小豆豆》时的一些粗浅的感受记录了下来。本来是想带着孩子们学写读后感，逐渐养成记日记的习惯。后来又觉得这些也可以成为我们师生共读的一个记录，甚至或许会给其他老师带领孩子们读《窗边的小豆豆》时有些许启发，于是就断断续续地根据录音的进度写完了。

多做一些有意义的事情，多读一些有意思的好书。更希望因为自己的朗读让更多的孩子爱听、想听，并且能捧起书来，共同去感受读书的幸福与快乐！

时光因阅读而美好

——读《野蜂飞舞》

冬日的午后，太阳暖暖的照在身上，温暖惬意。捧着一杯热气腾腾、香气袅袅的茶，读着一本情感浓烈、真挚感人的书，平凡的小确幸让这一天快乐而美好。

说起《野蜂飞舞》，你大概会想起著名钢琴家马克西姆弹奏的钢琴曲《野蜂飞舞》吧。在速度极快的节奏中，钢琴家用它灵活的手指、高超的弹奏技巧将听众带入了野蜂飞舞的情景之中。

但是，今天我要说的不是钢琴曲，而是一本小说。这本小说的名字就叫《野蜂飞舞》。这是一位可爱的同事在放寒假之前送给我的一本书。她说这本书适合我，我一定会喜欢这本书的。

于是，在寒假的这天，大年初七，我翻开了这本书。

作者黄蓓佳，以一位老人的视角去追忆那过去的似水年华，在抗战年代人们的悲欢离合。在那个特定的时代里，那个乱世，那个动荡的时代里形形色色的人们的生活。

有爱国的教授和科学家；有为了家庭忙碌操劳的家庭主妇；有热爱中国这片土地的外国友人；有无论在任何环境、任何时代都会贪玩的可爱的孩子；有那些属于孩子和少年的真实的鲜活的情感和生活。

在阅读中跟随作家黄蓓佳，走进了她笔下的那个时代。那些可爱的纯美的人们，那些在抗战时期忧国忧民的知识分子，那些愿意把自己宝贵的生命献给祖国和民族的热血沸腾的年轻人，那些懵懂的青涩的纯真的爱情，那些吃不饱、穿不暖却也充满快乐和美好的童年。

华西坝子、抗战五大学、天地书店、听雨茶馆，这些名字和那些人、那些事，构成那个时代的一幅幅画面。

尤其是在日本人飞机轰炸的爆炸声中依然坚持上课、坚持学习，依然努力认真地过着自己平凡生活的人们让捧起这本书的我感动不已！

不由得想到了几年前看过的电影《无问西东》里，那似曾相识的情形。静心听雨的课堂，躲在防空洞里认真上课的老师和专心听讲的学生。

文中那大段大段的优美的文字也会从小说情节中流淌出来，让我仿若穿越时空去到那个如油画般的故事中。

"此时的天边，乌云散去彩霞涌出，浅粉中放出绚丽的紫蓝。空气澄澈而清凉，吸一口，甜蜜直达脚跟。路边的沟渠和水稻田里，水流湍急潺潺不断。蛙声和虫鸣此起彼伏，引来一只浑身湿淋淋的狗，怒气冲冲地奔向田埂，对着看不见的声音一阵猛吠。"

"88 个黑白琴键是两条细细的黑白颜色的河流。我要用 10 个手指，捞起河水中每一朵飞溅出来的水花。我不用眼睛，用感觉、用耳朵、用所有的神经末梢，当最后一个音符叮当一声飞起来了之后，我闭上眼睛，感觉再过 1 秒钟我就要眩晕和虚脱。"

《野蜂飞舞》这本小说虽然是用一个老人的叙述口吻，对童年往事的动情回望，是旧日情景再现，也是千万里追寻之后的生命绝唱，但是整本书的色调却是这样明快鲜亮。

正如作者黄蓓佳自己所言，"因为我要面对的是今天的孩子，从小说的楔子开始，我一直在克制、克制，要有趣，要率真，要日常，要欢乐。可是写到尾声，我还是抑制不住心中的悲伤，以至泪眼模糊，无法正常打字。我心疼我笔下那些年轻的生命、年轻的灵魂，他们是一颗又一颗划过天际的流星，如此耀眼又如此短促。他们留下来的那一张张干净的笑脸，历经漫长时光，依旧迷人鲜亮。"

推荐这本书的朋友对我说，我一定要读这本书，她说这本书值得一读，她说一定会让我流泪的。当时心中暗想，本人的泪点似乎没那么低，而且好像也已经好久好久不曾流泪了。

可是捧着这本书读着读着，从看不下去到趣味盎然，到后面，不知什么时候，眼眶早已湿润。大颗大颗的泪水，根本不受控制地流淌着，甚至让我来不及擦掉眼泪，一任泪水滑落面颊，滴到地板上。泪水的确是可以排毒的，此时的阅读仿佛在净化我的心灵，在洒泪之后，我竟然觉得无比畅快。

想象一下当年不愿做亡国奴的先生教授们，如何带着羸弱的妻子和年幼的孩子，带着他们心爱的书、仪器、实验要用的种子和动物，还有大批追随光明的学生，搭车，坐船，步行，千山万水地赶往大西南，而后在华西坝上安营扎寨，而后弦歌不辍，教学相长，让民族的精神、民族的文脉得以绵延不断。

再想象一下当年那些热血沸腾的年轻学子，如何在战火中安放自己的一张课桌，读书，做学问，讨论时局，学会思辨，直至用身躯迎向日寇的子弹。还有那些跟随父母跌跌撞撞一路西迁的孩子们呢？他们在远离故乡的地方长大，耳濡目染父兄们的慷慨悲壮，又终日浸润在书香墨气之中，他们会如何长大，又应该如何长大？

感谢送书的朋友，感谢了不起的作家，以优美的文笔和饱含的深情，用这个美好的故事让我们铭记这段历史！

今天的日子因为读书而美好！

生命里最艰难的那一年，将人生变得美好而辽阔

——读《岛上书店》

很喜欢这本和"书"有关的书——《岛上书店》。它，温暖而治愈，用温柔的笔触，讲述了一个失去了一切的人，如何走出困境，重新找到生活热情的故事。

在最艰难的那一年，将人生变得美好而辽阔

主人公 A.J.费克里，人近中年，在一座与世隔绝的小岛上，经营一家书店。命运似乎从未眷顾过他，爱妻去世，书店危机，就连唯一值钱的宝贝藏书也遭窃。他的人生陷入僵局，他的内心沦为荒岛。就在此时，一个神秘的包袱出现在书店中，意外地拯救了陷于孤独绝境中的 A.J.费克里，成为连接他和小姨子伊斯梅、警长兰比亚斯、出版社女业务员阿米莉娅之间的纽带，为他的生活带来了转机。小岛上的几个生命紧紧相依，走出了人生的困境。这就是《岛上书店》为我们讲述的那个故事。

作者加布瑞埃拉·泽文是个出生于 1977 年的对书有着极

大热情的女作家。书中无处不渗透她对于书的热爱……在扉页里她写到把这本书"献给我的父母，他们用书本丰富了我的成长历程；还要献给那个男孩，他在多年前的冬日送给了我一本《费拉基米尔·纳博科夫短篇集》"；紧接着第二页引用了波斯诗人鲁米的"来吧，亲爱的，且让我们来相爱吧，趁你我尚在人世"。就这样，亲情、友情、爱情以及阅读奠定了这本书的基调，串联起一个温暖而美好的故事。

每章的内容和这本书也有着一些关联。书中关于读书，有很多颇有意思的金句：

想要了解一个人，你只需问一个问题："你最喜欢哪本书？"

我们读书而后知道自己并不孤单。我们读书，因为我们孤单；我们读书，然后就不孤单，我们并不孤单。

没有谁是一座孤岛，每本书都是一个世界。我们得去相信。我们时常接受失望，这样我们才能不断地重整旗鼓。

每个人的生命中，都有最艰难的那一年，将人生变得美好而辽阔。

每一个在生命中经历过苦难的人，不论艰难程度，都会对这句话有所触动。艰难是什么？是辛苦和困难，是已经几乎撑不下去的苦难。面对苦难，一般认为结果只有痛苦、煎熬，但作者却说，这最艰难的这一年，会将人生变得美好而辽阔。如此一想，确有深意。遭遇生活中的磨难，如能直面苦难，并从中去思考，去反省，去改变；如此，在苦难中坚持下去的人，或许会变得比以前更加坚强和强大，更加智慧和清醒。一个内心强大、头脑冷静的人，会努力过好以后的日子，会努力将自己的生活变得美好，变得辽阔。

当然，作者想要表达的还有，在磨难中让生活变得美好和辽阔的这个艰辛过程中，不可或缺的还有阅读，还有爱。接受生活与命运安排的一切，学会主动地付出，主动地与身边的一切和解，不经意之间就会创造出生活中的美好和辽阔！因为没有人是一座孤岛，我们与万事万物之间都存在着微妙的联系。苦难有时难免遮蔽生活的阳光，但人生也能因此变得美好而辽阔。

关于阅读

夜里，费克里让玛雅上床睡觉并给她掖好被子。她虽然很累了，但还不想睡觉。费克里要想劝她睡觉，最好的做法就是给她讲个故事。"哪个故事？"他问。

他一直在唠叨让她别选《怪物就在结尾处》，所以她为了让他高兴而选了《卖帽子》。

她以前就听过这个故事，但是听不明白。这个故事讲的是有一个人卖五颜六色的帽子，他打了个盹，帽子就都被猴子偷走了。她希望这种事永远不要发生在费克里身上。

玛雅皱着眉头，紧紧地抓着费克里的胳膊。

"怎么了？"费克里问。

猴子要帽子干吗？玛雅纳闷。猴子是动物。也许就像戴假发的熊是妈妈一样，猴子代表别的什么，但是是什么……？她有想法，可说不出来。

"读。"她说。

有时，费克里请一位女士来书店大声读书给玛雅和其他孩子们听。那个女人做手势，脸上很多表情，为了取得戏剧效果，声音抑扬顿挫的。玛雅想告诉她让她放松。她习惯了费克里的读书方式——柔和而低沉。她习惯了他。

费克里读道："……在最上面，是一摞红帽子。"

图画上是一个戴着好多顶色彩鲜艳的帽子的人。

玛雅按住 AJ.的手，让他先别翻页。她扫了一眼图，又看看那页字，然后再看图画。突然她明白了"r-e-d"就是"红色"，就像她知道自己名叫玛雅，费克里费克里是她的爸爸，世界上最好的地方是小岛书店一样。

"怎么了？"他问

"红色。"她说。她抓起他的手，把它拉过来指向那个词。——《岛上书店》

这部分内容也特别引发了我——一个小学语文教师的关注和思考。近年来，我们一直提倡亲子共读，提倡让教师做给孩子们读书的"朗读者"，做

"讲故事的人"。

如果说，以前我的关注点在教师和家长身上，那么，这一段的描写，很好地从孩子的角度，告诉我们怎样进行亲子共读以及如何给孩子们讲述故事。

首先，讲故事有助于孩子，尤其是年龄小的孩子入睡，能让孩子安静下来。当然，讲述的故事也应该是优美舒缓的内容，不能过于刺激和跌宕起伏。

其次，孩子们，尤其是低年段的孩子，喜欢反复地听某一个故事。家长和老师不要过度纠正。孩子们在反复聆听的过程获得熟悉的喜悦，更会在听故事的过程中，将故事的内容、词汇、语言积累下来。如果是用手指着在讲述时，孩子还会在无意之中将语言和文字对照起来，自主地识字。

还有就是，讲述的语气应该柔和低沉，手势动作表情不要过于夸张，过于追求戏剧效果。同时，更重要的是父母和孩子的亲子共读的过程比读什么、怎么读、有什么好处更重要。不必过于在乎自己声音的标准、优美、高低、起伏……因为对于孩子来说，最亲近的、最熟悉的父母、老师的声音，就是世界上最优美的声音。

书中的玛雅，是一个不幸的孩子，刚满两岁，她年轻的还未大学毕业的母亲，因为孩子，放弃了学业，却又无力独自抚养她，而投海自尽了。

但是，母亲在临死之前给亲爱的女儿给予了一份礼物，是她能为女儿做的最后的也是最好的一件事情——就是把她扔在书店，希望她在一个有书本的地方长大，长大后爱读书。

书，把玛雅（失去母亲的孩子）和 A.J.费克里（失去爱妻和孩子的男人），这两个不幸的人联系到了一起，在相互陪伴、相互付出、相互关爱的过程中获得了救赎。

"书卷多情似故人，晨昏忧乐每相亲。"书，不仅是书，也注入了作者的情感，仿若我们亲密的故人，不离不弃地陪伴着我们，温暖着我们，抚慰着我们，启发着我们……

关于作者

《岛上书店》的译者是翻译家孙仲旭，他还翻译出了《麦田里的守望者》《一九八四》《动物农庄》《恋爱中的骗子》等 30 多部优秀的文学作品。可是，《岛上书店》却是孙仲旭先生的遗作。他于 2014 年 8 月 28 日因抑郁症离开了这个世界，年仅 41 岁。

孙仲旭生前曾在博客上写道："《岛上书店》，我要译的一本新书。译这本书，满足了我好几个心愿……译这本书时，我想起我已经有三年多没有译过轻松的书了，我会珍惜这个机会。"

这样一本充满爱、充满希望的传递着温暖的书，在告诉读者如何走出生命中最艰难时刻的一本书，却没有让他的翻译者走出自己漆黑如墨的生命的困境，这怎能不令人唏嘘？

不由得想起了诗人海子，想起了他的代表作《面朝大海，春暖花开》。"从明天起，做一个幸福的人，喂马、劈柴，周游世界。从明天起，关心粮食和蔬菜，我有一所房子，面朝大海，春暖花开。从明天起，和每一个亲人通信，告诉他们我的幸福。那幸福的闪电告诉我的，我将告诉每一个人。给每一条河每一座山取一个温暖的名字。陌生人，我也为你祝福，愿你有一个灿烂的前程，愿你有情人终成眷属，愿你在尘世获得幸福。我只愿面朝大海，春暖花开。"但是，写下了这首充满幸福和温暖的"面朝大海春暖花开"的海子却在写完这首诗不久之后，将自己的身躯倒在了山海关的铁轨。

想到写了"黑夜给了我黑色的眼睛，我却用它寻找光明"的顾城；

想到写"凌晨四点醒来，发现海棠未眠。如果一朵花很美，那么有时我会不由自主地想道：要活下去！"的川端康成；

想到写"生命的滋味，无论是阳春白雪、青菜豆腐，都要自己去尝一尝啊"的三毛；

想到写"一个人可以被毁灭，但不能被打败"的海明威；

写"你明白，人的一生，既不是人们想象得那么好，也不是那么坏"的莫泊桑……

罗曼·罗兰说："这世界上只有一种真正的英雄主义，就是认清生活的真相并继续热爱它。"反过来说，这世界上也只有一种真正的悲观主义，那就是虽然热爱生活，但确实无法继续承受生活的真相。

这些曾经写过温暖美好的文字的人，他们过早地让自己离开这个世界，到底是什么原因，已不可知，也没必要去质疑和打扰他们的选择。有时候，追求极致的美到一定程度，难免会偏执，会失望，会害怕，会想要解脱……又或许，他们就是向死而生。不必深究，如果你喜欢那些文学作品，就简单地去品味文学之美吧……

在生命最艰难的时刻可以去书店、去读书，去和身边爱书的人聊聊书，去让身边的人靠近书爱上书。在生命最艰难的时刻，从书中汲取力量，其实古往今来，曾经有很多人也曾和我们一样……咬咬牙，想想那些拥有过的幸福和快乐，再坚持一下吧！熬过灰暗，把生命里最艰难的时刻当做礼物，相信吧，它会将我们的人生变得美好而宽阔！

跟着学生读鲁迅

他，原名周树人，曾用名周樟寿。1881 年 9 月 25 日生于江南古城绍兴，1936 年 10 月 19 日在上海病逝。

这个只活了 55 岁的矮个子男人，却稳稳地坐在中国现代文学的第一把交椅上，至今无人撼动。

毛主席评价"鲁迅是伟大的文学家、思想家和革命家，是第一等圣人"，并称自己是鲁迅的学生。

许多文人都自称是鲁迅的粉丝。著名画家陈丹青就说鲁迅是第一等好玩、好看的人。陈丹青认为，鲁迅一生力求改造国民性，变"奴"为"人"，直面人生绝望抗争，横眉冷对千夫指，我以我血荐轩辕，不屈不挠的"精神界之战士"。鲁迅的"民族魂"是我们民族最宝贵的精神财富，鲁迅的抗争精神是中华民族的原始内涵。

著名画家吴冠中说，"鲁迅我是非常崇拜的"。他家中也摆着雕塑家熊秉明所作的牛，从中不难看出吴冠中对鲁迅"俯首甘为孺子牛"精神的推崇。而对鲁迅硬汉精神的继承最直接的表现就是吴冠中不断地对当下一些艺术现象开火。

吴冠中还说过这样惊世骇俗的言论。他说"中国没有鲁迅，这个国家骨头要软得多。所以我讲过很狂的话，齐白石是大画家，我说过一百个齐白石抵不过一个鲁迅，当然不好比，但我觉得齐白石少几个对于这个国家关系不是很大，但没有鲁迅，这个民族的心态就不行。"他说鲁迅是自己精神上的父亲，他要做一个有脊梁的中国文人。

但在中小学校园却长期流传"一怕文言文，二怕写作文，三怕周树人"的童谣。可是从小学到中学再到大学，又有哪一本语文书少得了鲁迅作品呢？

鲁迅到底是个什么样的人呢？他的文学作品到底有什么样的滋味呢？我们可别光听别人说。伟人也罢，圣人也要，凡人也罢，还是要像故事《小马过河》中的小马一样，我们亲自去试一试、尝一尝、读一读、想一想、品一品，鲁迅作品独特的滋味就出来了。

（部分节选自：《跟着名家学语文》（陈国丽编），浙江少年儿童出版社 2020 年版。）

再读鲁迅

当我们在本学期结合《跟着名家学语文》"鲁迅单元"，读了十多篇鲁迅的文章之后，都不禁被鲁迅幽默风趣、朴素深刻的文章深深吸引。

六年级语文上册第八单元的主题是"走近鲁迅"，这一单元以人物为中心组织学习内容，旨在引导学生透过鲁迅的笔触和别人眼中的鲁迅，初步认识和了解鲁迅，感受鲁迅这位"文学巨匠""民族旗帜"高尚的品格和伟大的成就。透过单元所选的四篇课文《少年闰土》《好的故事》《我的伯父鲁迅先生》《有的人》，让学生比较全面、深刻地了解鲁迅其人，从中受到感染、熏陶和教育。

一、研读《好的故事》

昨天和学生一起学习了鲁迅先生的散文《好的故事》。有人说这是小学六年级所学的最难的一篇课文。

《好的故事》这篇课文，是现代文学家鲁迅，于 1925 年创作的一首散文诗，选自散文集《野草》。

　　这篇课文通过对梦境中"好的故事"的描绘，反映了鲁迅先生在希望与失望的矛盾中，启示人们毁掉"昏沉的夜"，实现充满"好的故事"的生活的强烈愿望，表现了作者鲁迅对美好事物的追求与歌赞，对理想的热烈憧憬。全文笔法隐晦曲折、内容晦涩难懂、语言俏奇瑰丽，写作年代离学生的生活较远。别说学生，我们老师初读都会感到一头雾水。

　　《好的故事》其实写的是作者的梦境。而这梦，并没有清晰的主题，而是充满了虚幻、意识流的如同流动的油画一般的场景，又幻、又奇、又美、又虚……，不知道要从何讲起。还是先看看课文内容：不知道读完之后，你会有怎样的感受？

　　再说说，课文中出现的那些词语：石油（此石油非彼石油）、鞭爆、膝髁、蒙眬、乌柏、伽蓝、山阴道、泼剌、奔迸、皱蹙、虹霓……

　　一些词语随着时代的久远已经弃用了，一些词语离孩子的生活遥远，理解起来本身就很困难。更别说《初学记》，"山阴道上的精神"，鲁迅在这篇文章中表达的不满，表达的希望。

　　反复读完很多遍之后，第一个想的是怎么来解决那些词语。

　　像伽蓝、鞭爆、虹霓这些还好，指点一下也就知道了：一百年来，这些词语已经改变了用法。伽蓝就是寺庙、鞭爆就是鞭炮、虹霓其实就是霓虹。

　　像乌柏、云锦，出出图，也就知道了。

　　原来，乌柏就是一种可供观赏的植物，云锦就是我国传统的手工丝织品。只是因为离生活远，不了解罢了。

　　皱蹙也有意思，做做动作，皱着眉头，蹙着额头，学生也能一下明白。

　　更有意思的是，萍藻、澄碧、荡漾，三个词语放在一起很有画面感。能让人想到清澈，碧绿的河水里有飘荡的萍藻，水波在荡漾，萍藻也翩翩起舞，好一幅美丽的画卷。

　　至于"山阴道"，必须要结合这个单元的要求，出示资料来理解了。山阴道，是浙江绍兴附近的古代官道。那场流觞曲水的兰亭之雅集，即在山阴道上。如此一说，则让人浮想联翩。旧时的山阴道，是一条石板铺砌的驿道，如今的山阴道已是宽阔的马路，绍大线已贯通全程。关于山阴道，王羲之："在山阴道上行，如在镜中游。"王献之的描述更为具象："云生满谷，月照长空，潭涧注泻，翠羽欲流，浮云出岫，绝壁天悬。千岩竞秀，万壑争流。草木蒙笼其上，若云兴霞蔚。山阴道上行，山川自相映发，使人应接不暇。若秋冬之际，尤难为怀。"

教学之前，除了读课文、研教材、写教案之外，我从网络上看到王崧舟、刘发建两位大咖都有这节课的教学视频。于是，开始学习、观摩课例。尤其是看来王崧舟老师的课例之后，对这篇课文的理解和把握比较深入和清晰了。更是学习到了王老师，洗尽铅华始见真的越发简洁清晰的教学思路和教学智慧。

王老师巧妙地以课后习题为教学线索，化繁为简，简洁有效地将课堂内容有效串联起来，教师的教学思考清晰了，学生的学习过程也更加清晰。

结合第一题，解决字音，把课文读通读顺。再结合第二题，指导学生学习批注、理解课文。一步步、一层层，把学生带入了课文学习之中。

二、《好的故事》教后记

《好的故事》这篇被称为小学阶段最难的一篇课文学完了！教学之后，有一种意犹未尽的感觉，于是拿起笔，把这种感受和收获记录下来！

这篇课文，是现代文学家鲁迅，于1925年创作的一首散文诗，选自散文集《野草》。

这篇课文通过对梦境中"好的故事"的描绘，反映了鲁迅先生在希望与失望的矛盾中，启示人们毁掉"昏沉的夜"，实现充满"好的故事"的生活的强烈愿望，表现了作者鲁迅对美好事物的追求与歌赞，对理想的热烈憧憬。全文笔法隐晦曲折、内容晦涩难懂、语言俏奇瑰丽，写作年代离学生的生活较远。

《好的故事》其实写的是作者的梦境。而这梦，并没有清晰的主题，而是充满了虚幻、意识流的如同流动的油画一般的场景。又幻、又奇、又美、又虚……这和本单元的主题如何结合，如何落实本单元的语文要素，如何与本单元的习作衔接，这种文章怎么讲？我也有些梦幻……

于是教学之前，除了读课文、研教材、写教案之外，从网络上看到王崧舟、刘发建两位大咖都有这节课的教学视频。于是，开始学习、观摩课例。尤其是看来王崧舟老师的课例之后，对这篇课文的理解和把握比较深入和清晰了。更是学习到了王老师，洗尽铅华始见真的越发简洁清晰的教学思路和教学智慧。

按照王崧舟老师以课后习题为教学线索，化繁为简，简洁有效地将课堂内容有效串联起来，教师的教学思考清晰了，学生的学习过程也更加清晰。

课堂聚焦在"为什么说这个故事是美丽、优雅和有趣？"组织学生边读边批注，先自己读、批注，然后在小组中和小伙伴交流，最后全班交流，自己在什么地方感受到了这个梦的美丽、优雅和有趣？

这学期转来的孩子旭，是个极优秀的全面发展的男孩子，积极阳光，开朗活泼。尤其是他的朗诵很有水平，已经初步具备了那种有磁性的声音。更为可贵的是这个孩子没有向其他同学那样在高年级之后，就不再积极主动的发言，他在课堂上始终保持和老师的互动，总是在认真听讲、专心思考、积极发言。

在我们小学的课堂上特别需要孩子们的这种互动和回应，是孩子们学习专注的体现，是听讲和思考的外显，是和老师一对一相互交流的宝贵的机会，也是对其他孩子的一种思想的贡献，和行为的带动。

旭站起来说，他喜欢第五自然段，这一段，将各种美好的人、物，罗列在一起，但是并没有枯燥乏味之感，反而似乎构成了一幅优美、优雅、有趣的画面。

您知道吗？教师在课堂上的灵感很多时候是来自学生的。

听到他的发言，我感觉到自己的脑子里似乎"叮"的一下，有什么东西被打开了……马致远的《秋思》在我的心中闪现，于是我在他的发言之后，告诉学生，的确如此，"坐着小船看到两岸的乌桕、新禾、野花、鸡、狗、丛树、枯树、茅屋、塔、伽蓝、农夫、村妇、村女、晒着的衣裳、和尚、蓑笠、天、云、竹……"这一段中这些景物的罗列，不就像马致远在《秋思》中写得一样吗？"枯藤老树昏鸦，小桥流水人家，古道西风瘦马，夕阳西下，断肠人在天涯"，没有过多地描述景物，就是这样简单地罗列在一起，就构成了一幅江南水乡的优美的风景画……

孩子们随着我一起回忆马致远的小令，也理解了这样描写的特点，并且走进了鲁迅描写的画面之中。这是作者梦中家乡的美景。

现实生活中所处的寒冷昏暗，与梦境中的温馨美好形成了鲜明的对比，表达了作者内心的渴望。

感谢我的优秀的可爱的孩子们！这种相互的唤醒和触动是课堂上最美的遇见！

跟着鲁迅学写作

2022 年的暑假，我跟随教育部领航名师张艳萍老师的工作室参与甘肃省"农村骨干教师"培训。以张老师提倡的"从写出发"逆向大单元设计的理念来重新设计这一单元的教学时，发现可以将课文和课外阅读有机地结合起来，更好地帮助指导学生了解鲁迅先生，并且向鲁迅学习领悟借鉴他的写作方法。

对于小学生，也包括我这个语文老师，或许我们还不能完全走近鲁迅先生的世界，去了解先生的情怀；还不能真正领悟先生高超娴熟自然丰富多样的卓绝的写作技法。但是在这样的"从写出发"的设计理念下，会让我们老师和学生在学习中会更加关注留心学习作者的写法，从而使学习会较以前更加有效。

曾经有人向鲁迅讨教作文的秘诀。鲁迅一向认为作文没有秘诀。问的人不肯罢休，鲁迅就只好勉强告诉他 12 个字："有真意，去粉饰，少做作，勿卖弄。"就是告诉我们写作文不要装腔作势，不要卖弄自己的学问，不要夸大其词，而要真真切切、明明白白地表达自己的真情实感。

将真实的内容，真挚的情感，清晰地表达出来，呈现在读者面前，让读者能读懂、愿意读、喜欢读，在读中能感到乐趣，获得收获，这是一件多么有意思的事情啊！说来简单，做起来并不容易。

结合六年级语文上册第八单元"走近鲁迅"的学习，可以和学生一起试试"鲁迅的作文秘诀"，来一次跟着鲁迅学写作的体验吧。

一、仿写也是一种学习

1.从《少年闰土》学写开头

第八单元《走近鲁迅》的第一篇选文就是《少年闰土》。课文节选自鲁迅的短篇小说《故乡》。通过"我"的回忆，刻画了一个机智勇敢、聪明能干、见多识广的农村少年——闰土的形象，写出了"我"与闰土儿时短暂而又真挚的友谊以及对他的怀念之情。

这是一篇叙事写人的文章，作者从人物极具特点的外貌描述，写到了他的动作、语言、神态。而这一切又不脱离闰土的生活实践，通过对"雪地捕鸟、海边拾贝、看瓜刺猹、看跳鱼儿"这四件事的描述，使我们了解了人物的性格特点和内心世界，知道闰土是个聪明能干、活泼可爱、有丰富常识的农村少年。

大家都知道写人必然要写事，而且应当写值得写的事，不然人物就会平平淡淡，毫无可读之处。通过事例来写人，就是"让事实说话"，借助具体的事实来展示人物的性格特点、品质与思想特点。四件事有详有略，都是最能表现人物特点的典型事例。

课后设计了小练笔——"照片凝固了我们生活中的一个个瞬间。从你的照片中选一张，仿照第1自然段写一写。"

"深蓝的天空中挂着一轮金黄的圆月，下面是海边的沙地，都种着一望无际的碧绿的西瓜，其间有一个十一二岁的少年，项带银圈，手捏一柄钢叉，向一匹猹尽力地刺去。那猹却将身一扭，反从他的胯下逃走了。"

这就是鲁迅印象中最难以忘记的闰土的形象。虽然离开很久，但是却一直思念。脑海中会出现关于他的画面，在那样的场景中，他的样子，他的动作以及那些有趣好玩的事情……

所以我们也可以像鲁迅先生这样把脑海中的和那个人印象最深刻的故事

画面放在文章的第一段。先描写当时的环境，场景，从上到下，由远及近，如同画画一般；接下来写画面中那个主要人物，他（她）最有特点的外貌特征，他（她）的动作……

这样的开头一定很别致，充满了回忆，也富有画面感，把读者一下子就带入了你的回忆之中。

2.从《长妈妈》学习"先扬后抑"

读了《长妈妈》，我们可以像鲁迅先生那样反其道而行之。在怀念那个"深爱你，你也深爱他。他（她）永远离开了你，可是你却越来越想念他（她）"的亲人时，可以把当初你不明白、不理解、不愉快的事情放在前面，那些愉快美好的往事放在后面。文章的最后一句或者最后一段，必须是从你的心底深处喷涌而出的一句话。这是你的真实感受和真情实感，而这样欲扬先抑的写法也会更加打动读者，会给人留下更加深刻的印象。

3.跟着鲁迅学写人

鲁迅是一个战士，他以笔为武器，用一个个悲剧性的丰富而多面的，鲜活生动的人物形象揭露和讽刺社会的黑暗、世态的炎凉、人情的冷漠。

他的笔下有能干朴实的闰土，有善良勤劳深爱他的长妈妈，也有一个非常有代表性的经典的形象阿Q——那个经常遭人欺负，也欺负别人；欺软怕硬的可怜又可恨的人。

还有那令人同情的沦落为乞丐的孔乙己和祥林嫂，他们不一样的悲剧命运，令人同情，更会引发我们的思考；他们的身上有时代的悲剧，也有自身的性格缺陷……透过阿Q、祥林嫂、孔乙己……我们会更加全面地了解鲁迅先生笔下的黑暗的"吃人"的社会，也会更加了解一个个活生生的人，会明白人都是多面立体的，通过写这样的人物，会让我们更深刻地了解我们的生活和生活中我们周围的人。

跟着鲁迅看生活

读鲁迅的作品其实不是很享受的一件事情，少年时期除了那部唯一的悲剧爱情小说《伤逝》之外。其他的作品，我一度是看不下去的，哪怕是很经典的电影电视作品《阿Q正传》《祝福》……

如今人到中年的我，在为孩子们朗读节选自鲁迅先生作品《故乡》的再现鲁迅与中年闰土相见时的《兄弟重逢》这个片段时却的的确确有了不一样的感受。人总是要成长的，年少不知愁滋味，长大方悟人生苦。

中年闰土被生活折磨得像是个木偶人了！这与当时社会大背景的巨大影响有关，农民生活悲惨，受到"多子、饥荒、苛税、兵、匪、官、绅"各种磨难，让那个鲜活、健康、心灵手巧的少年成了木头一般木讷、恭敬的中年人。晚年因没钱治病而悲惨地死去，他的儿子水生也重复他的命运，凄惨离世。他的孙子本来或许也会重复爷爷和父亲的命运。

但是幸运的是，后来，闰土的孙子——章贵已经成为一个少年。因为从小家境贫寒，没有接受过教育，不识字，这让章贵很不甘心。于是他就在白天干活，利用晚上的时间去学习。为了不让自己做一个别人看不起的文盲，他还专门又去了夜校上学，成为鲁迅纪念馆的一名工作者。因为爷爷闰土和鲁迅之间的情意，章贵在报纸上发表了不少特意研究鲁迅的文学作品，并且成功被提拔为鲁迅纪念馆的副馆长。

现在的章贵住上了城里面的房子，他对现在的生活还是很满意的。章贵以后的人生不会再和祖辈们一样辛劳了。已经去世的鲁迅先生如果有感知的话，一定会为闰土子孙们的现状感到欣慰的吧。

用现代人的标准去评价一下闰土、水生和章贵这祖孙三代的命运！不知道，您会用说些什么？

"不甘心！"这三个字，却是从字里行间跳进了我的眼中。闰土和水生的命运相同，在他们父子如同复制的命运后面是无可奈何，是无力抗争，是没有办法，是只能忍受……

可是章贵的内心却涌起了可贵的不甘心，并且以自己的实际行动来实现自己的不甘心。他不甘于贫穷，不甘于重复自己祖辈的命运，去思考、去行动、去改变，更重要的是章贵碰上了好时代，使他可以在努力之后得以实现愿望。

不禁想到了老舍先生笔下的"骆驼祥子"，曾经也是一个挺脱好强的小伙子。但是，他的努力在那个黑暗的时代只能成为泡影……

由小说到生活，由书中人物的命运去思考一代人、一个时代，以及作者的创作初衷，并且由此在思考我们当下的时代，我们自己的命运。由此，书不仅只是消遣娱乐的工具，也是提升我们的思维、给我们带来改变的朋友了！

走近鲁迅

学习了《走近鲁迅》单元，品读了《跟着名家学语文》鲁迅单元中的一组文章，我和孩子们其实都不同程度读出了属于自己的感受和味道。

在六年级语文"走近鲁迅"这个单元的作业设计中，我做了这样的探究和尝试：设计孩子们喜闻乐见的，并且对提升语文素养更有帮助的"实践性作业""跨学科作业"和"长周期作业"，体现作业的"综合性和探究性"的分层作业，三选一完成。

大多数孩子选择了他们最为熟悉的图文并茂的主题为"走近鲁迅"手抄报或是思维导图。写写"你学习了这个单元的收获"这一项常规作业没人选，而耗时最多，需要分工合作的"读鲁迅、讲鲁迅、演鲁迅"的作业也有一组选了。

看到他们在微信小组，从一个孩子的发起，到家长孩子全员参与，一次次沟通、一次次交流，再到一个女孩主动担当导演，安排剧本、分配角色、准备道具、排练。这个过程中孩子们不仅熟悉了课文，了解了人物形象，对鲁迅先生也有了更加鲜活的认识，而且培养了对于孩子们终身成长都有益处的与人相处合作分工的能力。他们的表演，赢得了同学们一次次热烈的掌声和赞美，也让其他小组跃跃欲试。

同时针对学生害怕写作文、不愿意动笔写的现状，我结合阅读鲁迅先生作品的感受和课文的学习在此期间写了《跟着孩子读鲁迅》《跟着鲁迅学写作》《<好的故事>教后记》等三篇教育随笔。以老师的亲身实践去了解学生在作业完成中的困难，以老师的示范影响带动学生。

为了让学生把课外阅读更好地落实下去，结合《跟着名家学语文》"鲁迅单元"还开启了师生共同朗读鲁迅作品的这项长期作业。

一个风趣且严肃，幽默又深刻的；是乡村的，也是都市的；是朴素的，也是凝练的；是过去的，也是今天的，还将是未来的鲁迅先生就这样渐渐地走近了我和孩子们的面前……

在布置寒假作业时，和学生交流假期读什么书时，孩子们议论纷纷，有个孩子说，"老师，寒假我想继续读一读鲁迅的作品……"

为你读诗

——童诗唤醒童心，每天一首童诗陪你成长

"做个幸福的朗读者，以朗读触摸文学，以朗读遇见美好！"这是参加 2018 年"清玄杯"全国朗读大赛时我的参赛宣言。大声朗读的好处，我们都知道，但大声朗读的幸福，只有亲身体验的人才可以感受到。朗读是理解文学作品的一种很美妙的方式，朗读的过程，不仅让他人听到、感受到，最受益、最感动、感触最深的其实是朗读者自己。

组织全校师生参加"清玄杯"朗诵大赛，我也作为参赛者参与此次活动，不仅是自己喜爱朗读，也是以亲身经历和参赛的经验来具体指导老师、家长、学生们，告诉大家如何报名，如何录制，如何投票。

我选择的参赛作品是林清玄先生的散文《常想一二》，借此来传递一种积极乐观向上、感恩知足的心态，也提醒和勉励自己，做一个知足感恩、乐观积极的人！

没有哪个人是一帆风顺，一路平坦的。人生不如意十之八九，不如意才是人生的常态，但是如果只限于那八九分的不如意，就会使生活变得苦不堪言，应该多想想那一二成的如意和幸福。做一个知足感恩的人，能经常念及生活中自己拥有的东西，感恩拥有的一切，感谢那些不断付出、不断帮助自己的人和事，而且还应该学会从平凡琐碎之中去发现乐趣、发现幸福，并学会创造幸福。

随着岁月的流逝，慢慢发现认真、踏实地工作着，日复一日、年复一年，平静地生活着，才是一种踏实的、稳稳的幸福。幸福就在平凡琐碎的生活和工作之中，等待我们去发现、去感受、去传递、去创造、去播撒。

每天清晨，醒来的第一件事就是为自己投一票，听一遍自己朗读的《常想一二》，每天都会在此时再一次嘉许自己，勉励自己，告诫自己，懂得感恩、知足，真正活在每一个当下。

"清玄杯"全国朗读大赛还未结束，又接到了小语会推荐参加的"巅峰兰州"诵读大赛的活动通知。学校这段时间活动比较多，班主任们非常辛苦，因此把活动通知下去之后，我告诉班主任老师让愿意参加的家长直接和我联系、对接，不再给老师们增添负担。

但是，这个决定却给我自己带来了超乎想象的繁重的任务。全校各个年级、班级热心的家长们的电话、QQ、微信上的询问、了解、咨询、填表、回复、修改、再上传、打印以及在这个过程中依然不断地产生新的问题和一问再问。

实在无以应对了，最后索性通知，咱们建了个群"静小朗读者"。一则想在群里统一回复解答相关问题，并对后面参赛事宜进行通知，不用再一对一得解答了，二则做一个朗读者，唤醒孩子们去朗读一直是我的愿望。困难得以初步解决，但是仍有很多家长，在询问孩子参赛的具体事宜，孩子应该读什么篇目，希望能给以具体指导。每个班孩子们的具体状况，我并不了解，如何具体指导？只能在群里，根据自己并不专业的经验加以泛泛说明。

有时候，办法和灵感会在你坚持的过程中，就那么在不经意之间降临。一直仰慕尊敬钦佩的热爱生活、热爱教育的赵金花老师一直坚持给她的学生每天发送一首童诗。

我并不了解她发送之后，会指导孩子们做些什么？就按照自己的想法，把她发的童诗转发到"静小朗读者"群，刚开始只是给孩子们和家长们推荐，可以在比赛中读此类作品，我本人不太主张孩子们读过于成人化的诗歌散文。

没想到，当天晚上就有孩子用语音开始读诗了，一个接一个，孩子们读得有模有样，当然在字音、节奏和情感把握上也有些不足之处。于是，我每天晚上又有了新的任务，听孩子们读诗、给他们示范，会做一些不够专业的指导。慢慢地看到孩子们一点点的进步，慢慢得到了那么多认识、不认识的孩子和家长的理解和认可，尤其是听到我校学生在"巅峰兰州"诵读大赛中，晋级的孩子最多时，我的心中充满喜悦，做自己喜欢的事情，哪怕辛苦也值得。

作为语文老师，又兼班主任，我深知老师们的工作繁忙辛苦。只因从5月8日起到现在，我在带领孩子们朗读的近一个月的时间里，有坚持、有付出、有收获、有喜悦，方才把童诗转发到工作室的群里，希望童诗给我们的生活带来几分童趣，并能对老师们的语文教学、朗读指导、语言训练能有所帮助。

同时也感谢这段时间收到的来自大家的鼓励和支持，今天把自己的感受和工作室的伙伴们分享，希望在大家共同努力下能盛开出更加美好的朗读之花！

"三读两翼"有效提高学生朗读能力的研究

一、研究的基本观点和主要结论

1.观点背景：21世纪是一个从"知识核心"的时代走向"核心素养"的变革中的时代。语文学科的核心素养是什么？

语文学科核心素养包括：语言建构与运用、思维发展与提升、审美鉴赏与创造、文化传承与理解。其中，语言建构与运用是语文核心素养的重要组成部分，也是语文素养整体结构的基础层面。阅读能力、思考能力和表达能力可以看成学生的三大核心能力。朗读能力是集阅读、思考、表达于一体的综合能力。

当《朗读者》《见字如面》等热门的语言类节目被搬上荧幕，当无声的文字遇见有声的倾诉，产生的张力与魅力撞击无数观众的内心时，我们知道朗读其实属于每一个人。朗读不仅仅是一种学习方式，更是传递情感、传承精神的一种手段。

教育部、国家语委在近日发布《关于进一步加强学校语言文字工作的意见》，指出学生应掌握和具有与学段相适应的书面写作能力、朗读水平和书写能力。对于朗读的重视由此可见一斑，更有人凝练为——会朗读要成为学生的基本功。《语文课程标准》则明确提出："各个学段的阅读教学都要重视朗读和默读。"小学阶段朗读的总体要求是：用普通话正确、流利、有感情地朗读课文。在语文教学中，朗读也是一种重要的教学方式。朱自清先生在《论朗读》中强调："读的用处最广大，语文教学上应该重视它。"

但在当下小学语文教学实践中，大部分时间仍然用在讲、问、答、练、写，以及"流于形式"地讨论、交流。课堂上用于朗读指导和练习的时间比例较低，正确、流利、有感情地朗读课文达到的程度不够。而且课堂上孩子们朗读展示的面较窄，朗读的往往仅限于是朗读水平较好的个别孩子，大部分学生只是旁观者，是听众。还有就是课堂上朗读训练只求形式不求实效。教师要求学生做到正确、流利、有感情，但缺乏让学生达到这个标准的有效的训练。朗读能力如此重要，但是学生缺少朗读兴趣，朗读中存在的问题不少，而且相当一部分语文教师自身缺乏必要的朗读技巧和方法，难以有效指导学生朗读。家长们越来越重视家庭教育，重视培养孩子的学习习惯、读书习惯，但孩子们的读书的兴趣和效果却相差甚远。

如何让师生喜欢朗读，让朗读成为师生的基本功，成为孩子受益终生的语文素养？让老师和家长们用朗读来陪伴孩子成长，给孩子最好的滋养？让我们的语文课堂，让我们的家庭充满琅琅书声，悠悠书香？这成为我们提出《"三读两翼"模式有效提高学生朗读能力的研究》这个课题的出发点和探索方向。

2.基本观点：朗读能力是小学生应具备的一种出声阅读的方式和能力，是把书面语言转化为富有表现力的声音语言的能力。《语文课程标准》则明确提出："各个学段的阅读教学都要重视朗读和默读。"小学阶段朗读的总体要求是：用普通话正确、流利、有感情地朗读课文。朗读是进行阅读的基本技能，是培养阅读能力的第一基本方法。

3.主要结论："三读两翼"模式，即"三读相融，两翼齐飞"，是探索提高小学语文阅读教学和学生朗读实效性的一种教学模式。通过本课题的研究，通过教师、学生、家长三个维度多种形式地阅读行为；通过"会读、悦读、慧读"三种读书的层次，使孩子们切实学习读书的方法，增加阅读量，提高读书的实效性，使学生在读中感知、读中感悟，通过朗读理解文本，培养提高学生阅读理解能力，最终促进学生写作水平的提高。一"会读"，会选择读的内容，并逐步学会语用表达；二"悦读"感受读书的乐趣，享受阅读的喜悦；二"慧读"，开拓阅读视野，提升阅读品质。

"两翼"一指借助课内阅读和课外阅读之翼进行"三读"；二指通过"三读"促进教师专业成长之翼，发展学生语文核心素养之翼；三指通过"三读"激发学生朗读兴趣，提高学生朗读能力。通过本课题研究，使学生通过多种形式地朗读，陶冶性情和情操；让学生在朗读中潜移默化地形成语文综合素质，促进学生全面提高语文素养。通过本课题研究，使教师掌握较成熟的朗读指导技巧和方法，促进教师专业成长和教科研水平的提高。

二、研究的过程方法、主要特色与创新；

研究过程方法：

（一）完善课题研究结构，明确分工，为研究增效

1.研究变更情况：课题研究过程中由于工作变动，研究人员结构也做以调整，成立了课题领导小组。职责：负责为课题调研组的研究和实践提供保障；优先为课题组的研究提供必要的办公用品；为课题组的研究提供经费。

2.成立了课题研究实践组，由课题主持人任组长、学校语文学科骨干教师参与其中，职责是：负责课题研究的学习研究和实践。

（二）课题研究情况？

1.重视理论学习，在学习中更新观念，提高认识。

2018 年 3 月 28 日，我们诚邀了甘肃省教科院李丽娟所长参加了开题会。活动分为课题专项指导和立项课题开题报告和李所长的专家讲座两个版块。李所长认真听取了报告后，结合课题实际情况，就如何做好课题过程性研究做了翔实的专题辅导。

课题组组织成员采用集中分散相结合的方法，通过网络学习、学习专著、阅读教育类刊物，学习有关朗读教学的教育教学理论，写好教育随笔，积累教育智慧，用以指导自己的教学行为。老师们阅读了大量的课外阅读指导书籍和教育科研书籍，撰写的理论学习教育随笔。通过学习，努力从理论层面上引导课题组的老师们对课题的背景、科学依据、教育思想、实践价值全面把握，实现教育思想、教育观念的转变。通过课堂实践和理论学习，具体分析在平时朗读教学中存在的主要问题，从根本上找到问题根源，制定可行的研究的路径和方案，从而更好地去解决问题。

2.编制调查问卷，进行调查研究？

课题组汪淑琴老师编制学生、教师不同层面的调查问卷，并从静宁路小学，草场街小学，西北新村小学低、高年级学生，教师，家长中分别选择样本，进行调查。结合课堂观察，了解到学生在朗读兴趣、朗读习惯以及喜欢朗读的文体、朗读所用的时间长度方面的真实水平及存在的问题，并根据调查结果发现学生的朗读兴致不高，朗读水平一般，朗读中还存在诸如多字、丢字，声音放不开，语气、停顿掌握不好，情感表现力不强等一系列问题；课堂教学中学生用于朗读的时间少之又少，大量的时间被教师的讲解占用，语文课以读为本，读中感悟的理念难于贯彻；教师缺乏必要的朗读技巧和方法，难以有效指导学生朗读；学生课内朗读机会少，课外朗读的机会更少。

3.研究过程和方法：

（1）从教师层面做起，研读相关书籍，提高对朗读教学的价值的认识，更新教育教学理念。从课堂教学抓起，研究阅读教学中朗读能力培养的模式及方法，优化课堂教学结构，改进教学方法，创建有效的指导学生提高朗读能力的语文课堂。通过观课，分析与综合，对阅读教学中有效指导朗读的策略和模式进行总结和提炼。根据行动计划，结合教学现状，以典型的课堂教学案例为素材，找出解决问题的抓手。通过课题组成员的共同合作，具体分析、反思，有步骤地进行研究。

（2）本课题研究建立在构建有效教学的背景下，从学生角度出发，根据小学生心理生理特点，研究适合他们的朗读指导诵读方法，通过反复诵读，感受朗读之美，受到熏陶。我们希望能够通过课题研究，提出解决小学语文阅读教学课堂低效，语文教师朗读水平不高、指导朗读的能力有限，学生朗读兴趣低的有效策略。

（3）课题研究建立在语文名师工作室和语文中心教研组的平台之上，从课堂教学到课外阅读，从课堂延伸到环境育人渗透，研究如何在环境中营造全民阅读、人人可做"朗读者"的文化氛围，如何在校园、教室、家庭中创设浓厚的阅读的学习环境，使孩子在环境中受熏陶，受教育。课题组教师涵盖了城关区不同类型的学校，课题组采用全面、有针对性的、较为可行的对策、方法与措施并付诸行动，使课题研究的成果能更好地为教师、学生和学校服务，切实提高小学朗读教学效率。

（4）采用"走出去，请进来"的方法，构建课题交流学习平台。进一步完善共赢互惠的教学研究制度，拓展互惠的内涵，积极主动、坦诚无私地公开自己的教学与思想，在学校支持下，积极组织课题组老师参加各种教学观摩、学习、参观活动，也邀请其他学校教师参加我们课题组的观摩活动和研讨活动。迄今为止，课题组老师参加或组织的活动有：

（1）2018 年 3 月 28 日，邀请甘肃省教科院李丽娟所长参加开题会。李所长认真听取了开题报告后，结合课题实际情况，就如何做好课题过程性研究做了翔实的专题辅导。

（2）2018 年 4 月 11 日"一路书香　幸福成长"——静宁路小学举行"书海畅游读书月"活动启动仪式

（3）2018 年 9 月 14 日"赏文明与国学相遇之美，悟经典与美德育人之乐"——秦安路学区"诵经典诗词·做博雅少年"诗词大赛活动。我校学生脱颖而出，代表秦安路学区参加城关区诗词大会，获得全区第三的好成绩。

（4）2018 年 9 月 30"祖国发展我成长，我诵诗歌赞祖国"——静宁路小学举行庆国庆 69 周年主题活动

（5）2018 年 3 月—4 月开展"人间四月天"——静宁路小学语文教研组

"整本书阅读"教学研讨活动

（6）2018年4月29日"最为优雅是读书"——记静宁路小学一年级4班"书香润童年"读书会首秀

（7）2018年6月9日"读书，许时光安暖，让灵魂从容"——语文名师工作室组织教师学生家长好书推荐共读活动

（8）2018年9月9日"相约沈石溪动物世界"——静宁路小学班级亲子读书分享会

（9）2018年10月2日"学思行，阅读悦美"——语文名师工作室开展朗读教学活动

（10）2018年10月"规范普通话发音，感受汉语言之美"——静小语文教师普通话语音培训活动

（11）2018年11月下旬"我是小小故事家"——低年级组举办故事大王比赛

（12）2018年12月8日，课题组带领静小朗读者群的小朋友和家长，参加由市委宣传部主办的第二届"爱兰州·爱阅读"——2018阅读嘉年华在甘肃大剧院举办的读书会活动。

（13）2019年1月10日—14日课题组老师赴长沙参加首届诗词教学大会。

（14）2019年4月23日组织静小班级世界读书日亲子读书会。

（15）2019.10.21"大胆实践展课堂风采 专家把脉促教师成长"——"专家把脉问诊课堂"教师培训活动

（16）2019.11.24"携手教研促发展 共享幸福之语文"——联合开展语文教学研讨会

（17）2020年1月8日邀请省教科院闫婧华所长指导"静心教研 致远幸福——课题培训暨课题开题会研修活动"

（18）2020年2月—4月疫情线上教学开展朗读活动

（19）2020.5.18"赋能理想课堂，师徒携手展风采"——静宁路小学35

岁下青年教师研讨课活动

（20）2020.7.10"展教师风采　促技能提升"——一体化办学首届青年教师基本功比赛

（21）2020.08.18"诵读经典诗词　品味传统文化"——静小四年级二班暑期开展《乐诵经典》诗词竞赛活动

（22）2020.10.16"悦读悦享　一路书香"——静宁路小学一体化三校教师开展语文大教研活动

（23）2020.11.22"崭露头角显风采　新人亮相促成长"——静宁路小学一体化办学开展"逐梦幸福课堂"新教师亮相课活动

（24）2020.12.10"一起分享朗读的乐趣"——静小创成分校开展好书分享活动

（25）2020.12.21"遇见未来　遇见美好"——《未来学校》读书分享交流会

（26）2021.02 寒假亲子读书活动

（27）2021.04.12"看见未来教育　赋能理想课堂"——语文"同课异构"研讨活动

（28）2021.04.12"静书房，我们在一起"——静宁路小学读书沙龙分享会

（29）2021.04.19"新人展风采　历练促成长"——工作三年以下语文教师研讨活动

（30）2021 年 4 月 23 日"我们一起走"——崔承惠名师工作室读书沙龙活动

（31）2021 年 4 月 27 日"重温经典诗词　汲取奋进力量——毛泽东诗词朗诵会"

（32）2021 年 5 月 7 日"集团交流促成长　联合教研共进步"集团——一年级语文教研活动

（33）2021 年 5 月 10 日"淬炼课堂艺术　探寻教学魅力"——集团语文

优质课、新入职教师赛课活动

主要特色与创新

（一）通过研究，探索形成提高小学语文朗读教学和提高学生朗读能力的"三读两翼"教学模式。"三读"，一指教师、学生、家长三个维度多种形式地朗读行为；二指"会读、悦读、慧读"，"会读"，会选择朗读的内容，并逐步学会朗读；"悦读"感受朗读的乐趣，享受朗读的喜悦；"慧读"，通过朗读开拓阅读视野，提升阅读品质。"两翼"，一指通过"三读"促进教师专业成长之翼，发展学生语文核心素养之翼；二指通过"三读"促进书香班级和书香校园的建设之翼，促进书香家庭的形成之翼。

（二）以课题组成员所在学校、所在年级为主阵地，按照上述"三读两翼"模式，研究探索实践：教师层面，热爱朗读，提高朗读水平；学习掌握必要的朗读技巧和方法，有效指导学生朗读。学生层面，喜欢朗读，学习掌握必要的朗读技巧和方法，逐步做到用普通话正确、流利、有感情地朗读课文。家长层面，善于学习，乐于读书，积极主动地参与亲子共读，乐于参与班级读书会，坚持用朗读来陪伴孩子成长，给孩子最好的滋养。

三、研究的主要进展（实践中的新思路、新举措，理论上的新观点、新发展）

通过长期的语文教学实践中的发现，结合课题调查问卷之后的分析，以真实的课堂观察为依据，我们对小学语文阅读教学从朗读教学这一角度进行观察、思考、研究和改进。将提高学生朗读能力作为终极目标，从而设计新的思路和举措。

1.作为语文教师需要重新审视朗读教学，重新认识朗读。

朗读是语文课堂上教师最为熟悉的教学内容和教学手段，但是究竟什么是朗读？为什么要在语文课堂上指导学生朗读？怎样指导学生朗读？这些问题，很多语文老师并不是很清晰。

朗读（reading aloud），是一种大声的阅读方式，它是完成阅读起点的基本功；就语言学习而言，无论中文还是英文等任何语言学习，朗读都是最重要的。

朗读是进行阅读的基本技能，也是培养阅读能力的第一基本方法。朗读教学作为语文阅读教学的组成部分，不等于学习朗读，而是通过朗读的方式来启发引导学生感知、体验作品的言语形式。其目的直接指向阅读教学的目的，即掌握阅读课文的方法，实现言语能力的提高。朗读教学中的朗读，既是教学方法，也是教学内容之一，是一种方法和能力。作为教学方法的朗读，可以较通俗地理解为"用朗读"，而作为教学内容的朗读，可理解为"能朗读"。即教师通过运用朗读来教语文，如教师范读、放录音、组织学生朗读等；学生通过朗读去学语文，如课堂上的集体读、个别指名读、小组读、分角色读等。

2.教师的朗读能力与水平直接影响作用学生的朗读。

有人说，教师的朗读水平直接影响学生的朗读水平的提高程度。尤其是小学生，教师的朗读行为会潜移默化地影响学生去聆听、模仿、学习。在一篇课文学习之前，教师声情并茂地范读会帮助学生进入到课文描写的情景之中，会激发学生学习文章的兴趣和愿望；当课堂中当学生读不到位时，教师耐心细致有针对性地范读和指导，能帮助学生学习朗读的方式和方法；当学生学习理解遇到困难时，教师惟妙惟肖地朗读能帮助学生更好地理解文字背后的内容和主题。

语文教师迫切需要学习提高自己的朗读水平。课题组研制《教师朗读教学指导手册》，站在前人的肩膀上总结提炼，帮助教师更好地了解改善声音、提高朗读能力的技巧和方法。

从"朗读的气息"到"吐字归音"的训练，学习掌握"重音、停连、语速、语调、语气、节奏"的变化，进而研究学习了解朗读教学的常用形式，并将这些技巧方法灵活地运用于朗读教学的设计之中。

3.家庭中的阅读习惯和亲子共读对学生朗读能力也有重要影响。

学生朗读能力的提高也需要家庭中读书氛围的熏陶和影响。在《朗读手册》中"你或许拥有无限的财富，一箱箱的珠宝与一柜柜的黄金。但你永远不会比我富有——我有一位读书给我听的妈妈。"这句话打动了无数热爱阅读、重视阅读，并且深爱着孩子、学生的家长和老师们。为孩子朗读，不仅为孩子种下阅读的种子，促进亲子关系，也在教孩子一种读书的方式，为孩子朗读也让朗读者自己获得全新的读书感受。想方设法，通过多种形式，让家长参与朗读教学之中，能够让学生朗读能力的提高事半功倍。

4.结合统编教材有效提高朗读能力

统编版小学语文教材中有 198 篇课文课后题中提出"朗读课文"的要求，占小学阶段课文总数的 63%。安排朗读的课文有儿童诗、现代诗、文言文、童话、寓言、散文、小说等，几乎涵盖了所有文体。

统编教材里针对不同年级、不同文体，提出的朗读要求不同。从课后习题看，就"朗读"本体分别提出了"朗读课文""有感情朗读课文""分角色朗读课文""反复朗读课文"这些要求。

附：统编教材朗读要求分析表

年段朗读要求	朗读课文	分角色朗读课文	有感情朗读课文	正确、流利朗读课文
低年级	87 次	10 次	1 次	0 次
中年级	55 次	9 次	9 次	5 次
高年级	15 次	1 次	15 次	6 次

从统计中正对应了《义务教育语文课程标准》（2011 年版）中"学习用普通话正确、流利、有感情地朗读课文"这一符合学生身心发展规律的循序渐进、螺旋上升的朗读要求。

朗读从读正确开始。一年级提出的读好字音、停顿，二年级的读好多音字，四年级的读好课文中出现的外国神话人物名字、读好科技用语……教材都是指向读正确的指导方法。再如，从读正确到读流利，再到读出感情，教材中有细化的指导方法渗透其中。三四年级提出"有感情朗读，读出喜爱之情和情感变化"，五六年级要求"有感情朗读，读出气势，用不同的语气读"。这样的指导由点及面都指向"有感情朗读"这一要求。分散看，朗读指导是针对课文朗读难点，一课一得，细化指导；整体看，又是系统规划，循序渐进式的指导。这样的指导体现了小学阶段淡化朗读技巧的思想，又让教师和学生在朗读时有了方向，克服了朗读训练的模糊化倾向。教师一定要认真研读教材，从单篇到单元，到全册、年段以及整个小学阶段的完整的知识能力的系统要求，才能真正做到用教材教方法培养能力。

结合统编教材有效提高朗读教学实效性：找到朗读教学与教材教学重点难点的结合点；找到朗读与单元人文主题和语文要素的结合点；找到备课朗读时的感动点、泪点、思维激活点；找到激发学生朗读的趣点和亮点。设计有效的主要问题和小问题来让朗读指导更有效；通过评价让朗读助力阅读理解；通过音乐渲染让朗读之美打动学生。

5.通过多种形式巩固朗读教学的效果。

朗读，是用声音触摸文字，是能力，是方法，是需要日久天长的练习和巩固的。在课堂上结合统编版语文教材，有效有趣地激发孩子们朗读的兴趣，教给孩子们朗读的技巧方法。在学校、在家庭、在校内校外，想方设法运用多种朗读形式，让朗读成为孩子们的一种习惯、一种兴趣和技能。通过朗读让孩子们爱上阅读，提高阅读理解的能力；通过朗读，培养学生自信乐观，敢于表达；通过朗读让班级充满书声琅琅、让家庭洋溢书香……

四、课题研究成果

1.理论成果

（1）形成"小学生朗读能力研究的现状与问题"调查报告。

（2）我们认为制约影响学生朗读能力养成和提高的主要因素有两方面，一是学生主观因素：包括学生已有的语文知识储备量、朗读兴趣、朗读习惯、朗读技巧的指导和练习。二是外在客观因素：包括教师在语文课堂上的教学实效以及对于学生阅读能力、朗读能力的指导和培养；家庭中对于孩子阅读习惯、以及朗读习惯的培养。

（3）我们提出的解决策略有：

a.教师明确朗读的目的性，了解不同年段学生朗读训练层次。在不同学段，应对学生提出不同要求，由浅入深，由易到难，循序渐进。在一节课中，初读、再读、品读、诵读等每一个环节也都应该有明确的目标，恰当的目标。教师在备课时，应认真备好每一课的朗读要求，也就是为什么要读，读后要达到什么目的。

b.采用合适的方法和技巧进行朗读训练，追求实效。朗读的形式多样，按音量大小划分，有默读、轻声读、朗读等；按速度快慢划分，有浏览、略读、精读等；按参与面划分，有个体读、小组读、齐读等；按思维运动划分，有自由读、带问题读、悟读等；按表现形式划分，有分角色读、表演读等；此外还有老师的范读、带读、领读、引读等。但各种形式的朗读都有各自的功能及适用范围。要选择什么方式指导学生朗读，要根据课文特点，教学目标，学生的实际情况而定，切忌为了朗读而朗读。

c.教师的示范朗读不可少。学生们都比较喜欢模仿。如果教师的朗读水平高，在课堂上能把课文读得有声有色，入情入境，对学生产生很好的示范作用，就会潜移默化地影响学生。学生们会学着老师的语音、语调、节奏等来朗读课文，久而久之，就会起到润物细无声的效果。

d.对学生进行恰当而富有激励性的朗读指导和评价。语文课堂上朗读指导中的评价至关重要。学生朗读后要及时地给予评价，特别是对于那些读得不太好或者胆小怯场等的学生，在指出不足时要予以肯定和鼓励，提出建设性的建议。首先，教师的评价语言应该恰当。其次，教师应该认真聆听学生的朗读，不要仅仅是在学生读完后作一个简单的评价，在学生朗读的时候，应该在肢体语言方面表现出认真倾听的姿态。最后，要注意学生互评中出现的问题。教师应及时引导学生做出有效的评价，把评价的面放宽，多去注意学生朗读的技巧，让学生从多方面去评价同伴的朗读。

e.开展形式多样丰富多彩的亲子读书会。学生和家长之间交流读书收获，学习借鉴读书方法。指导鼓励家长在家中布置出书房、读书角，制定家庭读书时间，营造家庭的读书氛围。

f.充分利用现代化多媒体教学手段，通过 QQ 群、微信群，布置诵读作业，通过语音作业，相互聆听、相互评价、相互学习，在读、听、说、评、写的多种形式交流和练习中强化学生在课堂所学，并且从学校延伸到家庭中。

（4）论文成果：经课题组全体人员的努力，研究成果丰富，其中完成相关论文：课题主持人崔承惠老师撰写论文《在阅读中遇见美好》发表在《甘肃教育》2017年第十一期。参与编写甘肃省教科院组织，甘肃教育出版社出版的"陇原名师工作室研修成果丛书"之一——《陇原名师教学设计理论与实践》。课题组刘红老师撰写的论文《浅析新课改下小学语文高效课堂的构建》发表于2018年第8期《新课程》杂志。汪淑琴老师撰写《有效预习助力语文学习》《基于审美鉴赏与创造的小学古诗教学策略》分别发表在2019年《甘肃教育》和2021年《甘肃教育研究》杂志。景蓉老师撰写《爱的流沙——教室里的那些事》发表于2019年《新课程》。邹洪涛老师撰写《让小古文充满情趣》发表于2021年《新课程》。以上论文均在知网收录。

（5）音频视频材料：近几年课题组成员和学生家长在喜马拉雅APP上音频朗读，可以作为课题结题支持性材料。2018年6月组织亲子读书会《在朗读中遇见美好》视频资料在人民网发布，被《甘肃日报》报道。带领家长和学生参加2018年第二届"爱兰州·爱阅读"阅读嘉年华活动。

（6）教学随笔及专著：课题组主持人在此期间撰写了《边读边写——师生共读<窗边的小豆豆>札记》（两万字）、《为你读诗——童诗伴成长》（七万字左右），包括《课题研究报告》、过程性论文随笔、教育叙事在内的《课题资料汇编》也将在今后以专著的形式出版。

2.实践成果

（1）促进学生朗读能力的提高。经过三年多的课题研究，提高了学生对朗读重要性的认识，加强了朗读训练，激发了学生朗读的兴趣，培养了学生良好的朗读习惯，提高了学生的朗读水平。

（2）提升了教师的语文专业素养，带动了语文阅读教学的优化。教师朗读指导实效性提高，教科研意识和能力显著提高，在研究实践中，教师努力将先进的教育思想内化为自己的教育教学理念，转变为自己的教育行为，升华为自己的教育教学特色。通过学习、思考、实践、反思以及与课题组老师的讨论交流分析，发现朗读教学指导中存在的问题，在学习和实践中提高自己的朗读水平，在课堂教学实践中提高朗读指导的实效性。

3.主要创新点：

（1）学生朗读能力提高的关键在教师，研发出《教师朗读教学指导手册》，有效帮助教师更好地了解改善声音、提高朗读能力的技巧和方法。从"朗读的气息"到"吐字归音"的训练，学习掌握"重音、停连、语速、语调、语气、节奏"的变化，进而研究学习了解朗读教学的常用形式，并将这些技巧方法灵活地运用于朗读教学的设计之中。

（2）结合统编教材有效提高朗读教学实效性：找到朗读教学与教材教学重点难点的结合点；找到朗读与单元人文主题和语文要素的结合点；找到备课朗读时的感动点、泪点、思维激活点；找到激发学生朗读的趣点和亮点。设计有效的主问题和小问题来让朗读指导更有效；通过评价让朗读助力阅读理解；通过音乐渲染让朗读之美打动学生。

（3）充分利用现代化多媒体教学手段，通过晓黑板 APP、QQ 群、微信群，借助 QQ 群、微信群搭建语音、朗读交流平台，布置诵读作业，通过语音作业，相互聆听、相互评价、相互学习，在读、听、说、评、写的多种形式交流和练习中强化学生在课堂所学。从学校延伸到家庭中，激发学生朗读兴趣，促进学生朗读习惯的养成，提高学生朗读水平，潜移默化地促进亲子共读和家庭读书氛围的形成。

（4）开展形式多样丰富多彩的亲子读书会。学生和家长之间交流读书收获，学习借鉴读书方法。指导鼓励家长在家中布置出书房、读书角，制定家庭读书时间，营造家庭读书氛围的形成。

五、存在的问题

1.课题组教师整体教科研水平还需要切实提高。部分教师的教育理论水平，对教材解读的深度广度研究不够。备课时缺少朗读指导的准备，课堂朗读指导效果不尽如人意。

2.教师自身的朗读能力和指导朗读的能力还有待提高。在朗读教学过程中，应如何做到朗读训练的科学性、系统性和完整性，以及用于指导朗读的时间分配不够合理。

3.《教师朗读教学手册》还有待完善，缺少更加细致可以推广的教学案例。

六、今后的研究设想

1.三年多的研究实践，使课题组的老师们深深感受到学习的重要性。读专业的书籍，深度思考，及时积累，并将所学、所思、所获运用到教学之中，真正做到学有所用，学思研行结合。

2.加强课题运用研究与实践，在语文课堂将课题成果科学有效地运用，切实有效提高学生的朗读水平。

3.亲子读书会的有效性还有待提高，让朗读使读书会更有趣更有效。

4.注重理性思考和系统性学习和研究。随时积累整理课题研究中的过程性资料，以免遗漏，并且在积累整理中获得新思路与新收获。

最后借用薛瑞萍老师的这段话，勉励自己和课题组的所有老师坚定地将朗读教学在语文课堂中有效地进行下去。"朗读是什么？朗读是我们背离太久的太阳，是我们遗忘太久的篝火。因为在孤独与寒冷的荒漠里漂流得太久了，且让我们用心点燃心，用朗读带动阅读。捧起好书来，围拢在阳光下，聚集到篝火旁。在客厅、在书房、在教室、在办公室；为儿子、为女儿、为学生、为自己——为珍藏于心中、沉默于书中的美好世界，发声朗读起来！"

琅琅书声，朗朗乾坤。做一个好老师，做一个朗读者！

参考文献：

1.张颂.朗读学(第三版)[M].北京:中国传媒大学出版社(原北京广播学院出版社),2010.1(2017.11第6次印刷)

2.王宗海.童向朗读[M].上海:复旦大学出版社,2021.

3.窦桂梅.跟窦桂梅学朗读[M].桂林:广西师范大学出版社,2015.6(2019.4重印).

4.吉姆.崔利斯.朗读手册(美)[M].沙永玲,麦奇美,麦倩宜译海口:南海出版公司2009.

最为优雅是读书

——记静小一年级四班"书香润童年"读书会首秀

【编者按】

最爱人间四月天，结伴读书好悠闲……

读书，是世界上最美的遇见……

读书，可以遇见最美的人，

读书，可以遇见最好的事，

读书，可以遇见最有趣的灵魂，

读书，可以遇见最优秀的自己，

读书，可以让优秀成为一种习惯……

【缘起】四月，静小掀起"读书热"

为迎接第 23 个"世界读书日"的到来，静宁路小学积极筹措，统一安排，由学校刘副校长和教科室崔主任具体组织负责，动员全校师生家长共同参与，在全校开展"读书月主题"活动。

通过"线上线下并举，校内校外共读"思路，在全校开展诸如"亲子共读半小时""林清玄线上阅读"、每日填写"读书反馈单"、制作"读书手抄报"等一系列读书活动，在校园里掀起了"读书热"……

为将此成果继续保持，在学校领导的积极支持下，一年级四班班主任景老师策划倡议、组织安排，家长们积极配合参与——建群组员、选址筹划、组织筹备——率先成立了"一年级四班小小读书会"。

且看他们的首场"书香润童年"主题读书活动……

【序曲】4月28日上午10时，在西北书城28楼"西部艺术联盟"占色古香的会议展厅（本班同学家长提供），一年级四班"小小读书会"首次读书活动在这里拉开了帷幕……

【活动经过】

环节一丨听我读《大个子老鼠小个子猫》

景老师在做了读书活动开场白之后，便提议参会的孩子们以接龙的方式朗读了《加速鞋带》和《开心椅》两个故事，您瞧他们读书的认真劲儿——或声情并茂，或抑扬顿挫，或有板有眼，书声如缕缕清泉，似涓涓细流……

环节二丨孩子，你读书时候的样子最可爱

当孩子们读完了故事后，景老师循循善诱，陈述启发，鼓励孩子们举手发言，孩子们从不同角度把故事主人公做了精彩描述，又通过孩子们的想象对故事做了拓展和延续，赢得了家长的阵阵掌声……

环节三丨胸藏文墨怀若谷，腹有诗书气自华

在前两个环节完成之后，景老师又号召家长交流、分享读书的故事，有谈和孩子们读书心得感受的，有谈自己读书经历的，也有家长对自己没有很好陪孩子读书做出反省的，发言家长无不有感而发，真情流露……

环节四丨才艺展示，牛刀小试

读书环节之后，由本班王之隽妈妈主持，孩子们做了才艺展示，有诗朗诵，有歌曲独唱，有英语口语展示，也有舞蹈……

尤其是本班姚乃宁同学向大家展示了自己的书法，在宣纸上认真地写下《悦读》二字，也有家长即兴为读书会题写了"腹有诗书气自华"的条幅……

环节五丨书香飘远，最好的礼物

孩子们活动结束后，家长们给孩子赠送了提前为孩子们准备了礼物——《笨狼的故事》，每位家长在新书的扉页上为孩子写下了寄语和祝福，这本书带着家长的期待交到孩子们的手上。

"书香飘远"——这就是家长给孩子最好的礼物。

环节六丨谆谆教诲，殷殷期待

当景老师邀请学校政科室主任崔老师做总结性发言时，孩子们不约而同地喊出"崔老师好！"并报之最热烈的掌声……

崔老师对本次活动除给予充分肯定之外，更表达了她与一四班孩子们的缘分——每个孩子都是她一个个在入学报到时接待的。随后崔老师分享了自己与女儿读书上学的事，参会家长深受启发……

最后，崔老师还朗读了专门为本次活动准备的林徽因的诗：《你是人间的四月天》，优美的文字和深情的表达，给孩子们和家长留下深刻印象。

一四班的小小读书会"首秀"，在四月这个早晨完美收官，孩子们在琅琅书声中度过了四月的最后一个周末，也为四月画上了一个完美的句号……

而读书的种子，必将在孩子心中发芽、生根、开花、结果……

【编后语】

读书，是世界上门槛最低的高贵之举，但又极度奢侈；

读书，是世界上唯一的医愚良方，但这需要确切的自觉；

读书，是世界上唯一平等的事，但又极不公平；

读书，是世界上通向高贵的唯一途径，但需自愿；

读书，是世界上唯一值得终生奉献的事，但需坚定；

读书，是一场随时随地的修行，但你得坚持；

读书，是世界上绝大多数人的情结，但得要坚守；

读书，可以与古人对话，受圣贤荫庇，但很多人无此福报；

读书，可以遇见更好的自己，但很多人缘分太浅；

读书，可以内化成能力、修养和品格，可以强大自己……

读书，让你由浮躁归于平静，读书，让你由聪明走向智慧。

【家长心语】孩子，我要求你读书用功，不是因为我要你跟别人比成绩，而是因为，我希望你将来会拥有选择的权利，选择有意义、有时间的工作，而不是被迫谋生。当你的工作在你心中有意义，你就有成就感。当你的工作给你时间，不剥夺你的生活，你就有尊严。成就感和尊严，给你快乐。

读书，许时光安暖　让灵魂从容

——名师工作室教师读书会

读书，诗意而从容，优雅而高贵

读书，尔雅近贵，修齐治平

读书，是一场与幸福的约定

读书，许时光安暖，让灵魂从容……

"书卷多情似故人，晨昏忧乐每相亲……"这就是读书人的幸福。

你是否也曾一度奢望：在一个周末的午后或清晨，关掉手机、辞却应酬、放下琐碎，焚香神思、酌酒品茗、执经叩问、掩卷沉思，或知己故交、或门生子女、或孑然一身……

是的，这就是幸福！你不必刻意，亦无需准备，幸福就在你如何选择：在一个周末，邀三五同道，择一处雅境，读一卷诗文！

一次共读，诠释了幸福

"做幸福树上最美的叶子"——是静宁路小学的"幸福教育观"，对此，通常会觉得说起来容易做起来难，这是你不了解她们！

真的有这样一群可爱的人，在一个周末午后，一个小小的读书活动，她们共读一晌，诠释了幸福，唯美了时光……

6月9日下午，这注定是个幸福的日子，"陇原名师崔承惠老师工作室"携手本校一年级四班"小小读书会"大小成员，又一次在甘肃西部艺术联盟开展《分享一本好书》的读书活动，切莫小瞧，她们动静可不小。

参加活动的除工作室成员外，有一四班的读书会二期成员（部分孩子和家长），有其他班级的特邀同学及家长，也有学龄前的小朋友，还有闻讯体验、参与的鱼晓贤校长和刘玉红副校长，这事还引起了媒体的关注，有记者全程跟踪记录活动……

你可能会问，是什么把不同年龄、不同职业、不同岗位的人凝聚起来，绘成一幅幸福的读书画卷的呢？

是的，是读书，因为这些可爱的人，她们深知——读书的样子最美，读书的时光最幸福，读书的回味最悠长…

一次共读，分享了幸福

在工作室景蓉老师的组织下，读书会在孩子们齐声诵读诸葛亮的《诫子书》中拉开了帷幕……

接着，工作室的各位老师率先登台，认真而热情地分享了自己的读书体会和读书方法，为在座的家长和孩子们推荐了她们喜欢的书，有《蒋勋读红楼梦》、有《论语》、有《儿童绘本》还有各种童话、文学书籍……她们或深情朗读，或挚诚推荐，或带着孩子们一起诵读、陈述启发，把自己的读书体会，教学感悟和育儿经验，毫不保留地分享给大家。

这岂止是推荐一本好书，她们是在分享感悟，传播幸福——一个读书人的幸福和执念，一个教书人的坚守与担当……

一次共读，珍藏了幸福

"为天地立心，为生民立命，为往圣继绝学，为来世开太平。"这是古之读书人的使命，而今之读者、学者、教者，使命担当何在呢?

崔老师就是这一使命的传承者和坚守者，她纯情地读书，深情地育人，忘情地传播……

"我喜欢孩子，和孩子们在一起我就觉得特别幸福……"崔老师不但这样说，而且时时和孩子们相处，她经营和坚守，并享受着这份幸福，纯粹而赤诚。

读书会上，崔老师除了分享、朗读、推荐、互动外，还特别带来了由曾祖父编写，代代相传，后由父亲传给自己的一本手抄线装书——《简易历史课本》，历经百年，弥足珍贵，这是多么幸福和深沉的传承啊!

一次共读，根植了幸福

古人云，"万般皆下品，唯有读书高"，这是读书人的神圣和庄严，你选择了读书，便根植了善念和幸福，为心灵找到了归处……

在孩子们的分享环节，有诗朗诵古诗词的，也有朗读故事的，诗词曲赋、童话故事、儿童文学……有高年级的，有低年级的，也有学龄前的，最小的才三岁多……他们争先恐后，都不示弱，童声奶气感染了整个会场，赢得了阵阵掌声，人人都洋溢着幸福。

这就是读书的魅力，老师的鼓励、家长的支持，必将在孩子们幼小心灵里根植下"读书高"的种子，随着年龄的增长，必将生根、发芽、开花、结果……

一次共读，唯美了幸福

读书会在孩子们齐声共读一本书中接近尾声，尽管孩子们读得还欠流畅，还缺整齐，但他们都被故事情节吸引着，他们的认真劲儿，感染了在座的老师、家长，老师家长齐上阵，提醒，陪读，谁说他们读得不好……

最后，还安排了书法展示环节，大多数孩子是第一次用毛笔，很不得法，但这丝毫不影响他们跃跃欲试的好奇和热情，没拿到笔的羡慕不已，拿到笔的墨汁弄得满手皆是，校长、老师、家长手把手教她们，很难尽兴……原定两小时的活动，足足开了三个多小时。

以读书为"经"，以孩子们朗读、涂鸦，大人们交流、分享，老师们切磋、展示为"纬"，织就了一张网，网的名字叫"幸福"……

在一个周末午后，一场读书会，幸福了一群人，雅致了一份经历，诗意了一段时光，唯美了一遭过往，繁华了一颗心灵，曼妙了一场聚会，淡定了一个灵魂，芬芳了一季花开，纯真了一颗童心，妩媚了一个童年，笃定了一场浮躁……

如果说学习是为了生存，那么读书才是生活。选择读书，让灵魂有处安放，给心灵寻找归处，幸福始于选择，终于读书！

我们去读书吧！邀几个可爱的老师，带一群天真的孩子，让灵魂从容，许时光安暖……

【编后语】

幼稚的开始毕竟是个开始，蹒跚的起步毕竟是个起步，如果说起来是感动，因为总有这样一群人——可爱的老师——无论经历了什么，她们用一颗赤子之心：

自觉自愿地挑起了一个读书人的使命和情怀：她们胸怀家国天下，无需取悦他人，不强求、不刻意、不计较、不抱怨，出自本心，源于本能……

无怨无悔地担起了一个教书人的担当和操守：她们不患得患失，诗意而从容地肩负起所有所得所爱……

她们渴望幸福，敬畏幸福，她们缔造幸福，享受幸福！

伴你朗读，是深情更是长情

——"静小朗读者"助力"爱兰州·爱阅读"记

节至大雪，季值仲冬，雪正飘落，依然是一个周末午后，几个"朗读者"温暖了寒冬，一场"读书会"悠长了童年，没有什么能更好地描述这"大雪无痕，大爱无垠……"

2018 年 12 月 8 日，静宁路小学一二年级的小朋友在老师和家长的带领下，受邀参加了由市委宣传部主办的第二届"爱兰州·爱阅读"——2018 阅读嘉年华在甘肃大剧院举办的读书会活动。

"孩子，如果我爱你。孩子，如果我爱你，我定会放下手机，伴你朗读；如果我爱你，我定会推掉应酬，伴你朗读；如果我爱你，我定会放下身段，伴你朗读；如果我爱你，我定会放下不屑，伴你朗读；如果我爱你，我定会放下借口，伴你朗读……周末午后，伴你朗读：伴是心语，读是告白，伴谱歌谣，读成诗篇！孩子们，伴你朗读，是深情更是长情……"

响应国家"全民阅读'十三五'规划"的号召，创建朴实无华的书香型校园，静宁路小学以四月读书月为契机，首先在语文教研组开展"整本书阅读"教学观摩研讨活动，接下来在全校各个班级组织召开班级读书会。通过教师课堂指导、课下辅导，以及老师、孩子、家长们在教室、校园、家中的线上读书、线下分享，燃起了孩子朗读的热情和读书的愿望。

"静小朗读者群"更是许多热爱朗读的孩子们的乐园，建群以来已经坚持朗读的 200 多个日日夜夜……正如二年级四班学生张家瑞张家端的家长为静小朗读群专门撰写的诗歌《我们朗读成诗》中所言："世界不会辜负任何一个努力的人……"

冽风扬雪，雪再大，也难掩孩子们的热情；天再冷，也难挡家长们的陪伴，风再急，也难阻老师们的呵护……

甘肃大剧院的"武威厅"座无虚席，主要由我校一二年级同学组成的"小小朗读者"，成了这里的主角，他们的节目不时赢得观众的阵阵掌声和叫好声，同时也得到了专业人士的认可和鼓励，这自不必说。作为小学低年级学生，声情并茂、字正腔圆、有板有眼、有腔有调，能较准确地呈现出对诗文内容的理解和对情感的把握，实属难能可贵……

尤其是我校崔承惠老师和景蓉老师带着三个孩子朗诵《我们，朗读成诗》时，更是成为本次读书会参演作品中的亮点。她们情景剧般的述说，把"静小朗读群"的由来、初衷、日常、愿景，以及师生家长在 200 多个日日夜夜的坚持和互动，做了唯美的呈现和诠释。真实的故事总是那么可爱和真挚感人，她们如歌如泣，娓娓道来——既有对"静小朗读者群"的推介，又有对"做幸福树上最美的叶子"的自豪和期许，故事结尾更表达了对"静小"八十华诞的真诚祝贺和美好祝愿！这就是"静小人"对母校最美好的祝愿和最崇高的致敬！

千日锻玉，已闪闪发亮；半年勤读，你的翅膀也略已丰满！孩子们，蹒跚的起步毕竟是个起步，幼稚的开始也毕竟是个开始，在蹒跚中起步，在起步中成长，在成长中学习，在学习中塑造自我！家长朋友们，"盼子读书"莫如"伴子读书"，陪孩子朗读吧！是深情更是长情……

岁月如歌，"八秩芳华，静小正青春！"朗读成诗，"风正起，帆正悬……"我们，朗读成诗！

【附朗读稿】

我们，朗读成诗……

文 | 寸心

在那个四月周末的
读书会上，
我遇见了朗读，
也遇见了你；

在那个四月周末的
读书会上，
我认识了朗读，
也认识了你；

在那个四月周末的
读书会上，
我爱上了朗读，
也爱上了你；

"你是人间四月天，
是爱是暖是希望……"
是啊，
是在那个四月周末
午后的读书会上，
我有幸遇见……

在朗读中遇见你们

从你们中聆听美好。

"书卷多情似故人

晨昏忧乐每相亲……"

是啊，

是从那个四月的读书会开始，

孩子们啊！

我们便有了一个共同的家园

——"静小朗读者"群，

我们便有了一个共同的名字

——朗读者！

我是朗读者！

我也是朗读者！

我也是朗读者！

"我们都是小小朗读者！"

每一个清晨，

我们准时收看。

老师都会把一篇篇美文，

转发在我们的群里，

我们传颂；

每一个傍晚，

我们会准时收听。

老师都会把一缕缕美声，

传到我们的心里，

我们聆听；

每一个静夜，

我们殷切期待。

老师会把一句句嘉许，

送到我们的梦里，

伴我入眠；

分分秒秒，

我无不触动

于每一个童声稚气，

孩子们啊，

朗读最美，

最美如你，

最美是我，

因为每一天，

我叫童声感染着，

我被童心感动着，

我被童真激励着……

我的孩子啊，

朗读成了你每日里

可以选择不交的作业，

然而，

每一字的誊写、注音，

每一次的练习、聆听……

都是那么的一丝不苟，

再晚，

你们都要坚持朗读。

因为在你看来，

这是你和崔老师的约定，

孩子，你说过：

"如果不读，老师会等焦急的！"

老师，

那一次我丢三落四的朗读，

您居然说成了独特，

老师，谢谢您的包容！

老师，

那一次我听到了您

不同于往常的声音，

您是生病了吗？

老师，谢谢您的辛劳！

老师，

那一次我在晚归的路上朗读，

您也听到啦，

老师，谢谢您的关爱！

我的孩子们啊，

我听到了，

我都听到了，

我能听到了你们心跳的声音，

——如花儿绽放般醉人，

我能听到你们的进步和坚持，
还有感恩和善良……

妈妈也听到了，
孩子们啊，
朗读是你最美的遇见——
遇见最美的人，
遇见最好的事，
遇见最有趣的灵魂，
遇见最优秀的自己……
爸爸妈妈，
在朗读的诗文里，
我看到了另一个世界，
我看到了美好！

老师，
从朗读的诗文里，
我知道了另一个道理：
世界不会辜负，
任何一个努力的人！

同学们，
从朗读的诗文里，
我读懂了另一种童年：
诗意而从容，
肩负所有所得所爱……

朋友们，

从朗读的诗文里，

我也领悟到了另一种境界：

无怨无悔地担起

一个教书人的担当和操守，

胸怀家国天下，

无需取悦，

不强求、不刻意，

不计较、不抱怨，

出自本心，

源于本能……

孩子们，

从朗读的诗文里，

我也收获到了另一种感动：

朗读成诗啊！

如果说起来是感动，

因为总有这样一群人

——可爱的老师，

无论多么平凡辛劳

她们也永葆一颗赤子之心……

我可爱的同学们，

幼稚的开始毕竟是个开始，

我亲爱的孩子们，

蹒跚的起步毕竟是个起步。

朗读成诗，我们渴望幸福，

朗读成诗，我们追求幸福

朗读成诗，我们拥抱幸福，

朗读成诗，我们缔造幸福，

朗读成诗，我们敬畏幸福！

八秩芳华，"静小"正青春！

"我们都是幸福树上最美的叶子！"

第四辑

追寻幸福

【追寻幸福】

绘本故事《追寻幸福的蜗牛》，讲了一只小蜗牛米拉，痴迷一切圆圆的东西，她每天乐此不疲地寻找着各种"圆"。每当仰望天空中的圆月时，米拉更是激动得睡不着觉。

终于有一天，米拉决定去月亮上看看，她和好朋友蚯蚓乐乐一起为实现这个愿望而不懈地努力着……

感动于小蜗牛米拉的执着，为了实现梦想，一直在努力地想办法，一次次的尝试、思考，即便受了伤也不放弃。正因为有了这样的坚持，有了温暖的友情，米拉最终飞离了地球表面，看见了自己从未见到过的神奇景色。小蜗牛米拉终于圆了自己的梦想。

追寻幸福是要付诸行动的。追寻教育的幸福，也是一样的。不断学习、不断思考、不断付诸行动，用爱心、用智慧、用行动，坚持不懈、认认真真、老老实实，和伙伴们一起向着明亮的那方行走……

与爱同行

——记赴临夏州广河县、积石山县送教

公开课后，孩子们围住了我，那红扑扑的、可爱真挚的小脸，那一双双明亮、纯真的眼睛……"崔老师，您能再给我们上一节课吗？""崔老师，你喜欢吃什么？""崔老师，你明天还来吗？""崔老师，我们有礼物要送给你！你明天一定要来啊！"……

看到孩子们天真的笑脸，听到孩子们热情的话语，我的心真的如吃了蜜一般的甜。对教师课堂教学的评价还有什么评价比这更高？还有什么比这更让一个老师感到幸福？这是我在 2013 年 11 月 3 日—11 月 15 日参加甘肃省教育培训中心组织的赴我省临夏州广河县、积石山县开展的送教下乡活动中令我难忘的一幕。

这次活动是"国培计划城市优质教育资源进村校项目"，项目与我以往参加的培训活动迥然不同，真正做到了"重心下沉、前沿推进、落地培训"，让我们这些城市的一线教师进驻到乡村小学实行落地式的培训。培训形式多样而又有实

效，具有浓厚的研究氛围，贴近一线教师的教学实际，送的理论实用，送的课堂精彩，有效促进了相互之间的交流。通过这次活动，我受益匪浅，感受颇多。

热情的朋友，可爱的孩子

11 月 3 日在甘肃省教育培训中心白处长和黄主任的精心策划和组织下，我们一行十人踏上了前往临夏的路途。来到临夏，扑面而来的是湿润而清新的空气，还有临夏广河县、积石山县教育局所有工作人员热情的笑脸。在临夏的半个月，当地的工作人员把我们奉为上宾，招待得无微不至，衣食住行都考虑得周到而细致。当地学校的领导老师也很重视，我所参与教学活动的广河县陈家小学、积石山县别藏小学的校领导、老师们以及孩子们，都是那么的热情，尽他们的所能，去帮助我们、支持我们。调整授课班级、准备多媒体设备、安排听课教师、准备教材……使我们真切地感受到了民族地区教育同仁们的淳朴和热情。

但是更让我难忘的是上完公开课后，陈家小学的孩子们给予我的真情。那天下午，几个前一天说要送我礼物的小女孩拉着我的手，把我簇拥着，带到了他们老师的办公室，把他们为我精心准备的礼物送给了我——几个橘子和一个苹果，还有几个"小金豆"（一种小蛋糕），以及孩子们写给我的信……

"老师，你还记得我吗？我就是您夸的那个字写得好的女孩儿"围住了我，那一张张红扑扑的、朴实的小脸，那一双双明亮的、纯真的眼睛……"崔老师，您能再给我们上一节课吗？""崔老师，你喜欢吃什么？""崔老师，你明天还来吗？""崔老师，我们有礼物要送给你！你明天一定要来啊！"……孩子们的纯真，村校领导老师们的热情，让我们在这料峭的初冬感受到温暖和幸福！

从现在开始——

来到广河县陈家小学听了两天的课，我有些坐不住了！临夏的老师们在地理位置上离兰州并不远，但是课堂上所展现的教学理念、教学方式、评价语言却让我有些咋舌，孩子们的学习状态也令人担忧：齐读时拖长腔，使劲儿喊，指名回答声音特别小；课堂上没有质疑、没有讨论、没有多元的评价，没有声情并茂的朗读声；有的是老师带着学生串讲、有的只是"对不对""是不是""真棒"这样单一的问答和评价……

在听了二年级的《从现在开始》后，我走上了讲台，想和孩子们互动说两句，了解他们学习之后的收获。但是我想错了，这些孩子根本不吃我那一套，我使上浑身解数，他们居然一言不发……失落的我发现自己就和课文《从现在开始》中的猫头鹰、袋鼠一样，愚蠢到想用自己的方式改变别人，而没有真正了解和尊重民族地区教育教学的实际情况。课下我还了解到，这些村校的孩子不仅存在语言表达的问题，孩子们的年龄差异也很大，在这个二年级的班上有八岁的，也有不到六岁的，生活习惯、学习习惯参差不齐，老师们根本就别指望能依赖家长的教育支持。了解到这些，我真是百感交集，惭愧、感叹、敬佩、理解交织在一起。在下午的评课互动时，我坦诚地向老师们分享了我当下的感受，同时也表达了自己会"从现在开始"，要真正地从老师们的角度出发，真正能帮到村校的老师们，能为他们做一些他们能在今后的教育教学中真正能用得上的事情。

于是我们重新分析课堂上存在的问题，我要求大家能以一种开放的积极的心态去反思和分享自己在教学中出现的困惑和问题，并且接受同伴的建议，然后在教学活动中能主动地采纳、实践、改进。我们的教学研讨，话题越来越多，气氛越来越轻松……

我发现，我们马上能解决的，能最有效地改进课堂教学的有两个问题：一个是对教材的准确、深度地解读，能在此基础上设计出合理的教学环节；一个是对孩子课堂表现的准确、到位、多元、有效的评价，通过评价能有效地鼓励学生，激起孩子学习的兴趣和欲望，并能在评价中教给孩子学习的方法，从而通过评价激活课堂。当然，这两个方面的立足点，是教师对于教师职业、对于学生、对于语文课堂教学的热爱。因此我和老师们分享了许多自己在教育教学过程中的喜怒哀乐，用自己的亲身经历，以自己的真诚，感染老师们，唤起老师们对这份职业的认同感和归属感以及幸福感。同时也告诉老师们，热爱能使我们的课堂充满激情，而要提高课堂教学的能力，得要靠不断地学习、充电，还要把学到的现代教育教学理念，能渗透和转化到为课堂上的教学过程中。一次次的教研、一次次的说课评课、一次次的头脑风暴，我欣喜地看到老师们的教育观念在转变，学习状态在调整。

我也在每天回到住处一次次地调整自己的教学设计，反复备课、修改课件。我再次潜下心来深钻教材，静下心来设计教案，想把我们学校在课改、在教研等方面的研究成果和一些做法通过课堂教学体现出来，努力使上出来的课能让听课教师能有所感悟，能学得来，用得上。在每一个教学环节上力图让当地的老师们能有所获、让这里的孩子们能有所悟。我希望在我的课堂上，能努力把自己从教以来，在教材的解读上的独特感悟以及在自己的课堂教学中所积累的教学经验和教学方法，结合五年级孩子的学习情况，通过《地震中的父与子》这篇课文，在教学过程中充分地展示出来。在课堂上，我感受到了听课老师们的专注和认真，也感受到了孩子们的激动和紧张，通过教学内容的调整，教学手段的应变，通过自己亲切的话语的鼓励，动作的安抚，有效的评价和指导，使他们逐步地放松下来，被课文内容的生动所吸引，被文中主人公的深情所感动，被老师的激情所感染，进入了课堂之中。我们共同感受到了洛杉矶大地震中父子之间那份信任，那份不抛弃、不放弃的深沉的爱。而文中作者通过人物的外貌、语言、动作来表现人物情感和品质的写作方法，也被孩子们领悟到了。在此基础上孩子们理解了课文，感悟到了文中人物的情感，也唤起了他们的情感共鸣，课堂上的发言、朗读都令我惊喜而感动。

谢谢你们，可爱的孩子们！你们使我再次感受着为人师的幸福和喜悦！谢谢你们，尊敬的乡村学校的老师们，能帮到你们，触动你们，使我感受到了教学研究的快乐，体会到了分享带来的幸福和温暖！

有效引领，教学相长

在本次活动中，白处长和黄主任，以及我们的司机师傅付出了很多，有了他们的付出和保障，才使这次活动更加有实效。领导们在前期进行了精心的筹备、策划、调研，真正做到了"送培进校、送培进课堂"，使活动取得实实在在的效果。同时，我们这些参与者也在这次活动中收获了许多。在和老师们教研的过程中，也是我们对课标、对教育理论、对教育方式方法的有效性的再次学习和深化的过程。而且我们这些培训者相互之间，也在学习。我们来自不同学科，我发现我身边的这些专家们名师，不仅对新的教学理论思想有较全面、较深刻的理解，而且他们作为教学第一线的实践者、改革者，有将理论转换为实践的经历，品尝过在这种转换实际的认识和理解，因此，更贴近老师们的需要，从而更能进一步帮助解决老师们的理论观念问题。在观摩其他名师的课堂教学，在聆听他们的教育理念时，我们打破了学科界限，发现了一些村校教学共性的问题，并共同去钻研和解决这些问题。我们形成了一个温馨、团结、互助的团队，在学习交流中共同成长和进步。

在交流互动中，参培的老师们也通过多种形式，广泛参与，探讨深入。有的对课堂教学作了个人的感受发言，表达出本次活动中自己所得到思想启迪和教学细节的感受；有的请专家及授课教师指点迷津，提出了自己在新课程实施中的诸多困惑，通过积极的参与、互动，在彼此的思想交融回流中，使这次活动较好地达到了参与、分享、释疑、解难的效果。

在这次活动中，我也深切地感受到了民族地区老师们的朴实、真诚以及他们的敬业、奋进精神。他们为了这些孩子，仍在坚守，仍在努力，让我们深感敬佩。

民族地区的教育者们，这些平凡而了不起的老师们，他们更是教育的重中之重，他们决定着当地那些孩子的未来，也决定着这些地区的未来，而当地中小学教师队伍的建设是推进当地教育的关键，这条路漫漫艰辛，任重道远，我愿意追随并走在这条路上。

学习中提升　交流中成长　实践中历练

——城关区中小学现代课堂教学创新与实践研修班培训活动

2011 年 3 月 24 日，在杏花春雨中，我有幸赴江南，参加了兰州市城关区中小学"名师"现代课堂教学创新与实践高级研修班培训活动，有幸聆听专家教授精妙绝伦的讲座，有幸参加丰富多彩的实践教学活动，也有幸结识了五十多位来自全区中小学省级骨干教师、教学能手、学科带头人和城关区名师。在这阳春三月、花团锦簇、小桥流水，到处洋溢着学术氛围的"花园学府"里，在为期 15 天的高级研修中，我们聆听了华师大教授们精彩的学术报告，先后到了上海市曹光彪小学、上海市培佳双语学校实地学习考察。特别是教授们的报告高屋建瓴、深入浅出、可学实用、通俗易懂，填平了我们这些中小学教育的实践者与教育理论研究者之间的巨大鸿沟，开阔了我们的教育视野，丰富了我们的教育科研知识。

一、充满实效的引领和前沿理论的探索

培训中聆听了众多教育专家、教授的讲座，精彩的讲

座，精辟的报告，让我们分享和感悟了他们的先进理念和思想，进一步了解了当下新课程背景下语文教学的方向和理论。专家学者教授们以一个教育研究者所应该具有的认真、务实的态度，深入教学第一线展开调查，搜集了很多生动的教学案例作为样本进行剖析，以理性审视课程改革中的学习方式，提出了切实的改善意见，对我们的教学实践很有指导意义，让我们审视自己的课堂，重新定位了自己，使我们的视野变得更开阔，让我的思想变得更先进，更让我的心灵得到了洗礼。

幽默冷峻的冯大鸣教授以"有效教师的专业标杆"为题，让我们清醒地认识到有效教师必须是一个"有爱、有意、有效的教师"。我们总在说热爱教育事业，但怎样才是真正的热爱呢？冯教授的一席话是我茅塞顿开。

教师要对教师职业本身充满兴趣和热爱。享受站在讲台上的感受，享受和孩子学生共同成长的乐趣。也只有这样，才能在清贫的职业生涯中甘之若饴。而仅有这些是不够的，教师还应从学生长远的发展着眼，不能以感情用事，还应是一个有智慧的善于换位思考的，深受学生喜爱的人。接着充实自己做个百问百答的教师，在教学过程中，能及时反思，从教学五问、德育五问，告诉我们怎样成长为新形势下的有效教师。

香港中文大学哲学博士、华东师范大学教育学系副教授、华东师大教育科学学院副院长王建军为我们做了《教师研究与教师专业发展》的讲座。王教授谦和从容，神态自若的上课状态特别吸引人，更令人折服的是他如花的妙语、独特的思维。

王教授从古代教学谈到现代的教学。随着师生关系的转变，教学内容的不断丰富，教师所承担所有的责任都有巨大的变化，古代孔子上课，学生不问，老师就不教。而现代教师，老师不但要教，如果学生不学，教师还要承担调动学生学习积极性的任务。

普及教育时代的早期，教师是知识上的多面手。普及教育时代，学科的分工，教师职责明确而单一。而到了今天及未来的教师，要求有更高的"课程意识"与"学习意识"。越来越频繁的教育改革对教师的能力不断提出新的要求，因此老师的压力与责任越来越重大，提高自己的专业素质势在必行。

课改实施到现在，大家都苦于没有具体的方法可依，没有具体的模式可操作，一部分教师感到迷茫和彷徨。新课程究竟如何实施？

王教授引用了《倚天屠龙记》中一句台词作解释，给了我们很深的启示："只重其意，不重其招，忘记了所有的招式就练成了太极拳（新课改）。"当然这得有个前提——"无忌，你有九阳神功护体，学什么武功就比较容易。"教师的"九阳神功"是什么呢？就是教师基本功，教师只有拥有渊博的学识，深厚的教学功底，才能在课堂上游刃有余，从容自若，才能应对各种变化和挑战。

美丽优雅、思维深刻、语言犀利的吴亚平教授的《课堂教学转型变革的策略研究》的报告给了我最大的震撼。当我看到这些身居象牙塔的教授们下到一线走进课堂去观察、发现、反思，一学期能亲自听几百节课时，真的很敬佩很感动。

他们从我们习以为常的教学过程和教学活动中深刻地发现存在的弊端，并能就问题存在和形成的原因进行合理的分析，并揭示出课堂教学转型变革的方向和转型变革研究的路径。

虽然每个教授所讲的内容不同，但是他们都在传递着这样一条信息：及时反思是实现教师专业成长的法宝。我认识到课堂教学转型是指课堂由学知识型转化成育人型，诠释了"教是为了不教"的真谛。

吴老师通过一个个真实、经典、生动的案例分析入手，带着我们一起对当前课堂教学的现状进行反思。这需要我们不断积累、反思与学生生活相关的点点滴滴，将这些作为我们不断进取、走向更高台阶的砝码。这就是在反思中自我成长。

我深知以上表述说起来很容易，但真正落实到教学中对任何一位教师来说都并非易事，但毕竟专家已经给我们指明了方向，我们只要朝着方向不断地努力，终会有所收获的，正如吴亚萍教授所说："你的心在哪里，智慧就在哪里。"作为教师我们肩负的历史的使命，使我们必须要为此付诸行动……

每一场讲座、每一次思辨都使我真正感受到了学者们理论的高深、语言的精辟、思维的缜密、研究的执着，从教育理念到教育智慧、从专业发展到心理健康、从师生关系到文化育人、从备课上课到评课说课、从有效教学到课堂生成、从教学艺术到教育科研……每一场报告都给我以心灵的震撼，情感的共鸣，让我感受到了华师大深厚的文化底蕴，浓郁的学术氛围，让我看到了一个更为精彩更为丰富的教育世界。

二、在交流讨论中成长

本次培训还安排了交流互动的环节，让学习班的成员们对自己的教学行为进行反思，对成长为学者型教师进行讨论。交流是思想碰撞的前提，在交流中可以听到很多丰富自己的思想。培训中我们多次与专家面对面交流、学员之间的交流、与指导教师的交流、实践活动中集中评课的交流……尤其是与专家的交流丰富了我很多教学的观点和思想，在那里我听到了很多声音，发现了许多自己还未关心过的话题。

我们畅所欲言，气氛活跃，感悟颇多，许多埋在心里的东西又被唤醒，思维相互碰撞，理念相互交融，再经过专家教授的精彩点评，学员之间的相互点评，使我们的教育教学思想得到更新和充实。润物细无声，在不知不觉中我们的教育视角和教育理念在发生着悄然无声的变化……

三、在教学实践中历练

本次培训不仅理论丰富有效，还安排了参观、考察、同课异构等教学实践活动。我在这次培训中承担了语文学科的同课异构任务。接到任务之后，心中忐忑不安、压力不小。面对培训班中的优秀同仁和前辈，面对不熟悉的沪教版教材、面对未曾谋面的大都市成长的学生，我不知从何下手。幸而我得到了大家热情温暖的支持和无微不至的帮助，使我鼓足勇气去静下心来研读教材，设计教学流程。

白天在华师大听教授专家们的讲座，也因为专家们讲得太好了，实在不舍得因为备课而放弃聆听讲座。晚上回来备课，我发现自己的设计理念在变化，我也特别渴望把学习中的感悟和收获用在教学之中。但是几次试讲的失败使我很沮丧，但是张琳军校长、张文老师和冯艳红老师，以及我们组的张乐校长，还有我校的刘玉红书记，元莉莉校长、颜鲁红校长一直在关心和帮助我，使我发现设计中的问题，不断地修正和完善教案，使教学流程更合理。

完成任务后，真的很喜悦，那种将自己的教育理念在课堂上得以实现的感受，那种在课堂上与学生友好的互动，唤醒学生的感受，那种在上完课交流中得到老师们认可的感受，让我觉得自己的付出很值得。

当然我的课堂中也存在很多问题，我想在以后的教学工作中我一定会把学习到的理论合理地用于教学实践中，不断完善，不断提升自己。学习前，我们期盼着，我们等待着，我们梦想着，我们望眼欲穿；学习时，我们聆听着，我们惊叹着，我们吮吸着，我们如饥似渴；学习后，我们感动着，我们收获着，我们幸福着，我们不虚此行。昨天的学习，是我们今天工作的动力，明天前进的方向，未来成功的源泉。建议领导能给老师们创造更多的学习机会，让我们看到更蓝的天，更阔的海，更精彩的世界！

本次培训使我对教师工作有了重新的认识。回到工作岗位上，我决心把本次培训的收获务必用于工作和生活中，结合专家们给的许多好的建议与做法，从以下方面做起：

1.学会策划自我。要明白自己的优势、劣势、潜力，扬长避短，制定自己的专业发展目标，沉下去，悄悄做，在低调中完善自己。

2.每学期录一节录像课，对照录像评课，找一面实践的"镜子"。我们经常是从别人那里听到对自己的课堂评价，很少直接观看到自己上课的情景，所以印象就非常模糊。如果能看到自己的课堂教学录像，那么，不用别人说，就知道自己应该在哪里进行改进、重建。借助教学录像这面实践的"镜子"，我们可以很清晰地看到自己讲课时的形象，很快便和理想中的形象进行对比，找出差距，进行改善。

3.通过写论文，把讲座的知识梳理一下，消化吸收；每次听完报告和讲座我都会激动不已，想立即将讲座的内容付诸实施，放开手脚大干一场，但随着时间的消逝，热情慢慢减退，报告的内容也逐渐忘却，所以，要及时把学习的内容，自己的感受书写下来，消化吸收，成为自己的东西。

4.教学的反思与重构：老师应该反思自己，付诸实践。靠自己最可靠，别人改造不了自己。反思要有具体的对象，反思自己的课堂，形成独特的教学风格；听不同教师的课，与自己的课堂教学进行比较，形成富有个性色彩的课堂评价体系；把每一次听评课活动当课题研究的案例。

5.促进教研组建设。我们每天都因同事和家人评价而改变自己，教研组的文化氛围会在潜移默化中影响每一位教师，教研组作为有中国特色的教研团体，我们要加强建设，形成独特的教研组文化，用文化来感染人、激励人，使教研组成为一个团结向上，和谐奋进的集体。

6.熟悉论文写作的语言。王建军教授说，我们缺少的并非教育理论，只是我们不熟悉论文写作的那套语言。

7.向名师学习。如果说名师是一棵参天的大树，那么他的技巧和方法就是树上的花朵和果实，而他的思想、观念和精神才是大树汲取养料，输送营养物质的根。所以我们向名师学习要学习他的思想、观念和精神，学习他的成长历程。

15天的时间对生命的长河来说也许只是沧海一粟，但这15天对于我专业发展的影响却是长久与永恒的。培训结束，并不意味着学习的结束。相反，这是新的开始。"道理总是直的，但道路总是弯弯曲曲的"，愿这次充满挑战、充实紧张的培训能够成为我重新跋涉在教育之路上的新起点。

以赛促教，以赛促思，以赛促学

——记"创新杯"教学艺术大赛暨教学艺术高级研修班

第28届"创新杯"全国教学艺术大赛暨第七期教学艺术高级研修班在中国山水名城广西桂林举行。我们有幸在鱼晓贤校长的带领下参加了这一盛会。

这一期教学艺术大赛中，有来自全国各地的五十多位优秀教坛新星在"创新杯"的舞台上充分展示了他们的教学艺术及艺术表演才华，参赛老师都是来自全国各地的参加过市级以上教学比赛获奖的精英。比赛对选手提出较高的要求，三十分钟的讲课，课后2分钟才艺展示，课后赛课答辩，回答赛场内外手机短信提问和专家互动提问。

每天的比赛结束后，参赛老师都要与听课老师进行一个沙龙式的研讨。这样的赛程安排对任何一个参赛老师都是严峻的考验。竞争异常激烈。但这个比赛过程也向我们诠释新课改时期最前沿的教学理念和教学艺术。我们与各位教育专家零距离的接触，欣赏他们精彩的评点。

本届教学艺术大赛，教师们不仅发挥了生动形象的精彩讲说课能力，而且每位参赛老师都多才多艺、各有千秋。紧张的赛课与精彩的才艺表演相结合，使整个赛场气氛融洽、精彩纷呈。

虽然只是短短几天的学习，但每位教师的那份执着与求知的热情给我们留下了深刻的印象。这一次精彩纷呈的艺术盛宴对我们又是一次思想激荡、理念提升、艺术熏陶和专业的引领，为我们今后的课堂教学实践注入新的元素。

来自北京的刘东燕老师执教的《渴望读书的"大眼睛"》，老师扎实的功底、清晰的思路和较强的课堂驾驭能力以及用心的引导，学生密切的关注和认真的倾听为课堂赢得了生命的气息，让我们从学生充分的交流和孩子晶莹的泪光中，仿佛听到他们成长的声音。才艺表演中刘老师的吟唱《和你一样》，让我们又看到了一个教育人对教育事业拳拳的爱和赤子的心。

广东的彭雪刚老师执教的《"诺曼底"一号遇记》，那幽默、诙谐的语言，高超的表演才能，以及对课文独到的解读，引领学生读书方法的指导，使课堂教学精彩纷呈，使课堂旺盛的生命力得以展示。

还有来自河北承德市东园林小学的周华伟老师的《走近对联》一课更让人拍手叫绝。周老师就地取材，用桂林的山水巧做文章，引出上联，让学生用对下联的方式推进课堂，并向学生展示各式各样的对联，可谓是"评古论今露真才，真知灼见展风采啊！"

比赛中教师的才艺展示更是精彩纷呈，书画、歌舞、小品、相声、魔术、模仿秀等等，的确是让人享受了艺术大餐。

在这次比赛中我授课的内容是北师大六年级语文下册的《古诗二首》。古诗教学本来就是阅读教学的一大难点，其难有三：其一由于古诗内容的时空跨度太大，加之学生的阅历背景又太浅，他们很难与诗人心同此情、意同此理；其二由于古诗的话语风格离学生的现有语感相去甚远，多数古诗教学仅仅满足于诗义的疏通和诗句的积累，至于诗的文化底蕴则往往无暇顾及；其三古诗教学的模式还相对比较陈旧和保守，尽管时下有新课程理念的引领，但古诗教学却是"涛声依旧"，难有突破。传统的"逐首教学"（即一首一的教学）和"逐环教学"（即解题开始、正音跟上、疏通为主、背诵断后）模式，对于这两首诗是根本无法实施的。

平时是四十分钟一节课学习一首诗，而在这次比赛中要在三十分钟上两首诗，对我而言是一次挑战，难度极大。从去年接到任务到今年，在这期间，我研读了《小学语文名师古诗文课堂实录》《中国著名特级教师课堂魅力经典解读》《好课是怎样炼出来的》这几本书，还观看了多节古诗教学的视频实录。但是我仍然无法拿出一个可行的教学方案。这种状态一直持续到专家来听我的课。第一次试课，我都不知道自己是怎样从课堂上"爬"下来的，沮丧之情无法言表。而专家提出的意见又与我对古诗的理解有差异。真的很痛苦！

正好是周末，那几天我什么都放下了，就在那儿反复地思考专家的意见，琢磨该怎么解决试课中发现的问题？这使我更加沉下心来去研读教材、品读这两首古诗。从每个字眼、从情和景的交融中、从作者的生平和创作背景中、从诗人所处的时代背景中、从历代评论家对这两首诗的解读中、从其他老师对这两首诗的教学中去寻找……我体会到了《别董大》中作者的豪情与苍凉的景色之间的联系，我感悟到了《送元二使安西》中的作者在早春清新美好的景色中对朋友依依不舍的情感，他是在用那美景挽留朋友啊，而那良辰美景也无法留住友人西行的脚步啊。

对诗的理解更加深入了，但是课堂的结构，课堂的容量，课堂的节奏还是未解的难题。我反复地修改教案，把课堂上的每句话都写下来，反复琢磨。接下来的一周学校安排我每天再讲一讲，又请来专家，为我指导，反复磨课，帮助我解决课堂中存在的问题。

到了桂林之后，我仍然每天把授课内容写一写，过一过，真的每一次都有新的发现。到授课那天，我感到自己已经走出来了，那两首诗已经烂熟在我的心中，那两首诗中有了我自己独到的理解了。虽然得了一等奖（不是炫耀，上面还有特等奖），我的心中仍有一些遗憾，如果自己在调动学生的情感上，在课堂节奏和时间的把握上，能做得再好一些，那课堂的效果也许会更好。我也深深地知道与那些优秀的教师和名师相比自己还有很大的差距，还需要不断地学习，不断地磨炼，不断地提高。

这次学习的和比赛的另一个感受就是感谢。感谢在我准备和参加比赛的过程中所有帮助和鼓励过我的老师和领导们。感谢学校领导给了我这样一个锻炼我、磨炼我的机会，给了我一个展示自己的舞台，给了我一个和全国优秀的同仁以及专家们面对面交流的平台。

特别要感谢的是五六年级的老师们帮助我发教材、布置预习、组织学生，大力地支持我。感谢学校领导，为我请来专家，一次次不厌其烦地为听我试课，找问题，卡时间，想对策。尤其感谢我们亲爱的鱼校长，百忙之中抽出宝贵的时间，带我去参加比赛。在桂林的那段日子，成了我最难忘的一段时光。校长从上课的内容，到和学生的交流，从才艺展示到怎样和专家的交流，从衣食住行，方方面面照顾我，帮助我。使我倍感温暖，使我深受感动，也使我拥有了巨大的动力，把自己最好的状态调整出来去参加比赛。

这次学习和比赛，将会成为我成长道路上的一次重要的经历。我将以这次比赛为新的起点，不断钻研、不断进取，不辜负领导和老师们的帮助。努力使自己在教育、教学、教研上能再上一个新台阶。

身在苏大近东风

——记 2014 年苏州大学国培

苏州，我来了！慕着你拙政园古朴优雅的美景，寒山寺寂寥的钟声；念着你枫桥那孤独的小舟，狮子林的精致玲珑；苏州，我来了！

在淡淡的桂花香里，在苏大国培项目陈院长、徐老师热情的安排中，我来到了你的身边。古老而美丽的苏州，你吸引我的何止这些……

2014 苏州大学国培项目，更如磁石吸引着我们这些热爱教育、热爱语文的教书匠们，集结在这里，在这里充电，在这里起航。

朱熹在"等闲识得东风面，万紫千红总是春"这首哲理诗中，将"孔子的教化"喻为"东风"。今天，我们相聚人杰地灵、底蕴深厚的百年苏大，将近距离地聆听、观摩我国小学语文界最优秀的专家、老师的讲座、报告、课堂教学，接受小语教学最前沿、最有效的理论。

身在苏大近东风，在这小学语文的"东风"熏习下，我期待着自己教学理论的充实、教育理念的更新，我将带着自己的感动、带着自己的收获，走向自己语文教学之路新的春天！

和你一样

我和你一样，一样的坚强，一样的全力以赴追逐我的梦想；哪怕会受伤，哪怕有风浪，风雨之后才会有迷人芬芳。我和你一样，一样的善良，一样为需要的人打造一个天堂；歌声是翅膀，唱出了希望，所有的付出只因爱的力量，和你一样。

——李宇春《和你一样》

在苏州大学参加国培这几天，听到、看到、感受到、收获到的实在是太多，想说的也实在是太多了！从美丽、智慧、勤奋的陈萍老师到优雅、淡定、严谨的李利教授，从接地气、说真话的吴忠豪教授，激情洋溢、笑容灿烂的梁雪菊老师到气定神闲、仙风道骨的成尚荣先生。这些专家，以他们深厚的积淀、丰厚的学识、精彩的讲述，为我们指明教师专业发展的道路，提出构建高效的语文课堂的新思路，指出语文课堂高耗时低能效的原因，并提出了解决当下这些问题的出路。

"高山仰止，景行行止，虽不能至，然心向往之。"这些专家大师，犹如高山那样矗立在我的眼前，犹如灯塔在照亮着我们这些和他们一样热爱教育的人。虽然我只是山脚下的一棵小草，一块小石头，但还是希望自己能像这些专家大师一样，像他们一样勤奋、像他们一样满怀激情。

因为，我想和他们一样"一样的坚强，一样的全力以赴追逐我的梦想"，因为我知道，"哪怕会受伤，哪怕有风浪，风雨之后才会有迷人芬芳"。

因为，我想和他们一样，"一样的善良，一样为需要的人打造一个天堂"。

陈萍老师用她的坚强战胜命运的无情，更用她的爱心帮助学生，成就身边的青年教师。其他专家也一样，以他们的教学、理论帮助成就了多少学生和老师们。他们都在用爱为这些需要的人打造一个语文的美好而圣洁的"天堂”。

因为，我想和他们一样，通过我的课堂，通过我的努力，为我的学生和我身边的人，“唱出希望”，因为“所有的付出只因爱的力量”。

和你们一样……

亦师亦友，渡人渡己

整整一个上午，没有中场休息，没有茶歇，没有停顿，美丽优雅的于洁老师把精彩的班主任讲座进行到底。

只有当过班主任的老师，才会知道班主任工作的艰辛；只有热爱班主任工作的人，才能体会到担任班主任的那份幸福。

于洁老师以她天使般的师爱陪伴孩子成长，以她菩萨般的大爱关注帮助那些特殊的孩子，以她圣徒一般的恒心和耐心坚持自己的教育信念，为孩子们记录成长的点点滴滴，留下成长的美好瞬间。

因为师爱，她“坚信一切皆有原因”，她总是给孩子满满的“正能量的传达”；因为智慧，她总是“寻找教育的时机和抓手”；因为懂得，所以她是“慈悲”的，她不光注重孩子当下的表现和进步，她更加关注孩子的未来，甚至是孩子的一辈子。她要自己的学生，女孩优雅有气质、男孩儿勇敢阳光有担当。

我担任班主任工作十六年，在不当班主任的日子里，真的很是失落了一段时间。今天的讲座让我在品味于洁老师班主任工作的同时，也在回忆着自己的班主任生涯。相比于洁老师那么多的付出，我觉得自己是很幸运、幸福的，我没做什么，我的孩子们却给了我那么多，让我因此而深深地迷恋讲台、热爱课堂。

如果，能早几年遇到于洁老师，我相信自己一定少走弯路，一定能更好地帮助我的学生。但是还好，今天因为国培，有了这样一番美好的遇见。亲爱的于洁老师，我会记住您的美丽优雅、您的平和淡定；您的智慧才华、您的专注执着。

您和学生是"三年的缘"，和我们是"三小时的缘"，缘有深浅，却无长短。您在度化学生的同时，也在度化他的家庭，您说您也在度化自己。您还在度化帮助听您讲座的人们。我知道自己今后的教育教学会因此而不同，感谢您！

亦师亦友，渡人渡己的美丽的您！

上士闻道，勤而行之——印象管建刚

小学作文教学界里，管建刚，大名鼎鼎。今日初见，不是那种气宇轩昂、高高在上的名师模样，只看到一位儒雅、朴实的男子，一直在那里默默地调试课件，不露声色。

讲座开始，且看他走下讲台，手持麦克风，侃侃而谈，洒脱率性，魅力渐渐展现。

真正以儿童为中心的作文观

尽管他的习作教学理论，我多多少少了解一些，可今天见到真人，却还是被他独特的作文教育思想角度（注意，作文教育而不是作文教学）、被他有效的习作教育实践所深深折服。

管建刚老师认为习作的低效是因为儿童不用自己的话、不写自己的事，孩子只把写作文当作写作业了。我们语文老师在平时的习作教学中，是训练孩子说成人世界的假话、空话、套话。孩子们自己的生活、自己的语言，以及富有时代感的语言反而被我们从习作教学中剥离了。成人的作文评价体系与儿童真实的生活之间出现了矛盾，孩子们要学会说、学会写成人的话，课文上的话，写起作文来，怎能不难呢？

教育思想认同后，我想接下来就是在自己的教学中去实践了，我对自己有信心。

上士闻道，勤而行之

管老师今天给我留下深刻印象的还有一点，就是他说的十年磨一剑。他说，投入地做一件事情，做十年，一定会有所成就。这句话，我是信的。

正如我相信："一个人只要知道上哪儿去，全世界都会给他让路。"管老师以他的才华、智慧、勤奋、执着，成就了今天的自己。

今天正好读到《道德经》里的这段话，"上士闻道，勤而行之；中士闻道，若存若亡；下士闻道，大笑之，不笑不足以为道"。

从没想过，自己要成为谁，已近不惑的我，只想做最好的自己。愿自己在苏州大学国培期间"闻道"之后，能"勤而行之"，努力地走在成为"上士"的这条教育之路。

帮助孩子成为阅读者

江苏省特级教师张学青老师的讲座题为《帮助孩子成为优秀的阅读者》。身处西部的我们，一样深知语文教学中阅读的重要性，一样愿意致力于培养孩子的阅读兴趣、进而能养成阅读习惯。但是，能否让孩子们成为优秀的阅读者，我少了一些底气和勇气。

还记得今年六月，我们的最后一次家长会。我的第三届孩子们即将小学毕业，虽然家长会的主要内容是关于毕业考试以及毕业后的就近划片入学相关事宜。但作为这个班的语文老师、曾经的班主任，我还是和家长们再次交流，又说了几句，做到善始善终。

家长会后一位家长的微信使我感慨不已。

"最后一次参加了小学的家长会。六年，所有人面容更改。崔老师给了孩子们最后的祝福，正如六年前她在第一次家长会时讲的：首先让孩子成为健康快乐的人；其次让阅读成为孩子一生的习惯，通过阅读让孩子成为一个心灵高尚的人，一个有高雅情趣的人；最后让孩子建立道德标准，善待他人，内心勇敢。谢谢，这个六年！"——转自豆爸

我感动于我的家长能认同我对教育的追求，认同培养孩子阅读习惯的重

要性。可是，同时我也在反思，我的孩子们阅读习惯都培养起来了吗？

今天，张学青老师的讲座"整本书阅读课程的设计和实践"，无疑给了我们一个方向，一把钥匙。

张老师以《不老泉》这个故事，把我们带入一个魔幻、神奇却又富有哲理的神秘境界，激发了我强烈的阅读兴趣。而"整本书阅读课程"目标定位、内容设计、实施策略则给予我们具体操作的"术"。

当张老师以游戏的方式检测我们的阅读速度时，我们很多老师的阅读速度竟然是不合格的；当张老师在她的讲座中出现了一本本的中外儿童文学经典名著时，我发现我竟然好多都没看过，甚至都没听过。惭愧！

讲座中张老师的一句话，我印象格外深刻。她说，她给孩子们推荐的这些书籍都是她自己亲身读过、验证过的书，所以她在阅读指导中给出的那些"阅读单"才那么各具特色，才那么鲜活、有趣！

英国作家罗斯金曾说过："读书是一种人类高级智慧的探求，需要付出千辛万苦。"

我想应该是只有通过教师千辛万苦的阅读和探求，才能使孩子阅读的有效性得以保障。

告别肤浅、告别浮躁，沉下心来，好好地读书，从书香中体会文字真谛，采撷智慧精华，获得浩然之气。渡人渡己，帮助孩子成为阅读者，在师生共读中让自己和学生共同成长！

走向内心充盈，精神温润的教育之路

——甘肃省骨干教师能力提升高端研修项目培训感言

2015 年 1 月，在这一年的开端，荣幸地参加国培，能和全省教育界的骨干精英们相聚在西北师范大学。在这里聆听师大优秀的专家、老师们的最前沿、最有效的讲座、报告，参与到专家团队的老师们精心设计研修的活动之中，发现自己、审视自己，找到自己的优势，发现自己的不足，立足于自己的当下，重新起航，不断调整自己、加强学习，完善自己，并且能以此为新的起点，充分发挥骨干教师的引领带动辐射作用，带动周围的老师们共同前行。

《学会生存——教育世界的今天和明天》一书中有这样一段话，"终身教育是学习化社会的基石，教育的特殊使命和教师的专业化，要求教师在一生的职业生涯中继续不断地学习。"教师只有不断地"充电"，提升自身业务水平和能力，才能更好地适应教育教学改革，更好地促进学生发展。

感恩的心，感谢有你

对于本次国培，第一个关键词是"感谢"。感谢这个伟大的时代，感谢国家，感谢教育部，没有国家的投入和政策，哪有我们今日的相聚和收获？感谢西北师大国培项目组的各位专家和老师们以及三位年轻的小班主任，包括所有的工作人员，为我们提供最贴心的服务。这是我们教师发展的最好的时代。

还要感谢省教育厅、感谢学校、感谢所有帮助过我们成长的人，还有一直支持我们的家人以及那个坚持学习的一直不断努力的自己……所有的一切，才促成了我们今天最美的遇见。

精彩的研修活动

第二个关键词是"精彩"。国培项目组给我们设置的课程以及教学实践活动都是精彩而富有实效的，让我们和专家、和当前的教育前沿的理论有了美好的相遇。在培训期间，我和学友们认真聆听专家讲座，用心学习前沿的教学策略，努力去领悟教育理论观点，积极参与互动。这次培训在教学理论和教育观念上使我们得到了及时的补充，在培训期间也反思了以往工作中的不足，同时也解决了我们以往教学中的困惑。

潇洒睿智的李泽林老师，带领我们对问题进行了深入的研究和思考。骨干教师，应走向专家型、学者型的教师，而一个不会思考、不会发现问题解决问题的老师只能是一个教书匠而已。了解问题的内涵和特征，学习发现问题的表征，学会问题诊断的技术，对于我们在座的这些老师，尤其是我这样的小学教师是弥足珍贵的。我珍惜这样的学习机会，我们也被李教授的魅力征服了。

周晔老师和高小强老师是同样的干练、潇洒，他们严谨缜密的讲授、耐心细致的辅导，令老师们动容。同样包括专家团队的其他老师，美丽高雅的李金云、温婉优雅的樊改霞老师等，他们的专业和耐心细致，令我们这些一线的老师们赞叹不已。他们不是那种在象牙塔里，做学问的高高在上的学者，他们是接地气、做实事的真专家！在这里再为这几位老师点个赞！

霍军老师的分享使我们更加明确要"找准自己位置"，要在这个位置扎下根来，扎扎实实的做教师、做研究，才能促进教师的专业化成长。而谷专员老师的分享，让我们对微课这一先进、前沿的教学理论和教学方式，有了清晰的了解，也坚定了我加强信息技术和课堂教学整合的信心。现代化的时代，教育岂能墨守成规。随着信息技术在教育领域的广泛运用，"教书匠"式的教师已经越来越不适应时代需要。作为一名教师，长期的一线教学实践是财富，同时也可能是羁绊。因为，单一的实践经验有时会阻碍教师对新知识的接受，也能掩盖我们对新知识的掌握不足。如果一味依靠旧有的教学经验，自然会导致各种能力的下降甚至缺失。时代呼唤教师用全新的、与时俱进的教育思想、观念、方式、方法等武装自己的头脑，并且要冲破自己固有的观念去实践。

美丽的遇见

第三个关键词是"美丽"。本次国培还让我们结识和了解了许多热爱教育、献身教育的优秀的同仁们。从我们的班级沙龙，群里讨论，到培训日志，培训总结，使我收获了许多感动，得到了许多启示，学到了许多方法。有那么多的优秀的老师们，他们热爱教育事业，热爱学生，他们把自己的爱，把自己的时间精力，把自己的聪明智慧，倾注在三尺讲台。他们的才华、谈吐、见识，让我敬佩，和他们交往，感受和学习其他省市的教育精髓，又是一番曼妙的风景。

温文尔雅、踏实勤奋、富有才华的赵金花老师分享了她做的"七色花教育评价体系"，使我们眼前一亮。她和她的团队把教育教学评价的研究与实践的结合做得如此扎实而富有实效性。在这样的评价体系中，孩子们得到了多元的评价，得到了生命成长的动力和方向。赵老师，向您致敬、向您学习！

激情洋溢、笑容灿烂、才情飞扬的李晓蓉老师则从教师如何克服职业倦怠、如何发现寻找工作中的幸福感入手，为老师们带来了极有营养的心灵鸡汤。我们需要不断地被唤醒、被鼓励、被感召，我们这些骨干教师更需要相互之间的学习、借鉴和感染。感谢李老师的分享！

美丽娴静而又智慧淡定的曾爱莉老师，更是给我留下了深刻的印象。教师职业的价值在她为灾区孩子做心理疏导时得到了充分的体现，而身心健康的孩子才是我们教育培养的最终目标。因为这门学科的熏习，因为对教育的热爱，使得曾老师身上有一种气定神闲、淡定平和的美。向美丽的曾老师致敬！

还有许多老师的分享都给我们留下了深刻的印象……参与培训的专家和老师们，每一位都是宝藏。他们广博的学识、睿智的思想、对教育的热爱，统统都融入在他们生动精彩的讲课中，也深深地影响和感染着我们每一个培训的参与者。

我从课程中，从专家、教授、老师们的教学魅力中感悟到了：优秀教师的风格在于内外兼修、在于人格与专业的共同提升，修炼、激情与创新是成为优秀教师的不可缺少的因素。加强个人品位的修炼，用热情去点燃学生，用人格魅力去影响学生，用生命去关照学生。

在繁重的教学工作之余，挤时间去学习充电。向书本请教，听专家讲座，聆听名师的课堂，学习同伴的长处，把学到的东西用到教学实践中来改进教育教学。读书学习，永无止境，使自己知识渊博、观察敏锐、充满自信，永葆教育智慧之活水永不干涸。

借助这次国培，希望能使自己逐步摆脱平庸的"匠"气，踏上内心充盈精神温润的研修之途，用国培的这种精进的学习精神激励自己，以全新的教育教学理念，修正自身的方向，修正教育教学的常规路径。做一个内心丰盈、为人温润的人，走在内心充盈、精神温润的教学之路，我想那应该也是一个教师的幸福人生之路吧！

何妨吟啸且徐行
——名师工作室汇报

苏轼《定风波》词曰："莫听穿林打叶声，何妨吟啸且徐行。竹杖芒鞋轻胜马。谁怕？一蓑烟雨任平生。料峭春风吹酒醒。微冷。山头斜照却相迎。回首向来萧洒处，归去，也无风雨也无晴。"这首词很能体现苏东坡的旷达、洒脱的性格特点和人生态度。今天来汇报，我心中很忐忑，感到有些诚惶诚恐，想用这首词来勉励自己，勇敢一些，洒脱一些！诚恳地将我们工作室的一些做法和想法向大家汇报。

一、带着梦想从这里出发

2012 年 12 月 14 日下午，我们名师工作室的启动仪式在阵阵热烈的掌声、热情的笑声、热切的话语声中在静宁路小学多功能教室举行了。工作室的领衔名师分别作了发言并汇报了工作设想，我们提出了"梦想、激情、付出"的工作室参与理念，工作室成员代表也谈了自己参加工作室的感受和今后的打算。

我们尤其记忆深刻的是启动仪式上相关领导对工作室发

展提出的具体希望，希望工作室本着"合作、辐射、引领、提升"的原则，使不同梯度的教师能在工作室这一载体上得到不同程度的发展。我们也记得小语会陈锡萱会长对工作室成员提出了殷切的希望，希望老师们能借助工作室的平台提升教育品位、培养学生人文素养的需要，促进创新教育发展，推动教学研究和实践。

活动中，我们鱼晓贤校长真诚地表示要全力支持工作室，为工作室工作有效、有序地开展做好服务和保障，不断促进班主任和语文教师的专业化成长，为本校教师、城关教育乃至我们兰州市的教育尽自己的绵薄之力。我们的活动还得到了兰州人民广播电台、兰州电视台、《兰州日报》等多家媒体的关注和报道。

从那时起，在区教育局领导的关怀帮助下，在我们静宁路小学校领导和老师们的关心支持下，全体工作室成员聚合力、谋发展，齐心协力，有条不紊地开展了各项工作。充分发挥了名师工作室在课堂教学、课改实验、师资培养等方面的示范、指导、引领作用，一方面从提高工作室成员教学能力、专业素养层面入手，提升团队实力；另一方面，面向城关区广大教师组织开展活动，力争把名师工作室建设成为城关区小学语文教师的展示平台、成长阶梯、辐射中心。

二、我们的教育理想与教学特色

语文大家——王崧舟老师说："一个优秀的语文教师，必须得有四大支柱的坚固支撑——丰厚的文化底蕴支撑起语文教师的人性，高超的教育智慧支撑起语文教师的灵性，宏阔的课程视野支撑起语文教师的活性，远大的职业境界支撑起语文教师的诗性。"

走进学生心灵，追求诗意课堂，做幸福的教师，实现自我的价值，这就是我们的教育理想。所以我和于晓彦老师多次和老师们交流，一定要有自己的教育信念和教育理想。在工作室的相处磨合活动中，我们的教育理念趋于统一、形成共识。我们是一群幸运而幸福的语文教师，我们都热爱语文，因为语文不仅有一种诗性的光辉、一种厚重的关怀、一种浪漫的情怀，更有一种崇高的灵魂，有灵性，有人格和一种精神。徜徉在文学的殿堂，泛舟在文学的长河，能把自己的生命感悟与人生感受通过一篇篇课文，透过一节节语文课和学生分享，能或多或少地影响着学生，让他们也喜爱祖国的语言文字，喜爱阅读，这是我们这些语文教师人生的幸事啊！

三、源头活水书中来

为实现我们的教育理想就必须要加强学习，丰富自己的人文底蕴，以充沛的激情、灵动的教学智慧、开放的语文视野构建我们的语文课堂，使课堂充满激情，灵动而鲜活。"问渠那得清如许，为有源头活水来。"这不断激励着我们读书、读书。工作室要求每位成员要积极开展读书活动，向书籍学习，因书籍而智慧。学校支持我们，特为工作室订阅购买教育相关的书籍报纸杂志，我们把这些书籍杂志与工作室成员分享。这段时间，我们共读苏霍姆林斯基的《给教师的一百条建议》、闫学老师写的《跟苏霍姆林斯基学做老师》、吕立杰译的《课程领导》、窦桂梅写的《玫瑰与教育》、薛瑞萍的《给我一个班，我就心满意足了》，还有《每天学点教育心理学》等书，并撰写读书笔记，交流读书感悟，开阔视野，提升理论水平。

我们也不放弃任何一个学习交流的机会，12月14日启动仪式后，我们两个工作室二十多位老师和我们静宁路小学的全体班主任及语文老师，一起聆听了省教科所王毓新博士所做的，题为《注重学养、成为名师、专业成长三字经》的专题讲座。王博士以深入浅出的语言，生动形象的话语，让老师们感悟着教师专业化成长的必经之路，就是要注重通过读书、反思、积累、撰写文章来不断地提升自己的学养，要以虔诚的心态投入到教育教学工作中去，才能不断地成长。

在工作和生活中，我们总会遇到很多无法预知的困难，是选择抱怨、生气、逃避，还是以智慧、从容和优雅去面对呢？职业倦怠的存在，影响了教育教学质量，损害教师身心健康，也会使学生成为教师职业倦怠的受害者。为此我校还邀请了兰州城市学院文学院副院长高原教授，为老师们做了《打开生命的人文界面》的专题讲座。仪态端庄、优雅大方的高原教授谈吐幽默，口吐莲花，通过精湛的专业知识，深入浅出的讲解，让参会的老师们受益非浅，感触良多。通过倾听讲座，我们再次确信，作为一名教师，要发自内心接受工作，热爱工作，才能做到与工作和解；要爱孩子，把所有的学生当天使，爱孩子才是爱自己，才能做到与学生和解。我们要把平凡的工作做到极致，享受工作中的每一个瞬间，克制自己的情绪。为了学生，更是为了自己，为了自己的健康美丽和幸福。所以，工作室的老师们约定：从今天开始，我们永不抱怨、绝不生气、耐心无限，我们相约优雅、我们相约越老越温婉、越老越美丽、越老越帅气！

同时，工作室的老师们还参加了许多省、市、区级的培训以及外出的学习培训，并及时地把培训收获和大家交流分享。以上各种交流活动，我们一般在学期开始时制定，平时在工作室 QQ 群上网络交流、在工作室组织活动时面对面交流，分享收获和感想，形成浓厚的研讨氛围。

四、幸福教育、诗意课堂

课堂永远是教师的主阵地，工作室的活动必须紧紧抓住课堂教学，引导老师们研究自己的课堂，学习名家的课堂，展示自己的课堂。我们聘请了省教科所王毓新博士、省特级教师张丽红校长、省特级教师、城关区教研室石英主任为专家顾问，指导工作室的各项活动。我们虚心向各位专家请教，向身边优秀的语文教师学习，与片区的语文教师合作，整合城关区小学中具有发展潜力的青年语文教师，依托名师工作室的平台，聚焦课堂，结合《提高小学古诗教学效率的策略研究》这一省级规划课题，不断探索构建小学语文古诗教学的有效途径。

1.观摩交流共同提高

我们和工作室成员之间，经常互相深入课堂、相互听课，对课堂教学进行研究，寻找课堂教学中存在的问题，研讨教法和学法的改进策略。立足课堂，积极进行课堂教学的实践探索，通过观察、评价、改进课堂教学的技术和策略，有效提高课堂教学效率。

为提升工作室古诗课堂教学研究的实效性和水平，为加强小学古诗教学的学术交流，展现古诗教学的多样性，提高古诗教学的效率。同时，也让老师和孩子们感受吟诵法在古诗教学中的应用，进一步体会中国古典文化的博大精深。在 2013 年 5 月 13 日上午，我们名师工作室携手兰大职小、秦安路小学、清华小学举办了城关区小语界和古诗教学界的一次盛会——"诗韵，让语文更美丽"名师论坛。我们很荣幸地请到了全国知名的古诗教学的专家，古诗吟诵的引领者——上海名师戴建荣老师，与工作室的老师同台教学，传经送宝。戴老师的课堂没有字斟句酌的理解，而是以汉字的音调为契机，引导孩子们掌握平仄的文学知识，然后在低吟浅唱中，感悟文字背后的深情及汉语文化的魅力。让学生轻松愉悦地潜入文境，尽情涵泳，又扎实地完成古诗学习任务，自主体会古诗的精妙。孩子们在吟诵的过程中得到了从文字到文学到文化的提升。

工作室成员贾艳君老师，对古诗教学方法的创新也使大家备受鼓舞。她的教学中，既有读法的引导，又有理解诗句的提示，更有体悟情感的方法。在这个信息量极大的时代，孩子们的古诗阅读绝不限于几首、几十首，贾老师这样的方法解决了他们终身学习的问题，真是得法于课内，得益于课外。

课已尽，意未断，情未了。两节课加上一堂讲座，已经让这次的活动满满了，但是老师们对吟诵教学法和学案导学法的思考却成了本次活动的又一个兴奋点。台上台下，一群语文教学的痴迷者，一群追求上进的思考者，一群上下求索的追梦者，展开了一场关于古诗教学的大讨论。……与会的全体老师都各抒己见，就吟诵和古诗教学畅谈很久，谈感想，谈文化，谈收获，谈思考。

本次论坛更使参与的老师们受益良多！在我们收回的反馈表中，老师们对本次活动给予了一致的肯定和好评。我们看到老师们是这样说的："戴建荣老师运用了浅吟低唱学古诗的方式，依据古诗的'平仄'规律诵读，打破了以往'解释题、知诗人、明诗意、悟诗情'的教学模式。整个课堂气氛轻松活泼，诙谐幽默，犹如一场春雨'润物无声'，让我感到了入情入境的视听享受。""吟诵古诗真的很美，这节课让我看到了古诗的另一种教学法，看到了更美的语文！""低吟浅唱真好，感悟古诗的美，一首诗，一幅画！赞叹！"更有老师说"传承经典，继承传统文化，人人有责！"这不就是我们这次活动的初衷和目的吗？我和工作室的老师们看着这些反馈，心中满是喜悦、满是感动。

为使工作室的活动一脉相承、延续推进，我们还在 2014 年 9 月 18 日下午依托静小教育联盟，相聚清华小学多功能厅，组织召开了"同时花开别样红"——小学古诗词同课异构教学研讨活动，还邀请到了工作室顾问省特级教师张丽红老师、区教研室语文教研员穆健老师进行现场指导，共同探索小学古诗教学的有效的教学模式、教学策略。

2.自主合作相得益彰

我们要求工作室成员除了集中学习交流之外，还要有自主思考、反思意识。要面对自己日常的一堂课、一篇课文、一个练习、一个教学策略、一个教学过程，面对教学参考、专家学者报告、同伴意见，甚至自己已有的教学方法，都要有独立的思考，独特的见解，养成慎思笃行的习惯，及时和定期撰写实践反思。还要学习先进的教育教学理论，并把自己的实践与理论相结合，付诸笔端形成文字；在课堂教学上锤炼自己的教学风格，提出自己的教学主张，逐步形成富有"自我特色"的教学风格，形成语文课堂教学的个性化特色。

我们不但在工作室内部展开研究，还将工作室的影响辐射到更多的老师，有我们校内的老师还有外校的老师。只要老师们愿意参与我们的活动、愿意和我们交流、需要我们的帮助，我们工作室都是倾尽所能，给予帮助和支持！

我们一起研读文本，确定教学思路，一遍遍试讲，一遍遍修改。老师们在本校上完课或是调课，赶到试讲、上课的地点，进行听课、评课、磨课，不怕麻烦、不辞辛苦，令人感动。

自主钻研、同伴互助、观摩交流使我们工作室的老师们共同成长、共同提高，并在这两年里取得了令人欣喜的成绩，大家也感受到了付出之后的幸福和喜悦。

2013 年 9 月，工作室成员张婧老师的《秋天的雨》在第三十七届"创新杯"说课比赛获特等奖。

2013 年 12 月，工作室成员邵丽华老师的《山中访友》一课在第三十八届"创新杯"全国教学艺术大赛评比中获现场课特等奖。

2014 年工作室成员赵雁老师执教的《跑进家来的松鼠》获得兰州市优质课一等奖。赵老师还被评为 2013 年兰州市优秀教师，并获得兰州市骨干教师称号。

工作室成员刘红老师获得甘肃省小语会举办的阅读教学比赛一等奖。工作室成员贾艳君老师《黄鹤楼送孟浩然之广陵》的教学设计获得甘肃省优秀论文（教学案例）评比二等奖。

还有许多老师在教育教学、论文撰写等方面都获得了不同的奖项。在近两年，工作室老师们有近二十篇论文、教学设计在各级教育刊物上发表并获奖。

五、思考——何妨吟啸且徐行

工作室的建立与活动的开展让我和于晓彦老师深感肩头责任之重，压力与收获的并存。我们能成为名师，是很幸运的，因为我们有静宁路小学这块沃土，因为有教育局领导和我们学校那么好的领导，所以今天我们能跻身名师和大家坐在一起。但是同时我们也和很多老师一样觉得工作越来越有难度，工作压力越来越大。可是消极、畏惧、担忧、抱怨、排斥、拖沓，是不能解决任何问题的。如果把压力转换成动力，会使我们的能力不断得到提升，会使我们的人生格局越来越大。面对组织和召开名师工作室的活动中所遇到的压力和困难，我们想这不仅对我们自身是一份挑战，也会锻炼我们工作室的老师，还会帮助到、影响到我们身边更多的老师，或许还会使更多的学生和家庭也受益。

在工作室组织活动时，我们工作室的老师们真的是精诚团结，群策群力，主动承担，从策划本次活动到活动方案的完成，从一次次的磨课到最后的上课，从会场的布置到每个细节的敲定，每一位老师都付出了艰辛的劳动，是我们团队的共同努力和付出使工作室的活动得以顺利开展。我也要深深地感谢局领导在学校拆迁过渡期间搞活动所面临困难时，给予我们的大力的支持和帮助。

六、今后打算。

今后，我们努力的方向：

1.严格例会制度，形成"教""学""研"氛围，在反思中成长。2.加大课题研究力度，提升科研意识。3.建立特色网站，实现网络资源共享。

我们会借助名师工作室这个平台，组织好活动，更好地完成引领辐射带动的作用；搭建好名师工作室这个舞台，给更多的年轻老师展示的机会。回首走过的路，在区教育局领导及学校领导、老师们，以及各位优秀同仁的影响和指导下，我们的工作室一路耕耘，一路探索，洒下辛苦和汗水的同时，收获的是心灵的愉悦，是溢满心田的那份幸福和感动。

我们一起走

——名师工作室活动总结

"给我一个支点，我可以撬起地球。"这是古希腊物理学家阿基米德家喻户晓的一句名言，充满激情与自信。一群普通的语文教师，因为有了名师工作室这个支点，不仅更加充满激情和自信，而且拥有更多的勇气去努力、去改变、去创造，去成为更好的自己，去带动引领成就身边更多的青年教师专业发展……

"我们一起走"，是 2020 年 12 月金城名师工作室成立后，为沟通方便建立的微信群的群名。意在领衔名师、专家团队和老师们一起行走在教育之路上，我们是伙伴，是同道中人……

【工作室简介】

金城名师工作室在 2020 年 12 月正式组建。由领衔名师、专家团队、核心成员、培养学员组成，其中，领衔名师 1 人，专家团队 3 人，核心成员 12 人，培养学员 12 人。

我们的工作室是一个聚集着一批志同道合、怀有美好教育理想与追求的优秀小学语文教师团队；是一个以专业引领、实践探索、共同发展为宗旨、以理论学习为指导、以课堂教学为阵地、以教育科研为突破口的发展共同体；是促进一批语文教师快速成长的催化剂。为了进一步加快青年教师成长，努力造就一批师德高尚、理论功底扎实、学科知识深厚、教学水平优秀的教师。

【工作室活动介绍】

一、制定成长规划，发掘自我价值

在工作室成立后，每位成员根据工作室方案，制定三年发展规划，按照1.个人专业成长规划 SWOT 分析：内部（组织）对达成目标有帮助的（S 优势），对达成目标有害的（W 劣势），外部（环境）机遇（O 条件），T 威胁（挑战）；2.个人专业发展三年总目标；3.个人专业发展年度具体目标；第一阶段：2021 年 1 月—2021 年 12 月；第二阶段：2022 年 1 月—2022 年 12 月；第三阶段：2023 年 1 月—2023 年 12 月；4.以及具体落实措施，指导老师们制定了（2021 年度—2023 年度）个人成长三年规划。鼓励老师们争取如期高质量地完成规划目标和内容；以三年为一周期，努力在原有的基础上提升自己的学术荣誉、学术地位、学术能力，并通过多种途径获得成功体验。制定好自己的成长规划，充分发掘自我价值。

除了制定三年规划之外，为了让工作室的活动更加有效，贴合老师们的实际需求，我们请老师们思考：①当前你在语文教学和个人成长方面面临的困难与挑战有哪些；②本学期最想阅读的两本书（其中一本要与专业有关）；③希望工作室开展哪些活动（越具体越好)。并且就在本群回复，让大家可以相互借鉴，相互启发，并且根据老师们的意见修改完善工作室计划。

二、立德为魂

重视师德师风建设。在年初开学之际，用心诵读，郑重签下"光辉的事业，崇高的师德"师德承诺书，约定在日常教育教学工作中认真践行。在工作室成立至今，老师们分别被评为师德标兵、兰州市最美教师、陇原四有好老师、全国模范教师、省党代表等殊荣。

三、重视读书积累，提高专业素养

根据老师们的反馈，及时调整工作室的目标和活动设计，将教师的专业读书、专业写作，强化基本功作为教师提升专业素养的主要抓手；鼓励工作室成员积极参与学科前沿理论的学习与读书活动，并依据自己的情况制订读书计划，做好读书笔记，撰写读书心得。作为教育工作者，肩负着教书育人的重任，离不开书的滋养。热爱读书的教师，才能有效地教书，热爱读书的教师，才能更好地育人。在静谧的午后，我们伴着花香茗香，大家围坐一起，抛开工作的烦琐和生活的零碎，认真而热情地分享着自己的读书体会和读书方法。一次共读，阅读的是精彩，静享的是幸福，一颗颗安静且活力的心，在这样一次静阅的洗礼中，坚定且温柔地走得更远、飞得更高。

四、搭建交流平台，共享教育智慧

建设和利用好名师工作室公众号和微信群开展网络研究，对大家关注的问题开展互动研讨，为工作室成员提供动态的教育教学信息、教育教学资源。并每天在群内分享儿童短诗和古诗词，打卡阅读，为成员提供了一个积累学习借鉴的平台，利用网络共享教育智慧。

五、组织技能提升，促进专业成长

教师教学基本功是影响教育教学质量的重要因素。为了夯实青年教师的教学基本功、促进青年教师专业成长、引导教师重视书写基本功训练，工作室决定对中青年教师进行粉笔字基本功训练活动。成员选择自己所喜欢的字帖，根据自己写字水平，制定自己的训练计划，并坚持每天训练，并将每周书写情况拍照留存，每周上交工作室1张训练照片。每周展出一次，相互交流学习，共同提高。

六、开展教学研讨，投身教学实践

课堂是教师的职业场所，教学是教师的第一要务。名师之"名"，首先在于课堂教学，本工作室的工作重点之一，就是进一步提升名师工作室成员的课堂教学能力，这也是本工作室开展其他各项活动的基础。工作室安排教师参加公开课比赛或校外开展示范课听课、研课活动，在磨课中不断提升教学设计能力、课堂调控能力，在评课中发展反思批判能力、总结提升能力。

七、链接教学专家，开掘活水源头

1.工作室邀请到七里河小学苗静主任带来"脑科学与思维导图"的精彩讲座，苗主任的讲座围绕"脑科学与思维导图、怎样制思维导图、思维导图的应用"展开。以大量的范例阐述了思维导图在语篇教学、词句教学、单元整体教学、写作课、复习课、家庭作业中的实际应用，对思维导图的实际教学应用进行了细致的解析与拓展。强调思维导图将成倍提高学习速度和效率，激发联想与创意，将各种零散的智慧、资源等融会贯通成为一个系统，形成系统的学习和思维的习惯，使人具有超强的学习能力，并分享了自己的经验和感悟。进一步提高了成员对思维的认识和理解，使老师们在教学中打开思路、获得引领。

2.未觉池塘春草梦，阶前梧叶已秋声。在秋意渐袭之际，为发挥名师示范作用，让资源共享、智慧共生，在 2021 年 10 月 15 日，带着对教育的思考，怀着对教研的热忱，联合鱼晓贤金城名校长工作室成员、张文金城名师工作室，开启了"基于单元视角下的语文课堂"为主题的课堂实践和教研活动。我们邀请了全国著名特级教师、山西省教研科学研究院副主任、小学语文教研员崔云宏教授以《统编语文小学教科书特点及使用建议》为题开展讲座，以鲜活实证范例，娓娓道来，详细解读了统编版教材的编排体系和使用建议。生动详细地阐述了"立德为魂""能力为重""读书为要""语用为本"的小学语文教育教学基本理念。崔云宏老师语言诙谐幽默，妙语佳句信手拈来，讲座中丰富翔实的实例比比皆是，现场气氛轻松和谐，老师们听得进、听得懂、喜欢听。

3.暑意正渐浓，研训正当时。为进一步贯彻落实"双减"政策，促推作业设计能力提升，切实减轻学生课业负担，2022 年 7 月 9 日上午，鱼晓贤金城名校长工作室、崔承惠名师工作室联合承办的"落实双减政策，优化作业设计"线上活动如期举行。由 20 余年专注小学数学作业的实践研究、5 部专著深受一线教师认可、浙江省特级教师、浙江省教科研先进个人、浙江省春蚕奖、浙江教育 2019 年度影响力人物刘善娜校长，以《作业成就专业的二十年发展》为题，结合自己多年的教学经验与教学日常，鼓励老师们常写教学反思和教学日志，并以数学学科为例，为老师们提供了多种方式的作业设计。除了探究性作业外，刘校长还分享了采用数学日记、剧本创作、数学盒子等等方式，让数学作业"活"起来的作业模式，在作业设计里同时包括作业布置的时机、作业性质、作业内容、作业目的，以及帮助学习解决作业困难的温馨提示，给了老师们非常大的启发和触动。

今后，名师工作室将进一步发挥示范、指导、辐射作用，积极探索教师专业发展的途径方法，切实开展小学语文教育教学的研究工作。引领工作室成员加强学习，探寻母语学习的规律，梳理小学语文教学中的更有效的教学策略，力争让工作室全体成员的专业态度、专业技能以及专业素养有较大提升。

【后记】

马尔克斯在自传《活着为了讲述》的扉页上写道，"生活不是我们活过的日子，而是我们记住的日子。我们为了讲述而在记忆中重现的日子。"

是的，被记住的日子才是真正的生活。记录我们自己的日子，记录做过的事，记录遇到的人，记录难忘的瞬间，记录教育教学中难忘的点滴，记录孩子们的笑脸……坚持记录，让每一天都更值得被纪念，久了你会发现，时间会把你走过的路、读过的书、写过的文字、用心的思考和辛勤的付出兑换成"大礼包"馈赠于你的！

用《幸福树下的教育梦》收集、记录自己近三十年教学生涯中的只言片语、散碎记忆，如今能结集成册，感慨良多！

越来越多的人有了这样的共识，用文字记录自己的生活，表达自己的观点，讲述自己的故事，已经不再只是职业写作的专职人员或者职业作家的事情，越来越多的人都开始把写作当做来表达自我、总结生命的重要方法。

"抖音、小红书、B站"等自媒体、短视频中的一个个鲜活有趣的个体地记录，也让人们开始接受一件事情：每一个个体的生命感悟都是珍贵的，每一个个体的经历都彰显了大时代的背景。

获得 2022 年度诺贝尔文学奖的法国女作家埃尔诺说："说真话是小说家的工作。"她的作品也大多是从自己的生活经历中汲取题材，她的写作和生活是密切地结合在一起的，记录了她父母和她的生活……

80 岁出书当上作家的杨本芬奶奶，60 岁才开始在厨房里写作。她那本薄薄的、砖红色封面的小说《秋园》就是记录讲述了母亲颠沛苦难的一生。她的书获得了豆瓣读书 2020 年度中国文学第二名、单向街书店文学奖年度作品、新浪年度好书等认可，被读者称之为"女性视角的《活着》"。

作为普通人，和作家之间的差距是云泥之别。但是记录自己生活的目的和方式却可以是同样的，都是表达自我、总结生命的重要途径，都是用笔尖去细细雕琢过往的时光。我也在期盼如果其中的某些内容能够唤起读者的共鸣，引发读者的思考，那就更有意义了。

当然这个记录的过程并不有趣，反而是枯燥而煎熬的。记录、积累、整理、擦拭、打磨、盘玩、咀嚼、回味、汲取……在逐渐地重现和唤醒中，体验着怀念和留恋，品味着不舍和欣喜……

掀开尘封的岁月，翻出记忆的碎片，擦拭沾染的尘埃，回放过往的片段，记忆的碎片搓捻成线，碎片里的物、事、人，组合拼接、穿梭钩织成了一张张美丽的画卷——慢慢地形成、清晰了我一直追寻的教育梦！

记录的过程也是满怀感激的过程，一边梳理一边在回忆中感谢着在成长过程中所有关心帮助、指导鞭策我的领导、同事、学生、家长以及我的家人和朋友们，在他们的指导督促鼓励之下，我也顺利完成了书稿。

《幸福树下的教育梦》算不上著书立说，只是将自己的所见所闻、所做所想的若干教育案例结集整理出来，是对自己从教生涯的一次小结和反思。这样的成书过程绝非特例，因为内容多时间长，加之个人思考角度不够全面、不够深入，这样势必会有诸多的不足和商榷之处，在此恳请各位师友点评斧正、不吝赐教，以便不断改进！